異郷の死

知里幸恵、そのまわり

西 成彦／崎山政毅・編

Shirokani pe ran ran pishkan
kongani pe ran ran pishkan
ari an rekpo chiki kane pet esoro
ainu kotan kopakun sapash aine
Ainu kotan chiko shirepa
tan poro kotan kotan kurkashi teshnatara
ingarash ko teeta wenkur tane nishpa ne
teeta nishpa tane wenkur ne noine shiran,
atui teksamta ainu hekattar
ak shinotponai ak shinotponku

人文書院

照　小　者　著

炉辺叢書『アイヌ神謡集』(郷土研究社、1922年)巻頭に掲げられた知里幸恵、最後の写真。

編集の岡村千秋が撮影した。

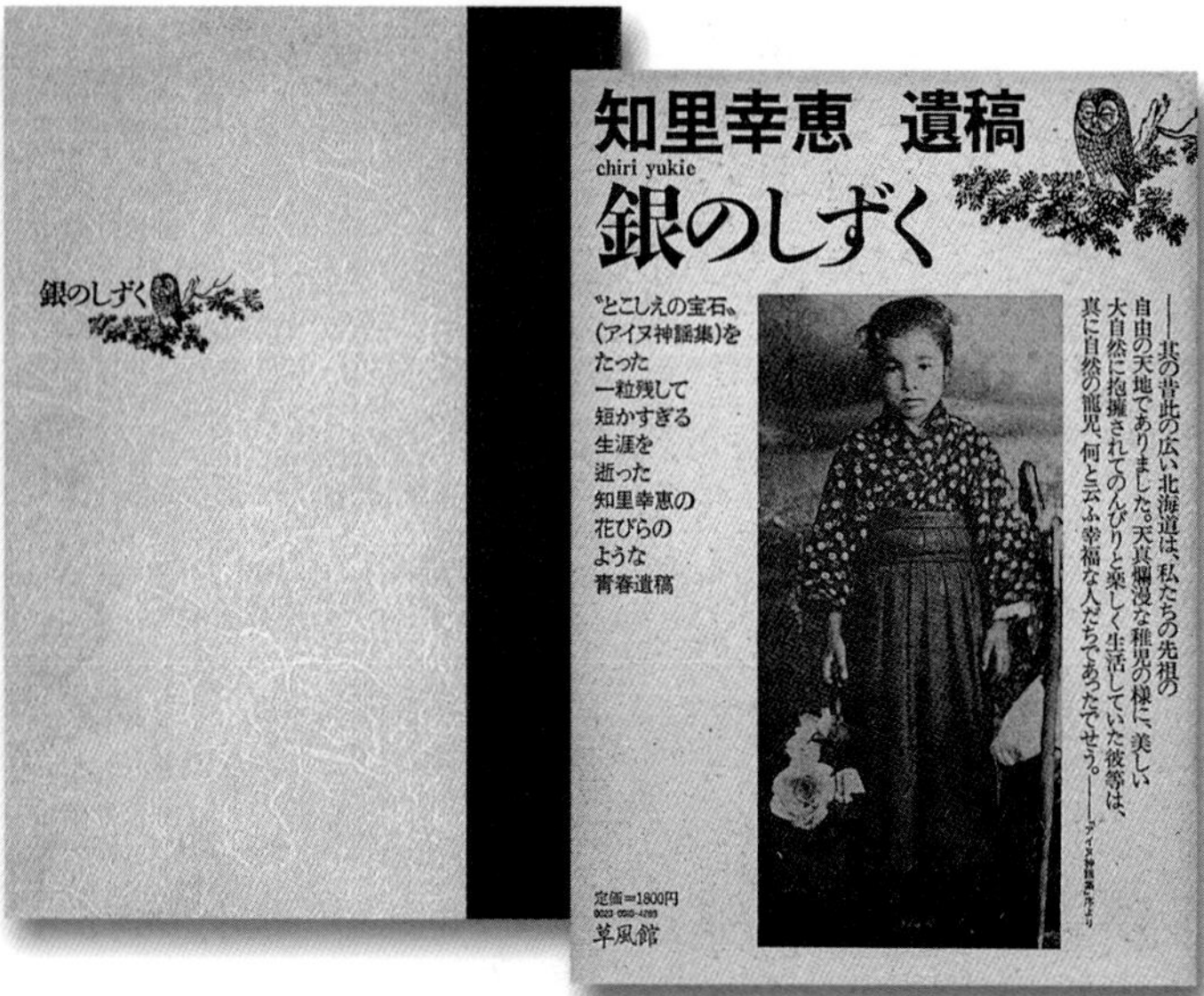

『銀のしずく　知里幸恵遺稿』初版、草風館、1984年

復刻版『アイヌ神謡集』第二刷、知里真志保を語る会、2002年

序

崎山政毅

一個のささやかな作品が、私たちにとってかけがえのない贈与にほかならないことが、ときにある。

そのような作品の多くは、それらがはじめて読者に届けられた同時代にあっては、「佳品」や「珠玉の小品」といった聞こえのよい褒詞を与えられるにとどまる。それらはけっして「正典」の位置を与えられることがない。そしてしばしば、小さな子供が興味を失って――捨てはしないものの――なかなか気がつかないようなどこかに放り出してしまった玩具のように、見えづらい後景に退けられもする。

それでもなお、どうしてもその表現に遡り、言及し、そこからあらためて自らの読みをはじめなければならない作品が存在する。そのさいの遡行・言及・読みは、正典が有するような支配や束縛ではない。それが届けられることによって新たな異なる世界への途がようやく拓かれるような作品、その存在を介してはじめて他のさまざまな作品世界とのつながりを見出しうる力を与えてくれる表現――失ってはならない結節点としての力あることばを、そうした作品や表現から私たちは贈られている。

知里幸恵の『アイヌ神謡集』は、まぎれもなく、そのような単独な贈与である。

著者・知里幸恵については贅言を要しないだろう。一九〇三年に現在の登別市幌別に生を享けたこのアイヌ女性は、一九二二年九月一八日に満年齢わずか十九歳三カ月で夭折している。彼女がその人生の最後の二年余をささげた結晶が『アイヌ神謡集』にほかならない。先住民族の女性としてはじめてノーベル平和賞を受賞した中米・グァテマラのリゴベルタ・メンチュウは、自らの民族の尊厳を守るために異郷へと赴いた自分のあり方を指して「民族の裔の娘」と呼んだが、この呼び名は幸恵にもそのままあてはまる。

彼女が亡くなったのは、東京は本郷の言語学者・金田一京助の居宅であったことはよく知られている。だがこの事実も、また、知里幸恵が金田一を敬慕していたことも、金田一に対する彼女の関係を、直接の弟子が師から受け取るつながりをさす「親炙」ということばで呼ぶことを容易にしないだろう。「親炙」なる言葉の前に、幸恵の弟・真志保によってはじめて「乗り越え」がはたされた、近代国家のもとでの学的・制度的な障壁がたちはだかっているからである。

では、二人のあいだの関係を「私淑」と言ってすませることができるのだろうか。

『アイヌ神謡集』につけられた金田一の追記には、次のようにある。「種族内のその人の手に成るアイヌ語の唯一の此記録はどんな意味からも、とこしえの宝玉である。」金田一が知里幸恵を可愛がっていた事実は、『アイヌ神謡集』を何よりもまずネイティヴ・インフォーマント自身が遺した「記録」とみなす眼差しに込められている強大なヘゲモニーの効果を打消すことなどできない。パーソナルな敬愛にもとづく「私淑」という呼び名もまた、知里幸恵がその最中を生きた時代の傾向性をはじめとする、彼女をとりまいていた諸力にさらされており、無垢なままではありえなかった。

ここで彼女が生きた時代をマクロな視点から概観しておこう。

彼女の生は、日清戦争から日露戦争へ、台湾の領有から日韓併合へと、後発植民地帝国・日本が自ら望む「近代」の不可能な完遂に向かって突き進んでいった過程のさなかにおかれている。そこには、「外」への植民地化の進展と歩を並べた「内」への国家の浸透があった。

とくにアイヌ民族をめぐっては、一八九九年に帝国議会で制定された「北海道旧土人保護法」に言及しないわけにはいかない。同法は厚生関連諸法のひとつとして位置づけられている。たしかにこの法は、天皇のもとでの「一視同仁」による「慈愛」をアイヌに向けるという意味で、厚生関連つまり「保護」を旨とするものだった。だが、それは同時に「旧」の一字が示しているように、アイヌ民族を帝国に取り込んで「国民」に転じさせていく内的植民地化の端的な発露でもあったのである。

そしてアイヌ民族の「国民」化がアイヌ語を奪い去る制度をもたらしたことは周知のことだろう。自らの民族のことばが剝奪されていく只中から『アイヌ神謡集』が生み出されたという経過にかかわる問題の射程が深く広いものであることは想像に難くない。

知里幸恵は、祖母・金成モナシノウクの語るユーカラを習い身につけることをもととして、自らの身体をつうじた口承の音声を丹念に記録し、端正なローマ字で書きとめ、日本語（金田一は「標準語」と呼んでいる）に翻訳する作業までも、ひとりではたした。彼女がなした様々な取り組みや試みには、表面的な美化と称賛ではおよびもつかない力がこもっている。そして、知里幸恵が自らを語り・伝達し・記録する「生きる媒体」となすことで生き延びさせようとした、具体的な存在としての彼女が愛したアイヌ民族の声に、私たちは出会うことはすでに不可能といっても過言ではあるまい。

だからこそ、その不可能性を私たちのものとして、彼女の作業がもちえた力の「死後の生」をつかむことをめざして、知里幸恵を、『アイヌ神謡集』を、そしてこのテクストが重力の中心となることで集積された「そのまわり」を、いま私たちは読もうとしている。贈与を受けとった者たちは、それがもたらすことどもに身を投じるものだろう。私たちの読みは、『アイヌ神謡集』という贈与によってはじめて可能なものとなったものであり、『アイヌ神謡集』の、あるいはこのテクストを介して到来する、様々な問題設定に身を投じようとする作業にほかならない。

そこには言うまでもなく、ミシェル・フーコーが「言説」と呼んだ、アーカイヴ化の仕組みを含む制度のもとで成り立つ体系がまとわりついている。言説にかかわる諸制度の決定的なひとつである「文学」も、私たちの読みに否応なくのしかかってくるだろう。

しかし、無批判に「文学」なる制度によりかかることを私たちは選ばない。制度の内奥からその制限を超えて現れ出てくるような、内破を起こし得る応答の読みやまったく新たな視座にたどりつくことを私たちはつよく求める。

本書はテレサ・ハッキョン・チャの『ディクテ』をめぐって編まれた『異郷の身体』につづく、文学の／における／をめぐる読みの協働の試みでもある。読者諸賢の批判と応答を心より切望する次第である。

知里幸恵年譜

1903（明治36）　6月8日，知里高吉，ナミ夫妻の長女として現登別市幌別のナミの実家金成家で生まれる。事情あって祖父波ヱ登・祖母加之の四女として入籍。両親の意志で受洗する。

1907（明治40）　弟高央生まれる。

1909（明治41）　弟真志保生まれる。この秋，幸恵は旭川近文の日本聖公会で布教活動をする母方の伯母金成マツに預けられる。祖母モナシノウクとの3人暮らし。

1910（明治43）　4月，上川第三尋常小学校に入学。9月，近文に上川第五尋常小学校（のち豊栄尋常小学校と改称）が開校，移籍する。11月，近文教養館開館式行われる。マツはアイヌの女性に裁縫，読書などを教え，日曜学校も開く。12月，幸恵はマツが開いた日曜学校のクリスマス会で「アイヌ賛美歌」を歌う。

1916（大正5）　尋常小学校を卒業。北海道立旭川高等女学校を受験するが不合格となり，上川第三尋常高等小学校に入学。

1917（大正6）　旭川区立女子職業学校に110人中4番で合格。

1918（大正7）　夏，アイヌ語学・アイヌ文学研究の金田一京助が，ジョン・バチェラーの紹介でマツ，モナシノウクを訪ねる。金田一は幸恵の語学の才を見抜く。2学期以降は学校を休みがち。

1920（大正9）　女子職業学校を卒業。気管支カタルを病む。金田一は病気の幸恵にノートを送りユーカラのローマ字筆記をすすめる。9月，豊栄尋常小学校開校10周年記念式典で祝辞を読む。11月頃，独自の表記法で神謡などの筆記を始める。年末，初めて書いた神謡稿を金田一に送る。

1921（大正10）　4月，「アイヌ伝説集」ノートを金田一に送る。9月，「アイヌ伝説集」其2，其3のノートを金田一に送る。弟の真志保がくわわりマツ，モナシノウク，幸恵，真志保の4人暮らしとなる。柳田国男・渋沢敬三・岡村千秋の世話で出版の話がすすむ。

1922（大正11）　5月，上京し本郷森川町1丁目の金田一家に寄寓。8月，心臓病を発病。上京時つけていた日記は7月末で終わる。ノートをもとにした『アイヌ神謡集』の校正を終える。9月18日，心臓麻痺で急逝。享年19歳。金田一により雑司ケ谷墓地に埋葬される。

1923（大正12）　9月，『アイヌ神謡集』（東京，郷土研究社）が刊行される。

1931（昭和6）　4月，祖母モナシノウク死去。

1961（昭和36）　4月，伯母金成マツ死去。6月，弟真志保死去。10月，父高吉死去。

1964（昭和39）　5月，母ナミ死去。

1965（昭和40）　8月，弟高央死去。

1970（昭和45）『アイヌ神謡集』校訂版（札幌，弘南堂書店）が刊行される。

1971（昭和46）　金田一京助死去。

1975（昭和50）　幸恵の墓，登別に改葬。

1978（昭和53）　岩波文庫に『アイヌ神謡集』が収録される。

1984（昭和59）『銀のしずく　知里幸恵遺稿』（東京，草風館）が刊行される。

1997（平成９）　NPO 知里森舎（代表：横山むつみ）結成。

2002（平成14）　郷土研究社版『アイヌ神謡集』復刻版（登別，知里真志保を語る会），『知里幸恵ノート』（登別，知里森舎）が刊行される。

2003（平成15）　生誕百年記念フォーラム開催。「知里幸恵／自由の天地を求めて」が，徳島，金沢，東京を巡回。

2004（平成16）「知里幸恵『アイヌ神謡集』の世界」展が，大阪人権博物館および立命館大学国際平和ミュージアムにて開催される。


（『銀のしずく』掲載の年譜をもとに作成）

異郷の死・目次

凡　例

*人名を含め、引用文以外はすべて新漢字、新かなづかいとする。

*引用文は、原則的に各自が典拠としたものの表記どおりとする。ただし旧漢字は新漢字に直した。

*引用文中の引用者による省略は〔……〕、注記は〔　〕内に入れて示す。

*アイヌ語の表記については、現代日本語で一般的な通称を優先し、全体の統一をはかった。ただし引用文においては原典の表記のままとした。

異郷の死　知里幸恵、そのまわり

知里幸恵の詩／死

丸山隆司

1　挑発／呪縛された〈幸恵〉

知里幸恵は、一九二二（大正一一）年五月、金田一京助に誘われ、『アイヌ神謡集』（一九二三年、郷土研究社）の出版のため帝都・東京に旅立った。上京してほぼ二カ月後に撮られた一葉の写真がある。

岡村千秋様にお目にかゝった。私の写真を撮る為にわざ〳〵お出で下すったのだといふ。びっくりして胸がどき〳〵、顔が熱くて仕様が無かつた。何の為に私の写真を……。

（大正十一［一九二二］年七月八日）(1)

岡村千秋は、当時、柳田国男の依頼で、郷土研究社から発行されていた炉辺叢書の編集に従事していた。岡村は、炉辺叢書の一冊として出版予定であった『アイヌ神謡集』の宣伝を兼ねて『女学世界』に幸恵の寄稿を求めた。だが、「寄稿」は幸恵ではなく、金田一が書き、幸恵の写真を載せるという結果となっている。金田一の書いた「寄稿」文はのちに『アイヌ神謡集』の跋文となり、そして、その写真は幸恵の最後の写真となった（口絵参照）。しかし、幸恵は、「何の為に私の写真を」撮るのか、知らされていなかったようだ。「びっくりして胸がどき〳〵、顔が熱くて仕様が無かつた」とカメラの前に立って戸惑う幸恵にとって、その「どき〳〵」は、つぎのような戸惑いと接続していたかもしれない。

お湯へゆく。自分の醜さを人に見られることを死ぬほどはづかしがる私は、何といふ虚栄者なんだらう。これでももし人並みに、あるひは人以上に美しい肉体を持ってゐたら、自分以下の人に見せびらかして自分の美をほこるのであらうに。私にふさはしくないものを神様が私にあたへ給ふ事はない。私には何うしてもなくてはならぬ物かも知れない。私にあたへられた私のものを、何のはづる事があらう。

（大正十一年六月三日）

「お湯へゆく」ことは、もちろん、人前に裸体をさらすことになる。そのとき、アイヌである幸恵にとって逃れられない「多毛」への眼差しを感じなければならない。なぜなら、「多毛」はアイヌをめぐる人類学的な視線に曝されていたからだ。

三　アイヌの体格上の特徴――それで先づ其の身体的な特徴に於て一番著しい点は、其の多毛な特徴である。然しこれまで其の多毛なことが兎角誇張的に伝へられた傾向があつて、今日の処では、大体

に於て白色人種とさうたいして変らないと云ふのが一般の定説である。(2)

もちろん、幸恵だけではなく、同族の違星北斗もまた、そのことをつぎのように表現する。

元より俺は良い男だ、人も許し我も信じ？てゐたものを何たる不都合ぞ？　鏡が。鏡が。
ネクタイを結ぶに伸べたその顔を鏡は俺をアイヌと云ふた(3)（一三四頁、強調原文）

「鏡」に映るわたしの像にたいして「鏡は俺をアイヌと云ふ」。もちろん、「鏡」が語るのではない。「鏡」に映るのは「多毛」であるわたしである。それは、アイヌに刻印された「身体的な特徴」であり、人種を差異化する徴候である。鏡には、そこに映るわたしとそれをわたしと認知するわたしがあるとすれば、この「鏡」とは分裂した違星という主体そのものである。つまり、内面化された眼差しが、「鏡」に映る違星にむかって「俺をアイヌと云ふ」のだ。この内面化した眼差しに違星はたえず脅かされている。(4)ここには、「身体的な特徴」によって語られるアイヌ像に困惑・煩悶するわたし＝アイヌが表現されている。

カメラの前に立った幸恵を襲った「どき〳〵」はアイヌであることに向けられた、この眼差しの身をさらすことであった。幸恵の戸惑いにたいして、岡村千秋が、「『私が東京へ出て、黙ってゐれば其の侭アイヌであることを知られずに済むものを、アイヌだと名乗って女学世界などに寄稿すれば、世間の人に見下げられるやうで、私〔幸恵〕がそれを好まぬかも知れぬ』と云ふ懸念」をもっていたようだと、同じ日記に幸恵は書きとめている。そして、つぎのように書きつづける。

さう思っていただくのは私には不思議だ。私はアイヌだ。何処までもアイヌだ。何処にシサムのやうなところがある?! たとへ、自分でシサムですと口で言ひ得るにしても、私は依然アイヌではないか。つまらない、そんな口先でばかりシサムになったって何になる。シサムになれば何だ。アイヌだから、それで人間ではないといふ事もない。同じ人ではないか。私はアイヌであったことを喜ぶ。〔……〕アイヌなるが故に世に見下げられる。それでもよい。自分のウタリが見下げられているのに私ひとりぽつりと見あげられたって、それが何になる。多くのウタリと共に見下げられた方が嬉しいことなのだ。(大正十一年七月十二日)

岡村の「懸念」は、逆説的だが、幸恵にアイヌであることを主体的に引き受けざるをえない圧迫として作動している。とすれば、和装で撮られた幸恵の写真は、幸恵という個体を映しだしたものとしてだけではなく、あたかも同化したアイヌの女性を映しだしたものとして見られる可能性をもつ。そして、そのことは、金田一が書いた「寄稿」＝跋文の、つぎの一節を浮きたたせる。(5)

幸恵さんの標準語に堪能なことは、迚《とて》も地方出のお嬢さん方では及びもつかない位です。すら〳〵と淀みなく出る其優麗な文章に至つては、学校でも讃歎の的になつてゐたもので、啻《ただ》に美しく優れてゐるのみではなく、その正確さ、どんな文法的過誤をも見出すことが出来ません。而も幸恵さんは、その母語にも亦同じ程度に、或はそれ以上に堪能なのです。

確認するまでもなく、この「標準語」とは「国語」と呼ばれてきた日本語のことであり[6]、したがって、その「文章」とは「国語」の書き言葉のことである。とすれば、金田一が描きだした幸恵像はたんに日本語とアイヌ語を使いこなすことのできる理想的な二重言語使用者《バイリンガル》というだけではなく、「迚《とて》も地方出のお嬢さん方では及びもつかない位」と強調されているように「標準語」＝「国語」の読み書きの能力を身につけたアイヌ女性である。いいかえれば、幸恵は理想的に同化したアイヌ女性であるがゆえに、金田一にとって理想的なインフォーマントであった。金田一が描きだしている、このような幸恵像を幸恵自身はどのように受けとめていたのか、そして、幸恵をどのように呪縛したのか。

幸恵は、金田一に誘われ、『アイヌ神謡集』の出版をめざして上京したのだが、そもそもアイヌの口誦文芸をローマ字で書き残そうとした動機とはどのようなことであったのか。

歴史学者である中村和之は、『アイヌ神謡集』の序文にみられる幸恵の歴史認識から、その動機を明らかにしている。すなわち、『アイヌ神謡集』の序文には、かつてのアイヌ社会が理想郷のように描かれ、祖先たちのかつての生活をあのように美しく歌いあげている、そうした認識が、「当時の一般的なアイヌ史観」と「落差」があり、そこに金田一京助との出会いからの影響があるのではないか、とする[7]。

昔、文部省がこしらえた読本に「アイヌの話」というのが二科に続いてある。第何科、前科の続き「アイヌは無学文盲にして」と書いてある。それは文字がない、本がないから無学文盲だと思ったのであって悪意があるのでも何でもない。アイヌと日本の子供が同じ学校で机をならべて本を学ぶと「アイヌは無学文盲にして」と云われる。ところが成績は一番である。だから涙を流して口惜しがる。私のところに幸恵さんという女の子が来ている時に「読本がつらい」と云う。こんな清らかな娘さんでも僻みがあるのかと思ったが、この人の死んだあと大震災の時に東京が焼けて教科書が無くなったら田舎から東京へ寄付されてきた。私の子供が学校からもらってきたのをなんとなしに見たら、それだった。「第何科前科に続きアイヌは無学文盲にして」これを見て幸恵ちゃんの云ったのはこれだと思った。（金田一「アイヌ文学について」(8)）

中村は、金田一が挙げている「読本」が『尋常小学読本』巻十「第二十二課　あいぬの風俗」（文部省、大正四［一九一五］年）(9)であるだろうと指摘している。この「読本」に描きだされた「あいぬ」像は、もちろん、当時、すでに失われていた。しかも、それは、「序」文が描きだしているかつての「祖先たち」の生活とも大きく違っている。とすれば、「序」文にみられる認識はどこからきたのか。中村は、金田一との出会いに注目する。何の目的のためにユーカラの採集のために苦労するのか、という幸恵の問いにたいして金田一がつぎのように答えたという。

私は答えた――幾千年の昔、ギリシャ・ローマにはあったと聞く民族的叙事詩が、アイヌに、ユーカラといはれて現存するこの事実、古代の生活や文学の起源を考へさせる又無き生きた資料としてウント重んぜられてよいものですし、又民族的叙事詩を所有するのは西洋でもギリシャ・ローマの様な優秀な民族だけであるのに、アイヌ民族は今まで未開人のようにのみ見られてゐたが、此を所有するということは、この種族の優秀性を立証するものだから、無くならない内に、記録しておきたいと念願するのです《ママ》』と初めて私の本懐を打ち明けた。（「アイヌ天才少女の記録」）(10)

こうした金田一の言説に、脱亜入欧をめざしてきた日本によって追いつめられ、「激しい競争場裡に敗残の醜をさらしている今の私たち」（『アイヌ神謡集』序文）と認識する幸恵にとっては、日本が目標とする「ギリシャ・ローマ」＝西洋に比肩する「民族的叙事詩」をアイヌが所有するとすれば、アイヌ民族の日本にたいする優位を証明することができると思い描いたのだ、と中村は指摘する。すなわち、「アイヌ天才少女」＝幸恵は、こうした金田一の言説に挑発され、呪縛されたのだ、と。

たしかに、金田一は、一九〇八（明治四一）年に発表した「アイヌの文学」（『中央公論』一九〇八年一─三月）において、口誦伝承されてきた、いいかえれば、文字をもたないアイヌの「古謡」を「イリアス・オデッセイ」と同一視していたが、その表現のあり方については、かならずしも同一だとは見なしていなかった。(11)さらにいえば、金田一が、ユーカラ（アイヌユーカラ＝英雄叙事詩のこと）に注目した目的は、それ自体を研究対象とすることではなかった。

そもそも金田一がアイヌ語を研究対象として選択したのは、安田敏朗の指摘するように上田万年の構想した「日本帝国大学言語学」の枠組のなかでの選択であった。(12)上田がドイツ留学において学んできた比較言語学をふまえて、日本語の系統を明らかにすることが「日本帝国大学言語学」の目的であった。上田のこの構想に従って、朝鮮語を小倉進平、中国語を後藤朝太郎、琉球語を伊波普猷、そしてアイヌ語を金田一が分担するというプロジェクトが組まれた。しかし、比較が成立するためには、まず、当該言語の古い形を見いださなければならない。文字をもたないアイヌ語にそのような古い形を見いだすことは困難である。そこで金田一は、日常語とは異なる表現の方法で語られているアイヌの口誦文学に注目する。それは、ア・トンテ・イタク（a-tomte itak　飾ったことば＝雅語）と呼ばれていた。つまり、金田一がユーカラを求めたのは、言語の比較を可能にする古い形がユーカラに残存する、という方法的な仮説によっていたからであった。[13]

とすれば、ユーカラをイリアスやオデッセイに比肩する価値あるものであると金田一が説いていた意図と、それにたいする幸恵の共感とは、必ずしも一致していたとはいえない。むしろ、ずれていたとみるべきではないか。あるいは、金田一はそのように価値あるものだと説くことによってアイヌからの共感を得られるのだ、と意図していたのかもしれない。だが、言語学者として金田一の本来の意図とはずれていたとしても、金田一の言説にたいして幸恵には幸恵なりの共感があったとすれば、その金田一の言説に挑発／呪縛され、アイヌ語を書くためにローマ字を修得し、自らの伝える口誦文芸を書き残そうとし、そのために帝都・東京へと旅立ったのだ。

2　〈オトメ体〉でもの書くアイヌのオトメ――幸恵

幸恵は、金田一と出会ったとき、旭川区立女子職業学校の二年生であった。[14] この学校に入学する前年、幸恵は、旭川高等女学校を受験し、不合格となっている。そのとき、次のような噂がたったという。

「ほんとは、幸恵は、受験者中、最高点だった、というのだ。」だが、それでは困る学校が不合格にしたのだ。「軍都・旭川の庁立の中・女学校には、当然、軍の高官や有力者の子女が入ってくる。そういう誇りのある学校に、異教徒クリスチャンの、しかも自分たちよりも数段低いはずのアイヌの子供に最高点で入られては示しがつかない[15]」からだ。

もちろん、「噂」なのだから、どこから、だれが、そのようなことを話しだしたのか、確かめようもない。「噂」の真偽はともかく、「噂」には、キリスト教徒であるアイヌへの過剰な思い入れがあったように語る〈物語《レシ》〉が潜んでいる。この二重の排除の徴候のうち、後者のほうがより問題であったにちがいない。つまり、それは、「自分たちよりも数段低いはずのアイヌ」だからというふうに。それと同時に、その幸恵がアイヌの女学生である／べきだということを強調する。とすれば、このキリスト教徒にしてアイヌの女学生という幸恵像は、さきに引用した金田一の跋文の一節と呼応する。とすれば、金田一は、アイヌの女学生である／べき幸恵像をどのようなものとして表現していたのか。

前節にふれた金田一の「寄稿」文の標題に「清き魂」「清い涙ぐましい生活」と二度、「〔……〕素直な魂を護つて清い涙ぐましい祈りの生活をつづけて二〇年になります」と、その本文にもみられる「清き」「清い」という語。さらに、先に引用した「アイヌ文学ついて」にも「こんな清らかな娘さんでも僻みがあるのかと思った」と「清らか」という語がみられる。この「清き」「清い」「清らか」という一連の語は、この大正中期の時代、ある存在の位相を示していた。

「清い少女」の共同体

ところで、共同体に侵入してくる他者を摘発する投書や雑誌間のライバル意識を反映した投書の中で、特に目立つのが「清い」という形容詞だ。〔……〕「清い誌上での交際」を求めるなど、投書家たちは盛んに「清い」という語を使う。〔……〕後に「清く正しく美しく」というフレーズが宝塚音楽歌劇学校（一九一九年創立）のモットーとして採用されるが、「清い」という言葉は、必ずしも良妻賢母教育の中で上から押しつけられたものではなく、少女たち自身が「少女共同体」の自己定義のために積極的に選び取ったキーワードだったかもしれない。(16)

この佐藤（佐久間）りかの指摘は、明治の終わりから大正にかけて発行された少女雑誌の投稿欄に「清い」という語が、キーワードとして頻出することを指摘する。そして、奇しくも金田一が幸恵と出会った翌年一九一九（大正八）年、「清く正しく美しく」というフレーズが「宝塚音楽歌劇学校のモットーとして採用」された、という。いいかえれば、この「清い」というキーワードは、大正の半ばの時点では、すでに、「少女たち自身が「少女共同体」の自己定義のために積極的に選び取ったキーワード」にとどまらず、それによって喚起される少女像を社会的に獲得していたのだ。金田一は、そのことを、無意識であれ、意図している。(17)とすれば、「清い」というキーワードで語られ、彩られる幸恵には女学生であることを強調することによって、奇妙に倍加される特徴がある。すなわち、アイヌの女学生という像である。それは、ガヤトリ・C・スピヴァックのつぎのような指摘と接続する。

中心と目されるものは周辺をより巧妙に排除するため、周辺に位置する選ばれた者たちを歓迎する。

そして公式的な説明を成すのも中心である。別のいい方をすると、中心とは、自らが表現することのできる説明によって定義され、再生産されるものなのだ(18)。

金田一、すなわち、「中心」は、「周辺」＝アイヌをより巧妙に排除するために、「周辺に位置する選ばれた者たち」＝幸恵を「歓迎する」。すなわち、金田一が語る幸恵像とはそのための「公式的な説明」なのである。

だが、幸恵にも金田一の語る幸恵像、いいかえれば、金田一が期待する幸恵像に呼応する徴候がまったくなかったとはいいきれない。

ひさしぶりで長いながい手紙を書きませう。明日は荷物を送るといふのでふちも母様もお土産をたくさん出していそがしそうで御座いますけれども、私には何もお土産がありませんので相変わらず長い手紙を贈り物にいたします。それは、父上様や母上様が何よりもおよろこびなさると私は信じますから。〔……〕

只今学校から帰りますとお葉書を拝見いたしました。さうして涙の出るほど嬉しく存じました。何卒早く夏休みが来ますやうひたすら祈ってゐます。

高央と真志保と一しょに行かれたら〔……〕私はこよなき幸福ですもの。

今日はお土産はありませんけれども、今度夏休みに参ります時にはどっさりいろ〳〵なおみやげをもってゆきます〔……〕今から暇々に仕度をして居ます。〔……〕

（知里高吉・浪子宛書簡大正七〔一九一八〕年五月頃／旭川発）

この手紙にみられる文体は、川村邦光が、「〈オトメ体〉」と称する文体とみなすことができないだろうか。

〝わ〟〝よ〟も終助詞である。それも辞典などでは〝女性語〟として分類されるものである。先にあげた〝ね〟〝の〟〝もの〟なども同様である。こうしたことばは日常の会話で「あまり上品」ではないとされている。それよりも、手紙の文体としては、「下品」だと断定されるものだったのである。そして、「気障」だと揶揄され、世間の良識者には否認されることば遣いだったのである。〔……〕

これまで述べてきたところから、とりあえずオトメ像を探ってみよう。まず、『婦人の手紙』の著者が「下品」だとして、おとしめたことば遣い、〝女ことば〟〝女学生ことば〟を使用することをオトメの特性としてあげることができよう。オトメたちの文体―ことば遣いを、ここでは〈オトメ体〉と呼ぶことにしよう。「誌友倶楽部」につどう女性たちによって構築された〈想像の共同体〉とは、〈オトメ体〉に支えられた〈オトメ共同体〉といいかえることができる。(19)

金田一の語るように、幸恵が書く「すらすらと淀みなく出る其優麗な文章」とは、この「〈オトメ体〉」ではなかったか。それゆえに、金田一は、「清い」というキーワードで幸恵を語ったのではないか。逆にいえば、幸恵が「標準語」の読み書きを自らのものにするためには、なんらかのモデルが必要であった。そのモデルが、この「〈オトメ体〉」であったということができる。だが、「〈オトメ体〉」でものを書くアイヌのオトメにとって、それはアイヌであることを覆い隠す／忘れることのできる文体であったのだろうか。いいかえれば、「〈オトメ体〉」でもの書くオトメにとっては、その文体によって表象される、喚起される少女像に自己同化することが可能だったのだろうか。さらにいえば、この「〈オトメ体〉」に支えられた〈オトメ共同体〉は、アイヌのオトメという存在も許容する「想像の共同体」であったのだろうか。

3 衝突としての「解訳」

『アイヌ神謡集』は、金田一が、その跋文に記しているように、「今度其部落に伝はる口碑の神謡を発音どほり厳密にローマ字で書き綴り」、それに幸恵が日本語の口語訳を施した形式をとっている。幸恵にとっては、ふたつの困難があった。すなわちそれを書き表す文字をもたないアイヌ語をローマ字で表記すること、そして、それに「日本語の口語訳」をつけることである。幸恵が書いたノート[20]には、このふたつのことにたいする困惑が書きとめられている。

〔……〕それから　日本語の中に発音の私にわからないのがあります　ツが本当かチが本当か　シとス　ヒとシなどといふのはきいてゐて何方が本当か　わからないのです　違つてゐるのが沢山あるでせうと思はれます

言語音にたいする戸惑いがある。ツ／チ、シ／ス、ヒ／シの違いは、「解訳」するときに、日本語としてどのように表記するか、ここには、発音と表記が必ずしも一致しない語のあることが意識されている。あるいは、そこに方言と標準語の音韻の差異が意識されているともいえよう。

Shupun は　日本語で何といふのか　私はよくわかりません　うごひといふ人もあり　ゆぐひといふ人もあり　いぐひといふやうにもきこえますが　何方が本当なのかわかりません

「Shupun」というアイヌ語に対応する日本語が「うごひ／ゆぐひ／いぐひ」、いずれに発音され、表記されるのかについての戸惑いである。これは、たんに翻訳の問題ではない。アイヌ語を「Shupun」と表記することについては幸恵はためらってはいない。なぜなら、単語の音韻構造が子音で終わる語をもつアイヌ語にとって、語末の子音表記が可能であるローマ字で表記することのほうがアイヌ語の表記としては問題が少ないのだ。[21] とすれば、アイヌ語を「Shupun」とローマ字で書き記すことで、幸恵にとっては、すでに、アイヌ語を文字に書きとどめたことになっていたのだ。しかし、アイヌ語をローマ字に書きとどめただけでは、『アイヌ神謡集』は完成しない。

〔……〕此の ikeshui といふ言葉は怒つて行つてしまふ意味ですが日本語でこれに当たる言葉はいくら考えても思ひ浮べることが出来ません

解訳する時　私にもよくわからない日本語があります　アイヌ語ならば自分にも意味が明瞭なのですが、さて日本語になほさうとすると適当な言葉が見出せませんので　真個に困る事が一ぱいありますこのウヱペケレにもさういふところがずいぶんたく山御座いますから　何卒先生　御らんになつて御添削下さいます様　御願申上げます

「ikeshui といふ言葉は怒つていつてしまふ意味です」と「意味」を日本語で説明することはできても、その日本語の説明に充当する「言葉」を見いだすことができない。この困惑は、その説明のままでは金田一のいうような「優麗な文章」にならない、ということである。いいかえれば、幸恵にとっては、金田一にいうところの「優麗な文章」＝「〈オトメ体〉」に「解訳」することが日本語訳にすることであったのだ。とすれば、アイヌの口誦文芸（カムイユーカラにしろ、アイヌユーカラにしろ、ウエペケレにしろ）を日本語に訳そうとするとき、幸恵は、「優麗な文章」＝「〈オトメ体〉」でもの書く幸恵から解離してしまっている。それらは、日本語の「優麗な文章」として書き表すことのできない位相にあったのだ。そうした差異に気づく幸恵は、つぎのようなことを書き記さなければならない。

このやうな　何といひませう　野卑でせうか　なんだかキタナイやうな事を言つたものはたく山ありますけれども　私は何だか知ら気おくれがして　こんな事を書くのが嫌なので御座います　で　なるべく　さういふキタナイやうなのを書かないやうにしたいのですけれども　どうも　そんな　いゝ事ばかりのが少ないので　何でも思ひついたものを書いてゐます

幸恵の困惑にたいして、金田一は、つぎのように応答している。

この一冊の集だけでも、あなたの筆によって如何に同族の内面文化の美しい魂が世に紹介されるか、本当に此は貴重な貴重な収穫です。うんこやおしっこや、それどころでなく、もっと所謂尾籠な所まで行っても、決して決して恥ずべきことではないのです。なぜなら標準を低くこの世俗の生活〔「虚的虚礼?」と書いて消去〕の水平線へ置いて見る時にこそ、さういふことが、どうのかうのとなるのですけれど、ずっとずっと高い所から見てご覧なさい、みんな厳粛な事実なのです。学問上から見ると、皆、無差別の等しい尊い事実なのです。少し突っ込んで民族文化を志らべ《〔ママ〕》ると――今さういふ学問が盛に起りかけて来たのです――何国にもある事で、その天真な土俗の中に本当の真相が□《〔ママ〕》露してゐるので、取りつくろったうはべの記事ハ値打ちが無です。この不用意な素朴な民間の諺だの伝説だのの尊い所以ハそこにあるのですから、ちっとも臆せず、祖先を信じ、且、愛してそのままを御書きなさい。

（大正十〔一九二二〕年五月二十九日付知里幸恵宛・金田一京助はがき[22]）

このとき、幸恵は十八歳である。アイヌ語を書くことをとおして自らの民族のなかにある「野卑でせうか　なんだかキタナイやうな事」を発見した幸恵とって、これらのことを書き記すことによって他者である和人たちに、どのようなアイヌ像が喚起されるかくり返し体験していた。先にあげた『尋常小学読本』はそのことを端的に示している。その一方で、幸恵は、アイヌの口誦文芸が、ギリシャ・ローマにはあった叙事詩と同質のものであるという金田一の言説に挑発／呪縛され、それらを書きとめ、伝え残すためにローマ字を覚えた。そこには、幸恵にとってあってほしいアイヌ像とそれだけではないアイヌ像とにずれがあることに引き裂かれている幸恵がある。そして、それを金田一のように「学問」のためといいきれない困惑に、幸恵自身はたえず向かいあわなければならない。

そうした困惑にたいして、あたかも居直るかのように、「とにかく　これは　みんな　神を讃美する一つの美しい詩であると私は思ひます　私達の先祖は本当に詩人であつたと思ひます」といってしまうことによって、かろうじてアイヌ語をローマ字で書き記すことの意義を宣言しなければならない幸恵がある。

二重言語使用者である幸恵、あるいはローマ字を駆使するということをも考慮すれば、三重言語使用者の幸恵にとって、アイヌ語をローマ字で書き記すこと、そして、ローマナイズしたアイヌ語を日本語に「解訳」することのあいだに横たわる断層に向きあうことによって、それらのひとつひとつの行為が金田一の言説のように単純化できずに、複雑に絡みあっていることを知らなければならなかった。すなわち、「解訳」することは、アイヌオトメである幸恵のなかに埋め込まれたアイヌをめぐるさまざまな近代の衝突であった。

4　幸恵の詩／死

一九二二（大正一一）年五月一三日に上京し、金田一宅に寄寓した幸恵は、その翌月六月から日記を書き記している。その始め、六月一日の日記。

〔……〕今日は六月一日、一年十二ケ月の中第六月目の端緒の日だ。私は思った。此の月は、此の年は、私は一たい何を為すべきであらう。……昨日と同じに机にむかってペンを執る、白い紙に青いインクで蚯蚓の這ひ跡の様な文字をしるす……たゞそれだけ。たゞそれだけの事が何になるのか。私の為、私の同族祖先の為、それから……アコロイタクの研究とそれに連る尊い事業をなしつゝある先生に少しばかりの参考の資に供す為、学術の為、日本の国の為、世界万国の為、……何といふ大きな仕事なのであらう……私の頭、小さいこの頭、その中にある小さいものをしぼり出して筆にあらはす……たゞそれだけの事が――私は書かねばならぬ、知れる限りを、生の限りを、書かねばならぬ。
――輝かしい朝――緑色の朝。

上京してきた使命について書き記す幸恵。それはまず、アイヌ語をローマ字で書き記すことであり、そこに幸恵の身体に刻み込まれたアイヌ語の世界がある。そして、その使命は、「私の為、私の同族祖先の為」でありつつ、「学術の為、日本の国の為、世界万国の為」でもある。しかし、この接続には断層があり、主体の転位がある。「私の為、私の同族祖先の為」というとき、書かれたアイヌ語の世界は主体としての私と私の同族を宛先にしている。しかし、「学術の為」というとき、その宛先は、「学問」する主体である「先生」に転位する。つまり、幸恵はインフォーマントへと転位する。そして、さらに「日本の国の為、世界万国の為」へと拡大されればされるほど、幸恵という主体は、従属的になっていく。とすれば、「私は書かねばならぬ、知れる限りを、生のかぎりを、書かねばならぬ」と幸恵が宣言するとき、すでに幸恵の「生」は彼女自身のものではない。もちろん、そこには、あらかじめ幸恵の書き記すアイヌ語の世界が、「私の為、私の同族祖先の為」には成りたたないという社会的なコンテクストがある。幸恵が書き記したものを読むためには、すくなくとも幸恵と同じ程度に二重ないしは三重言語使用者である必要があった。しかし、幸恵が書き記すアイヌ語の世界をそのように読むことのできる「同族」の者たちは、ほとんどいないことを幸恵自身は知っていたのだろう。もちろん、幸恵が「私の為、同族祖先の為」と思っていたことが本心ではないというのではない。とすれば、幸恵が書き記したアイヌ語の世界を読み解く者たちが「同族」のなかに時を隔ててあらわれることを期待するしかない。しかし、時を隔ててもなおそうした者たちがあらわれるという保障もないというべきだろう。幸恵にとって自ら書き記す行為にかかわる、この断層が彼女を不安にする。

同じ日の日記に、つぎのようなことが書き残されている。

朝食の時、中条百合子さんの文章から、術〻芸と実生活、金持の人の文章に謙遜味のない事などを先生がお話しなすった。

芸術と云ふものは絶対高尚な物で、親の為、夫の為、子の為に身を捧げるのは極低い生活だといふのが百合子さんの見解だといふ。「しかし芸術が高尚な尊い物であるとおなじく、家庭の実生活も絶対に尊い物である事にまだ気がつかないのはまだ百合子さんが若いのだ、かはいさうに……」と先生は、若い彼の女をいぢらしいものの様にしみ〴〵と仰る。私ハよそ事ではないと思った。胸がギクリとした。私には芸術って何だかよくわからないが……。

それから、百合子さんは、あまりに順境に育ったので、人生は戦ひである事を知らずに物見遊山と心得てゐる……といふお話しもあったが、わかった様なわからない様な気がした。

一九一八（大正七）年夏、金田一は、札幌のジョン・バチェラーから幸恵の祖母モナシノウクと伯母金成マツの情報を得て、旭川に向かった。まさに、このとき、幸恵との出会いがあった。おそらく、その帰りであろう、バチェラー宅で、中条（宮本）百合子と遭遇し、バチェラー八重子とともに歓談していた。[23]

幸恵を自家に寄寓させ出版準備をさせる一方で、インフォーマントにしてアイヌ語の調査を行っていた金田一が、なぜ幸恵に百合子の話をしたのか、この日記の記述だけではよくわからないが、金田一が幸恵と百合子を対比させて、何事かを伝えようとしていたように思われる。芸術を至上と考え、「親の為、夫の為、子の為に身を捧げるのは極低い生活だ」という百合子の考えには、当時の女性解放運動の影響がある。それにたいして金田一は、「芸術が高尚な尊い物であるとおなじく、家庭の実生活も絶対に尊い」と批評する。金田一の批評には「良妻賢母」主義が反映していることはまちがいないだろう。[24]もうすこし単純化してしまえば、仕事か家庭かという選択にたいして、「芸術」＝仕事を至上とする百合子にたいして、金田一は、年長の男性らしく「まだ百合子さんが若いのだ、かはいさうに」と同情してみせている。

百合子の主張は女学校を出て芸術に目覚めた女性を、卒業と同時に待ち受けていた選択にたいする、百合子なりの宣言であったのだといえる。それは、幸恵にとっても上京してきた意義を問われることでもあった。しかし「芸術」ではなく、「学術の為、日本の国の為、世界万国の為」に「私は書かねばならぬ、知れる限りを、生の限りを、書かねばならぬ」という幸恵の決意は、百合子の宣言と微妙にずれている。百合子の宣言は女性である自らの自由／解放の宣言であり、百合子自身の生き方に回付される。一方、幸恵は、金田一のいうように、その才能が賞賛に価し、理想的なインフォーマントであったとしても、「学術」の領域で自立できるような環境にはなかっただろう。金田一自身もまた、アイヌである幸恵の才能を社会化することなど考えもしなかったとすれば、それは、まさに、幸恵の才能を略奪することでしかなかったのだ。もちろん、当時としては異例ともいえる『アイヌ神謡集』というアイヌ語の本を出版したことは、幸恵の才能を社会化したことだという反論があるだろう。しかし、それ以降の幸恵の生活を金田一はどのように考えていたのだろう。この本を出版してしまえば、幸恵は、北海道にもどり婚約していた男性と結婚すればいい、と考えていたのだろうか。あるいは、それでもなお、幸恵をインフォーマントとして使用可能だと考えていたのだろうか。

幸恵がアイヌ語の世界を書き記すことは、あくまでも金田一という「先生」の権威を媒介にしてしか社会化されないことであった。百合子が、あの「〈オトメ体〉」でもの書く少女から作家へと自立を試みていたとすれば、おなじ「〈オトメ体〉」でもの書くアイヌオトメであった幸恵は、ものを書きつづけることによって百合子のように自立を試み／夢見ることはできなかった。「私ハよそ事ではないと思った。胸がギクリとした。私には芸術って何だかよくわからないが……」という思考停止は、「私の為、私の同族祖先の為」と「学術の為、日本の国の為、世界万国の為」との間に横たわる、主体の転位を促す断層の前に立ち竦んでいる幸恵の位置を示唆する。

この断層がなにに由来するかを幸恵は知らされることになる。

京助のもとに、世界の人種について書いた厚い外国の本があったが、いつか私〔春彦〕の母方の親戚のいとこが来た時に、父はそこに出ていた系統図を開いて見せて、アイヌ人はこのように白色人種の系統だ、日本人は朝鮮人や中国人と同じ黄色人種だと話した。娘が幸恵さんをバカにした口を利いたのを聞きとがめたのかもしれない。幸恵さんもわきにいたが、黙って表情も変えなかった。いとこはすぐ反応して、
「あら、アイヌっていいのね。」
と、憎らしそうに言った。(25)

また、あるとき、つぎのようなことに遭遇しなければならなかった。

おかしいことに、私〔京助〕の家には、別に郷里から雇い入れてある小婢がいるのですが、近所ではその方をアイヌの娘と思って、幸恵さんをば和人の女学生だと思っているのです。私の家の赤ん坊を抱いて外に立って、近所の婦人などと好んで談話を交えていられましたが、幸恵さんは平気で、「いえ、私こそアイヌの女でございます」と、少しもためらわずまったく自然にそれを告白しておられました。近所の人々はまったく驚いて、かえって尊敬していました。(26)

金田一の「郷里から雇い入れた小婢」と比べる眼差しに応え、アイヌであることをみずから「告白」する幸恵。アイヌ語学者・金田一の「近所の人々」は、金田一の家にアイヌの人々が度々訪れる、それ

に好奇の眼差しを向けていたのだ[27]。つまり、アイヌ語学者・金田一の家に寄寓する幸恵には自らなにものであるかを「告白」しなければならない状況があったのだ。

さらに、すでにあげたように、『アイヌ神謡集』の出版に関連して、『女学世界』への寄稿依頼があり、岡村千秋の気遣いがあった。その気遣いにたいして、「アイヌなるが故に世に見下げられる。それでもよい。自分のウタリが見下げられているのに私ひとりぽつりと見あげられたって、それが何になる」と書きつけなければならない幸恵は、金田一の描きだした幸恵像からずれはじめている。金田一の幸恵にたいする賞賛が、「自分のウタリ」に及ぶのではなく、「ひとりぽつんと見あげられ」ることであると気づいたとき、幸恵は、「私はアイヌだ。何処までもアイヌだ」と宣言する。幸恵にたいする金田一の賞賛が、じつはアイヌを「見下げている」眼差しであり、幸恵自身を「自分のウタリ」から分断するものであることにたいして、幸恵はシサムかアイヌかの選択を自らに下していたのだ。この宣言を書きつけてしまった幸恵は、金田一のもとで遂行している自らの行為、すなわち、「昨日と同じに机にむかってペンを執る、白い紙に青いインクで蚯蚓の這ひ跡のような文字をしるす」行為について、あらためて自問しなおさなければならない。そうした幸恵を襲った出来事がある。

帝都東京の八月、暑い夏に入って幸恵は体調を崩す。一九二二（大正一一）年九月四日付の両親宛の書簡から、その様子を追ってみる。「八月にはじめの病気」をした幸恵は食欲をなくしたが、「少し涼しくなって」食欲を回復する。だが、「二十七日の晩奥様が馬鈴薯を煮たので珍しく一皿食べたらそれが胃袋のなかであばれたのでせう」、その「よ明けから」「息もつけないような苦しみ」におそわれる。明け方には収まったが、つぎの日は、「一日は床の上でねたりすはったり、息つくたびに胸を刺される思ひをつづけたが、翌日は大層よくなりました」。「そしたら三十日だったでせう、朝五時頃今度は心臓があばれて息ができなくな」り、「家中で手当してくださいました」。その「おかげで五分位で動悸が静ま」った。それから「三日ばかり絶食同様」で安静にしていた、という。

かはいさうに胃吉さんが暑さに弱ってる所へ毎日々々つめこまれるし、腸吉さんも倉に一ぱい物がたまって毒瓦斯が発生するし、しんぞうさんは両方からおされるので夜もひるも苦しがってもがいてゐたのが、やりきれなくて、死物狂ひであばれ出したものと見えます。

と、自らの病状をユーモラスに両親に伝える一方で、つぎのように自問する。

私も折角の機会ですから、これを逸せずもう暫く止まって一年か二年何か習得して帰りたいことは山程で、今頃病気だなどとおめ〳〵帰るのは、涙する程かなしうございます。然し御両親様、神様は私に何を為させやうとして此の病を与へ給ふたのでせう。私はつく〴〵思ひます。私の罪深い故か、すべての哀楽喜怒愛慾を超脱し得る死！　それさへ思出るんですが、神様は此の罪の負傷《いたで》深い病弱の私にも何事か為させやうとして居給ふのであらうと思へば感謝して日を送ってゐます。

今一度幼い子にかへって、御両親様のお膝元へ帰りたうございます。そして、しんみりと私が何を為すべきかを思ひ、御両親様の御示教を仰ぎたく存じます。半年か一年ほど……。旭川のおっかさんは許してくれる筈です。

宿痾といえばそれまでなのだが、自らの身体に宿ってしまっている「此の病」と向きあいながら、「此の病を与え給ふた」「神様」にその命の使命を問うたとしても、それは自問でしかないだろう。あるいは「両親」に応答することが可能なのだろうか。また、アイヌ民族の伝承する叙事詩がギリシャやローマの叙事詩に匹敵するものと説いて、幸恵をインフォーマントとして目覚めさせた金田一はどのように応答したのだろうか。

幸恵の書いた九月一四日付の両親宛の最後の書簡には、金田一が幸恵を中学時代の同級生の「名医」に診断させた、とある。「心臓の僧帽弁狭さく症」と診断され、そして、「診断書には、結婚不可といふことが書いてありました。」すでに、結婚を約束していた幸恵にとって、この診断は、あの自問におのずから答となった。この「結婚不可」とは、「此の病」では子供を生むことができない、ということを意味している。つまり、結婚とは、女にとって子を産み、家を継いでいくことにあったのだ。しかし、そのような結婚に女たちが抗いだしていたことも事実だ。すでにみたように、中条百合子のことを金田一は話題にしていた。幸恵に下された「結婚不可」という診断は、百合子が宣言していた生き方にたいして金田一が「家庭の実生活も絶対に尊い」と批評した、その「家庭の実生活」を幸恵から奪うことであった。とすれば、幸恵に残されているのは、つぎのようなことだけだったのだろうか。すなわち、「〈オトメ〉体」でもの書いていた女学生＝ヤマトオトメである百合子がもの書くこと＝「芸術」に目覚めたとすれば、おなじく「〈オトメ〉体」でもの書いていた女学生＝アイヌオトメである幸恵に残されているのは、百合子の「芸術」に代わるなにか、すなわち、「私にしか出来ないある大きな使命をあたえられてる事を痛切に感じました。それは、愛する同胞が過去幾千年の間に残しつつたへた、文芸を書残すこと」であった。そして、そのことを「たゞ一本にペンを資本に新事業をはじめようとしているのです」というのだ。しかし、そこに幸恵自身の「文芸」はなかったのか。

神は私に／病を与え給ふた。／何故々々《なにゆえ》／神は私に／斯様《かやう》なものを／与え給ふのか。／私の知らぬまに。／私は黙って黙って／それを受け入れてゐるより／しかたがないのです。

月の夜／秋風が青白い葉裏《はうら》を見せる時／葉がくれに／チラ〳〵する軒燈《けんとう》の／美しさに見とれていたやもりが／ついに、身のみにくさも忘れて／電燈に這いあがり／熱に焼き殺されて／みにくい骸《から》を／残してゐるのを見ましたが／今の私たちアイヌの女は／ちょうどこの東京のやもりと／同じことをしているのです。／さもない者は世の片隅《かたすみ》の／薄暗い所に住まったまま／じっとしてゐるのです。アイヌは／美しくも尊いみ代の光に／幻惑《げんわく》されて／やもりが／白い葉裏《はうら》を出て／みにくい骸《から》を残《のこ》すやうに／ほろびてゆきます。（／は改行）

引用は、幸恵が金田一の家に寄寓した六月一日から書きはじめた日記（注（1）参照）とは別に、「日誌帳」と題され、「大正十一年六月一日以降　知里幸恵」と書かれたノート[28]からである。引用以外にも、いくつかのパラグラフがあるが、それらがひとまとまりの詩であるかどうか、判断が困難である。引用したパラグラフの二番目は三番目と繋がっていると思われるが、一番目と繋がっているとみるのは難しい。しかし、ここには、幸恵が自ら陥ってしまったアポリアを詩として表現しようと試みていることがはっきりとみてとれる。とくに、二番目のパラグラフには、「今の私たちアイヌの女は」と書きつけられ、日記や書簡にはみられなかった対象化がある。「アイヌ」であり、かつ「女」であるという自己認識にいきついた幸恵の詩があるのだ。そして、そのようにみれば、三番目のパラグラフの「アイヌは」はあるいは「アイヌの女は」であることも可能だ。しかし、幸恵の詩は死によって中断される。まさに、「やもり」＝「アイヌの女」は帝都・東京の「熱に焼き殺されて」しまったのだ。

〝E-yukari ne ruwe?《それはお前の謡かえ？》 e-sakehawe ne ruwe?《お前の喜の歌かえ？》 na henta chi-nu.《もっと聞きたいね。》〟

（「蛙が自ら歌った謡　トーロロハンロクハンロク！」『アイヌ神謡集』より）

注

（1）『銀のしずく　知里幸恵遺稿』所収、草風館、一九八四年。以下、この日記および幸恵の書簡の引用はすべて本書による。この日記には「おもひのまま」という題がつけられ、「大正十一年六月一日夜より　知里幸恵」と書かれている。

（2）金田一京助『アイヌの研究』内外書房、一九二五年、二五頁。この言説の問題点については、丸山「〈他者〉の文学」（『〈アイヌ〉学の誕生――金田一と知里と』彩流社、二〇〇二年）を参照されたい。

（3）以下違星北斗の引用は、『違星北斗遺稿　コタン』（草風館、一九九五年）による。

(4) この「鏡」は違星にだけ現れるのではない。森竹竹市『レラコラチ《風のように》　森竹竹市遺稿集』（えぞや、一九七七年）、江口カナメ『歌集　アウタリ』（新泉社、一九七四年）などにも、この違星の短歌にみられる表現がある。また、藤本英夫によれば、女学校に通っていた幸恵は、ある友人に「私は、朝、手首の毛を剃ってくるのよ――」と言っていた、という（『銀のしずく降る降る』一九七三年、新潮社、二二六頁）。

(5) 『女学世界』大正一一（一九二二）年八月号。のちの『アイヌ神謡集』の跋文である。

(6) 「標準語」についての言説は、イ・ヨンスク『「国語」という思想――近代日本の言語認識』（岩波書店、一九九六年）第十章「標準語の思想」を参照。

(7) 中村和之「教科書のなかのアイヌ史像――知里幸恵『アイヌ神謡集』をめぐって」、北海道・東北史研究会編『札幌シンポジウム　北からの日本史　場所請負制とアイヌ』北海道出版企画センター、一九九八年。

(8) 金田一京助「アイヌ文学について」（一九五八年）、『金田一京助全集』一五巻、三省堂、一九九三年、二五三頁。

(9) 中村前掲論文に全文引用されている。

(10) 『婦人公論』昭和一二（一九三七）年三月号。

(11) この金田一の「アイヌの文学」についての分析は、丸山前掲書、三四―四三頁を参照されたい。

(12) 安田敏朗『日本語学は科学か』三元社、二〇〇四年。以下の記述も、安田のこの本に負っている。

(13) このことを端的に示しているのは、カムイユーカラやアイヌユーカラなどにみられる人称接辞を「第一人称の古形」と金田一は解釈していたことだ。カムイユーカラやアイヌユーカラにみられる人称接辞が、「第一人称」でないばかりか、「古形」ともいえないことは、現在のアイヌ語学において指摘されている（中川裕『アイヌの物語世界』平凡社、一九九七年）。この金田一の解釈にたいして、折口信夫が、神の「託宣」であるという解釈を与えた。こうした金田一と折口の繋がりについて、丸山「〈古代学〉の言説空間――アイヌ・ヤマト・ウチナー」（古代文学会主催シンポジウム「古代文学研究の最前線」二〇〇六年七月一日）において発表した。なお、その発表内容をまとめたものは『古代文学』四六号（二〇〇七年三月）に掲載した。
(14)『北海道教育史　地方編』（北海道教育研究所編纂、一九五七年）によれば、「この学校（北都高等女学校）の前身である旭川女子職業学校は、大正四年二月、大正天皇即位大典事業として設立され、本科・補習科・専修科をおき、はじめ上川高等小学校の一部を使用して開校した。〔……〕大正一〇年四月組織を変更して北都高等女学校と改称」（九一四頁）したという。つまり、「旭川〔区立〕女子職業学校」という名称の学校は、わずか六年間しかなかった。幸恵が入学したのは一九一七（大正六）年、卒業が一九二〇（大正八）年である。
(15) 藤本英夫『知里幸恵　十七歳のウエペケレ』草風館、二〇〇二年、一一一頁。
(16) 佐藤（佐久間）りか「『清き誌上でご交際を』――明治末期少女雑誌投稿欄に見る読者共同体の研究」『女性学』四号、一九九六年、一二九―一三〇頁。
(17) ちなみにいえば、一九一九（大正八）年、武者小路実篤が書いた「友情」のなかで野島が恋するヒロイン杉子にたいして「清い」ということばを何度も使用している。もちろん、杉子も女学生であった。
(18) ガヤトリ・C・スピヴァック『文化としての他者』復刊版、紀伊國屋書店、二〇〇〇年、一〇八―一〇九頁。
(19) 川村邦光『オトメの祈り』紀伊國屋書店、一九九三年、一〇七―一一一頁。
(20) 引用は『知里幸恵ノート』復刻版、知里森舎、二〇〇二年。
(21) 幸恵は、このアイヌ語のローマ字表記をとおして、アイヌ語の音韻について、いくつかの発見をしている。たとえば、YUKARではなくYUKARであるというR音の性格をふまえた表記をした。この発見について、金田一は、書簡などでは幸恵を褒めてはいるが、そのことを学問的には指摘していない。この点については、丸山「忘れられた書物——知里幸恵編著『アイヌ神謡集』」（『立命館言語文化研究』一六巻三号、二〇〇五年）で言及した。

（22）藤本『知里幸恵　十七歳のウエペケレ』二一七―二一八頁より引用。このはがきは、注（4）藤本『銀のしずく降る降る』にも引用されているが、語句の異同があり、かつ省略されている。しかし、『銀のしずく降る降る』では省略されていることに注記がない。なお、注（28）も参照。

（23）百合子の父は建築家であり、かつて北海道帝国大学の建物の設計をしていた。この年は、開道五十周年にあたり、北海道拓殖博覧会が開催されていた（八月）。百合子の父は、北海道博覧会建築設計顧問を務めていて、百合子とともにバチェラー宅に寄寓していた。百合子の将来の洋行に先だって外国人の家での暮らしに慣れさせるために、バチェラー宅に寄寓させていたのである。このとき、百合子は、バチェラーの養女・八重子に案内され、道内のアイヌの生活を見てまわり、「風に乗って来るコロポックル」という小説を書いた（大森寿美子『増補版　若き日の宮本百合子——早春の巣立ち』一九九三年）。そのあと金田一と遭遇している。金田一は、この出会いのことをのちに「中条百合子の片影」（『多喜二と百合子』第一六号、一九五六年六月）に書いている。なお、百合子は、このとき「遥かなる彼方」という未完の小説を書いている（『宮本百合子全集』第二〇巻所収、新日本出版社、二〇〇二年）。「風に乗って来るコロポックル」という小説の評価については格清久美子「未発表作品『風に乗って来るコロポックル』——百合子とアイヌ民族」（岩淵宏子・北田幸恵・沼沢和子編『宮本百合子の時空』翰林書房、二〇〇一年）を参照。

（24）一八九九（明治三二）年の「高等女学校令」は、基本的には、家庭での教育機能を高めるために、母となる女性も教育しなければならない、という目的があった。つまり、「良妻賢母」というスローガンが目的化されたことになる。その一方で、教育された女性たちが、女性のおかれた社会的な状況にたいして目覚め、女権を主張することにもなった。とくに、明治末期には、女学生はその数が七万五〇〇〇人であった。金田一の百合子の宣言にたいする批評は、そうした状況をふまえていると考えられる。
(25) 金田一春彦『父京助を語る』教育出版、一九七七年。
(26) 金田一京助「故知里幸恵さんの追憶」、『金田一京助随筆選集2　思い出の人々』三省堂、一九六四年。
(27) 幸恵が金田一の家に寄寓して間もなく、平村コタンピラが金田一の家にきて、「スプネシリカ」というアイヌユーカラを実演したことが、幸恵の日記（六月二日）の記述からわかる（丸山『〈アイヌ〉学の誕生』二〇六頁参照）。金田一が自宅にインフォーマントを呼び寄せ、採取していた「研究法」については、村井紀『増補・改訂　南島イデロギーの発生』（太田出版、一九九五年）に指摘がある。ちなみに、幸恵が亡くなった翌年（一九二三年）の六月には、金田一が「アイヌの盲詩人」と賞賛したワカルパの娘「鍋沢ゆき子さん」にアイヌ学会で「古謡、神謡、民謡など」の口演をさせている（『女学世界』二三巻八号、大正一二［一九二三］年八月）。つまり、もうひとりのユキを東京に呼び寄せている。
(28) このノートは未公開であり、中井三好『知里幸恵　十九歳の遺言』（彩流社、一九九一年）から引用した。引用中の傍点部分は、中井が補った部分である。ちなみに、この詩が書かれている「日誌帳」について、中井はつぎのように書いている。

幸恵はシサムの誰にも理解してもらえないこのアイヌ民族の苦しみを、その晩詩に書いた。〔……〕歩いてきた自分の影の卑屈でいじけて曲がっている姿を思えば思うほど、くやしい思いが胸を張り裂いて詩となってでてきた。やさしい少女の詩とは想像もつかないこのなぐり書きの烈しい詩句の上を、血の如き幸恵の涙がぽたぽたと流れ落ち、インクで書かれた字形が涙に浮きあがり、歪んではぼんやりと『日誌帳』の罫線からはみ出して広がっていった。

また、藤本『知里幸恵　十七歳のウエペケレ』（注（15））にも資料としてあげられているが、藤本は、中井の「補綴」について、つぎのように批判している

また、幸恵の、『日誌帳』も、私が「連作」といっている一連に何カ所か「補綴」を加えているが、「補綴」は「補綴者」の言葉であって、変質された幸恵像が生まれることになる。それが引用されると（例、富樫利一『銀のしずく「思いのままに」知里幸恵の遺稿より』彩流社など）、間違った幸恵像が増幅される。（『知里幸恵　十七歳のウエペケレ』二九〇―二九一頁）

ちなみに、藤本が同じ詩を引用した部分を参考のためそのまま掲げておく（／／＝改ページ。／＝改行）。

神は病を与え給わる（次の42Pに続くかは不明）／／何故何故神は私に／斯様なものを与え給ふ／のか知らぬまま／私は黙って黙って／□見るのが／知らず□の□々の／□より／秋風がひょう〳〵／ちょうど東京のやもりが／月の夜／青白い裏葉を見せる時／青い葉がくれにチラ〳〵する／軒燈の美しさに見とれて／ゐたやもりがつひに身のみに／くさも忘れて電燈の／這いあがって熱に／焼□かされてみにくい骸を／残すしているのを見ましたが／今の私たちアイヌの女は／／ちょうどおなじやうことを／します／さもないものは／世の片隅の／薄暗い所にすまって／美しくも尊い□代の光に／幻惑されて　やもりが白い／葉裏を□□□みにくい骸を／残すやうに　ほろびてゆき／ます

（『知里幸恵　十七歳のウエペケレ』三〇四頁）

いずれにしても、資料が公開されないままに行われている批評は引用者の恣意性を露わにするだけである。

なお、注(22)も参照されたい。

バイリンガルな白昼夢

西　成彦

1　言語死

地球からひとつ、またひとつと言語が消えていく。今日、これを「言語死」と呼ぶ社会言語学者は少なくない。日本語使用者にとってアイヌ語は何より身近で切実な絶滅危惧種のひとつである。日本語がアイヌ語を絶滅の危機へと追いこんだ。

地球上、言語に死が訪れるその訪れかたはかならずしも一様ではない。日本列島北方域における和人と先住アイヌの接触・交渉を遡れば、悠々有史以前まで達するだろう。べつに互いが隣人の言語に精通しあっていたということではないとしても、隣接言語の存在（や気配）について、一円のひとりひとりが認識を共有しあっている状態を考えるならばである。エミシ（「恵比寿＝夷＝蛭子」などと同語源）にはエミシ、シャモ（アイヌ語の「隣人」sisam の変形）にはシャモの言語があるということは、おのおのが隣人をそう呼びつづけているかぎり、いわば常識だったはずである。

もっとも、本州（島）から北へと渡った者の多くが交易にたずさわる商人層であったことを考えると、そのバイリンガル化は部分的で、一時的なものにとどまった公算が高い。反対に、和人商人への経済的な依存を深めた先住アイヌのバイリンガル化は段階的・不可逆的であったにちがいない。松前藩がアイヌによる日本語習得（とくに読み書きのそれ）をタブー視したのは、アイヌの同化が一方的な搾取のさまたげになるのを危ぶんだせいだろう。この政策はアイヌ系バイリンガルの圧倒的な存在感を物語ると同時に、アイヌ系バイリンガルに対抗できる和人側通詞の力量を恃める下地がその当時にはできあがっていたことをもあらわしている。

ともあれ、北海道開拓使設置（一八六九年）の時点で、かりに蝦夷地におけるアイヌ語の危機が深刻化していたとしても、それはアイヌ系バイリンガルのアイヌ語離れによるというより、むしろ江戸期の蝦夷地におけるそれこそジェノサイドと呼ぶほかはないような和人による虐待・凌辱、そして疫病の流行がアイヌ語人口の激減をもたらした結果ととらえるべきだろう。

ところが、明治日本による一方的な統治とともに事態は急変する。和人の組織的入植と、南下するロシアや外国人宣教師による脅威からの保護の名を借りた同化政策は、アイヌ語の存続を可能にする環境そのものに致命的な打撃をくわえた。もちろん、同化政策だけがアイヌ語の後退を助長したわけではない。土着の言語と外来の公用語とが共存・並存している地域は、フィリピン、アンデス高地、パラグアイなど、少なくない。旧蝦夷地（＝北海道）のバイリンガル状況をアイヌ語の生存にとってきわめて危機的な状況へと劣化させた何よりも大きな原因は、陸続として内地各地から参集した入植者がアイヌ語に対して何ら興味関心を示さなかったことにあった。(1) それまでであれば、アイヌ語を覚えることは和人にとっても愉快で有益なことだったにちがいない。ところが、明治に入ると、英国人宣教師ジョン・バチェラーのようにアイヌ語習得に熱意を示した宣教師がそれだけで危険分子かと怪しまれるほど、アイヌ語に対する関心は、いうなれば物好きのレベルへと後退した。アイヌの存在を目障り・耳障りに感じることはあっても、アイヌ系の労働力に依存しようなどとは思いつきもしない入植者は、和人だけで自足・完結する傾向が強く、歴史的に言語接触の地であった旧蝦夷地は、いつのまにかアイヌにだけバイリンガルであることを求めるという不均衡な言語空間と化したのである。そのうち、モノリンガルであることに何ら不自由を覚えない和人の専横を横目に見ながら、アイヌらはバイリンガルである自分に誇りをいだけなくなっていった。旧土人特設学校の教員にアイヌ語話者が登用されるというようなケースがないわけではなかった。しかし、それとて一時的・便宜的なものにすぎず、アイヌ系の教師は、児童に対してバイリンガルであれと促すよりは、はるかにアイヌ語から日本語への迅速な切り替えを強いる使命を帯びた(2)。

いかにその民族語に愛着を持っていたとしても、バイリンガルの話し手によって話される民族語の方が、その言語しか使わない話し手によって話される民族語よりも、危機におちいる度合が大きい(3)。フランスの社会言語学者アジェージュは、モノリンガル話者のマジョリティ化が、バイリンガル話者のマイノリティ化を助長する傾向をとらえてこう書く。この環境の中で、稀代のアイヌ系バイリンガルとしてその名を後世に残すことになる知里幸恵が、かりにそうしたアイヌ系バイリンガルの一群のなかで恵まれたエリートに属するとしたら、それは彼女がアイヌの口頭伝承を日本語に置き換えられるだけの能力をそなえたからというよりも、そのことに誇りを持て！と金田一京助から力強く激励された、アイヌのなかでも例外的な存在だったからである。この誇りをかりにすべてのアイヌ系児童に植えつけることができたなら、そのときは知里幸恵ばかりではなく、アイヌ文化を背景に持つ児童のすべてが知里幸恵程度には幸福でありえたかもしれない。しかし、知里幸恵はバイリンガルであることの誇りと喜びを享受する特権に浴しながら、しかし、ウタリ同胞とともにこれを分かちあうに足るだけの人生の残り時間を与えられなかった。その代わり、『アイヌ神謡集』（一九二三年）という小さな一冊が、誰というのでもない、アイヌ系バイリンガル全員の墓標のような書として私たちのもとに遺されることとなった。

北海道旧土人保護法の制定（一八九九年）までを「前近代」として区分することを提唱した歴史家の河野本道は、それまでの「半異風文化」が近代日本文化に制圧されていく保護法以降を「近現代」と呼んで「前近代」とは切り分け、この時代の文化状況を次のように記している。

おおよそあるいは全く近代国家の国民化し、基本的な生活様式が和風化したアイヌ系の者が、過去の文化を局面的に無意識に持ち続けたり、あるいは、それを局面的にこだわりを持って半ば意識的に保持したり、あるいは、それをある種の必要性（研究者への対応のためなど）から意識的に維持し続けたりするといった段階〔……〕(4)

河野は、アイヌ同化の跛行性を意識しながら、可能なかぎり幅広くアイヌ系日本人の文化的アイデンティティの様態をひとつに括ろうとする。アイヌにとって、「近現代」とは意識的であれ無意識であれ、もはや「局面的」にしかアイヌ文化の継承者ではありえない時代だった。知里幸恵や、その祖母モナシノウク、あるいは伯母金成マツのように「ある種の必要性」からアイヌ伝承を「意識的に維持」できたアイヌが一方の極にあったかと思えば、「無意識」レベルで、しかも「局面的」にしかアイヌ文化と向き合えず、アイヌ語の効用を実感できない無数のアイヌが反対の極を占める。後者にとって、アイヌ文化とはそれこそ気の迷いや気の病い程度でしかなくなる。モナシノウクや金成マツや知里幸恵らは、金田一によって、アイヌ文化を保持することを精神障害ではなく、民族的知性の健全さの証だとみなされえた例外的な近代人だったのである。

本稿では、二十世紀初頭、知里幸恵が書き遺したものを読み返しながら、アイヌ（もしくは日本列島北方域の和人）にとってバイリンガリズムの何であったか、またそれが何でありうるのかを考えてみる。

いまなおアイヌは滅んでなどいない。『アイヌ神謡集』の「序」のなかで、「愛する私たちの先祖が起伏す日頃互に意を通ずる為に用ひた多くの言語、言い古し、残し伝へた多くの美しい言葉、それらのものもみんな果敢なく、亡びゆく弱きものと共に消失せてしまふのでせふか」（二頁）[5]と自問自答しながら、知里幸恵は、あやうく言語文化の滅びと民族の滅びとを混同しそうになったが、生きたアイヌは、いまでも私たちのまわりで日常を営んでいるし、ごく普通の日本人と見えた人間が、ある日突然、「アイヌ」を自称する局面を私たちはいつどこででも想定できる。むしろ、ひとよりも確実に危機的状況にあるのはアイヌ語の方だ。アイヌ語の現状はほとんど標本としてのそれで、これを生きた言語としてあやつり、この言葉を用いることの誇りや喜びを人々が分かちあえる機会や契機は局地的・断片的である。

もちろん、絶滅の危機に瀕した言語がふたたび蘇生するケースは皆無ではない。イスラエルでヘブライ語に起きたような奇蹟がアイヌ語に訪れないとはかぎらない。もちろん、言語再生の実現には茨の道が待ち受けている。しかし、忘れないようにしよう。バイリンガル状況が「言語死」の前段階であるというアジェージュの説が多くの場合に本当だとして、言語再生が実現しうる土壌もまた同じバイリンガリズムを足がかりとしないかぎり開けてはこないのである。アイヌ語の未来は、バイリンガリズムの未来なのである。

本稿はべつにアイヌ語の再生を表立って目標にかかげるものではない。しかし、アイヌ語の影響力が低下しつつある時代に、その低下を必死に食い止めようとした数々の努力が、その未来を保証されないまま潰されていった過程を考えることは、それとは別のアイヌ語の未来がありえた可能性に目を向け直すことにほかならない。いったん潰えた希望そして未来だからといって、それらは実現不可能であることが一度で決定的に証明された希望や未来などではない。

2　バイリンガル・テキストとしての『あいぬ物語』

知里幸恵編の『アイヌ神謡集』だけが例外ではない。金田一京助の著書には、アイヌ系の伝承者や表現者を前面に押し立て、自分自身は一歩引いて産婆役に徹するといった「共著」的な体裁をとるものがいくつもある。アイヌをインフォーマントに立てた著作は、すべてが「共著」だったと言ってもよい。なかでも、若き日の金田一が企画した『あいぬ物語』（一九一三年）は、和人アイヌ学者、金田一京助

（＝編者）と樺太アイヌ、山辺安之助（＝著者）(6)のバイリンガルな対話の積み重ねから生まれた、すぐれてハイブリッドなテキストである。

ロシア帝国の辺境であるサハリン中部に生まれた山辺は、千島樺太交換条約（一八七五年）後、北海道への移住を強制され、対雁《ついしかり》の「土人学校」で日本の教育を受けたなかのひとりで、サハリンに戻りはするが、日露戦争において日本軍と行動をともにしてからは、白瀬中尉の南極越冬隊に樺太犬の世話係として参加するなど、日本人とのコラボレーションに貪欲だった。そんな山辺の言語能力に関して、金田一は「日本語が上手で、日本語で物語をする際には、語彙も豊富〔……〕句法も自由で、可なりよく事件を描写する」が、「アイヌ語で話すとなると〔……〕語彙も貧弱であり、句法も単調であるから、話し振りが〔……〕普通のアイヌ」だったという言い方をする（「凡例」一頁）(7)。それくらいなら、山辺安之助伝を出版するとしても、『福翁自伝』のような語り下ろし形式にしたほうがはるかに自然だっただろう。ところが、若き日の金田一はテキストのバイリンガル性に執着した。

一、けれども、其では、アイヌの著作とは信ぜられまいといふ憾がある。少くとも日本人の筆を入れたものと取られ、もつと甘い、日本固有の文章家の文章などへ比較されるやうではつまらない。一、それで、著者山辺君には、比較的不得意なアイヌ語をわざと選んで、これで話して貰つた。これならば、一言一句、純粋なアイヌの口から成つた文章であるといふことに、誰一人疑を挿む人があるまいから。（一―二頁）

金田一が山辺にその生涯を語らせたのは、山辺が南極から帰国した直後の一九一二年夏だった。越冬隊に同行している期間は、樺太犬とともに内地日本人を主力とする探検隊に奉仕する日々の連続だった。そんな日々をまで含めて、いきなりアイヌ語でふり返れと言われてもしどろもどろになるのがあたりまえだろう。

山辺がバイリンガルなら、大学に入ってからアイヌ語学者たらんと志すにいたった金田一もまたバイリンガルであった。しかし、同じバイリンガルでも、アイヌ語であれ日本語であれ、それを文字に書き取る記述法を身につけていたのはもっぱら金田一である。『あいぬ物語』の「著者」を名乗りうるのは山辺であって、金田一はあくまでも「編者」にすぎないはずなのだが、本書の成立にあたって金田一の権限は絶大であった（稗田阿礼に対する太安麻呂の優位とでもいうのだろうか）。

その後、書物完成までの紆余曲折に富んだプロセスを金田一は次のように記している。

一、まづ色々の事を話さして、それを編者が速記をした。そして得た尤然たる材料の中から、重複した分を省き、似寄りの話を一所へ集め、時代に由て順序を立て、そして章節を分つた上で、成るべく著者の言葉通りに日本文の安之助伝を作成した。そして、それを安之助にアイヌ語に口訳さした。

（二頁）

アイヌ語で語らせた回想の速記、そして編集、日本語バージョンの完成――ここまでが編者＝金田一の仕事であり、つづいて、金田一版の「自伝」をアイヌ語ネイティヴの山辺があらためてアイヌ語に逐語訳する。この流れ作業が順調に進めば、金田一はこれを書き取るだけで終わらせられるはずだった。

一、所が、アイヌ訳は梗概に止まり、二三行を一口に云つてしまふので、甚だ簡単なものになり、私の書き下した日本文とは釣合はなくなつた。それ故、其日本文は全く棄て安之助の口から流れ出たアイヌ訳を原文とし、新規に私がそれを邦訳して、一語一語対照するやうに書き並べた。そして出来上つたものは、上編である。（二―三頁）

こうして、山辺にはアイヌ語で語らせ、それを金田一が日本語訳するという、サハリン・アイヌと内地人学者の合作として最も自然に思える形式が結局は日の目をみたわけである。しかし、ここにたどりつくまでの試行錯誤を思うと、これは途方もない荒療治だった。アイヌ語と日本語を往復しながらひとりのアイヌの過去を言語化する涙ぐましい共同作業の中、金田一よりも誰よりも山辺がアイヌ語での語り口をさぐりあてなければならなかった。そして、それは「普通のアイヌ」の「話し振り」を卒業して、日本語への逐語訳に耐えられるアイヌ語の「談話口調」を獲得することにほかならなかった。手本はどこにもなかった。同じバイリンガルでも、金田一が同じことを試みたなら糞飯物のアイヌ語テキストが仕上がっただけだろう。そのことを誰よりも理解していた金田一は、ひたすらアイヌ語話者、山辺安之助の成長を待ったのだった。

一、日露戦争のあたりへ話が進んだ頃には、話者が漸う談話に馴れて来て、すぐ始からアイヌ語で筋を伝つて話すことが出来た。故に私は、只管にそれを速記してあとで邦訳をつけて、一語一語相対するやうに浄書して見た。下編は即ちかうして出来た。(三頁)

金田一の粘り強い叱咤激励の結果、山辺が身につけた「アイヌ語で筋を伝つて話す」能力が、その後、安之助が後半生を生きていく上での糧になりえたかどうか、そこはあやしい。しかし、次のように言うこともできる。もしも旧蝦夷地＝北海道でアイヌ家庭に生まれた子供たちに教育が授けられるなかで、こうした二言語間を自由自在に往復させる作文教育・発話教育が日常的に実践されていたならば、北海道はアイヌ系日本人にとってずいぶん違った北海道＝アイヌモシリたりえただろう。ところが、一九一二年の東京でくりひろげられたパフォーマンスは、「アイヌ教育」(8)にまるで関心を抱くことのなかった金田一の一人相撲だった。このとき金田一を動かしていたのは、語彙録つきのバイリンガル・テキストを「樺太アイヌ語」の語学教材として世に送ろうという名誉心や、山辺に対する義侠心ではあっても、教育者としての情熱ではなかった。一度かぎりのバイリンガル教育が虚しく実践され、それはいかなる遺産を後世に残すこともなかった。

時を経て、同じバイリンガル・アイヌでも、若きユーカラ伝承者として選ばれた才能の持ち主であった知里幸恵を起用して、第二のバイリンガル・テキストの編纂を思い立った金田一は、もはや知里幸恵にアイヌ語による作文を要求しなかった。『アイヌ神謡集』の名高い「序」が、もしも二言語バージョンで(『古今和歌集』がそうであったように)準備されていたなら、その後のアイヌ語・アイヌ文化にどれほど強い影響力をもったことであろう。ところが、そうはならなかった。『あいぬ物語』にさいしては「生きたアイヌ語」の痕跡をテキスト中に刻みこむべく、思いつくかぎりの手を尽くした金田一が、『アイヌ神謡集』では、あたかも知里幸恵自身にその墓標を刻ませようとするかのように、その「滅び行く」側面ばかりを強調することとなったのである。

幸恵がアイヌ語で書き、金田一が日本語訳をつける（バチェラー・八重子の歌集『若きウタリ』のばあいのように）、あるいは幸恵自身が日本語訳をつける（この本のように）ということも可能であった。(9)

丸山隆司のこの指摘は、『アイヌ神謡集』序文の片肺性を問題にしようというものにとっては避けては通れない論点である。論理的な可能性だけをいうなら、あの日本語による「序」を知里幸恵がアイヌ語にするという『あいぬ物語』で金田一が進めたような手順だってありえたはずだが、日本人マジョリティの「旧土人」観にすり寄ったとしかいいようのない「滅び」の強調をアイヌ語でなぞることなど、とても現実的ではない。ありえた可能性は、まさに丸山の挙げた二つだけだったろう。それほどまでに『アイヌ神謡集』を後押しする段階での金田一は、生きた言葉としてのアイヌ語に対する関心を失っており、知里幸恵もまた生きたアイヌ語で表現しうるような内容を「序」の中に盛り込むことを、賢明にも、断念・回避しているのである。『あいぬ物語』から『アイヌ神謡集』までのへだたりは大きい。

3　バイリンガル詩人の誕生

『アイヌ神謡集』（一九二三年）以来、知里幸恵といえば、この小さな対訳本に始まり、そこに尽きる、そんな時代が続いた。それどころか、一般読者にとっては『アイヌ神謡集』そのものが幻の書だった。ところが、一九七〇年代に入ってから、がぜん風向きが変わる。知里幸恵の死を東京で看取り、葬儀を出すことで、遺族を名のりはしないまでも遺産相続人を自認した金田一京助の大往生（一九七一年）が、皮肉にも、その後の知里幸恵ブームに火をつけることになる。

一九二〇年六月から東京での急死まで約二年あまり、金田一から送られた罫線入りのノートに書き溜められていったアイヌ伝承の総量からすると、『アイヌ神謡集』はそのほんの一部にすぎなかった。『アイヌ神謡集』所収の「小オキキリムイが自ら歌つた謡『此の砂赤い赤い』」に二つの異文《ヴァリアント》が存在することを最初に指摘したのは丸山隆司だったが、『知里幸恵ノート』として知られるアイヌ伝承の記録ノートが発見されたことで明らかにされたことはあまりに大きい。アイヌ神謡の記録ノートは、記録すること自体が金田一の注文に応じたものであり、その強い影響下に書かれたものであった。このことは否定のしようもない。しかし、それらのテキストが、かつて彼女が聞き覚えたがままの原テキストの「暗誦」や「復唱」などではなく、「伝え聴いた物語のあらすじだけをもとに、自身の創り出す詩句によって即座に謡い出されたもの」(10)だというようなことは、これら異文《ヴァリアント》の発見がなければなかなか論証しづらいところであった。

しかも、東京時代の知里幸恵は、これら数冊に加え、手控え的な帳面二冊をひそかに愛用していた。伝承ノートと同じく金田一の死後に発見されたものだが、『日誌帳』および『おもひのまま』と表紙書きされた二冊のうち、六月一日から七月二八日まで、日々の経験が日録風に書かれているのは『おもひのまま』の方で、『日誌帳』は日付のない断片が無造作に列なる、むしろ雑記帳である。

◆

知里幸恵を論じようとするとき、私たちはいったいどこまで『アイヌ神謡集』に重きを置くべきなのだろうか。『アイヌ神謡集』は人間ひとりの創作といった枠に収まらないアイヌ民族の遺産を書き遺す偉業であったし、知里幸恵がみずからの仕事の中で、活字化することに関して承諾を与えたのは、この一冊きりであった。したがって、私たちは彼女からこの一冊だけを受け取るべきだと強がることもできる。しかし、近現代アイヌのバイリンガル状況にとりわけ関心を持つ私たちにとって、『アイヌ神謡集』という、アイヌ語と日本語が見事なまでの対称性を演じるように仕組まれた書物だけを手がかりにしてこの問題を考えることは、どう考えたって誤りだろう。

偶数ページ（見開き左）にアイヌ語のローマ字書きを配し、奇数ページ（右）が横書きの日本語で応じる。このバイリンガル形式が、日本語のみの「序」や金田一によって書かれた日本語の跋文にサンドイッチされたことによって一貫性を欠く結果となったことは措くとして、はたして偶数ページのアイヌ語が、多少なりとも、生きたアイヌ語として読まれるべく文脈化されていると言えるだろうか。『アイヌ神謡集』のテキストを知里幸恵の「暗誦」に基づくと考えることで、その創造性や即興性に目を向けなかった金田一に北道邦彦が批判の目を向けるときのポイントはここにある。そこに集められたテクストが「幾千年の伝統を持つ美しい父祖の言葉」(跋文「知里幸恵さんの事」一頁)であればあっただけ、そのアイヌ語テキストは過去のアイヌ伝承へと時代を遡ることを読者に強いる。それどころか、それはもはや日本語に翻訳されることによってしか同時代に根を下ろすすべがないのような錯覚を、読者に対して植えつけるのである。金田一が「一管の筆に危く伝へ残して種族の存在を永遠に記念しやうと決意した乙女心」(同右)の表出としてこれを提示したとたん、それはアイヌ語表現として生き延びられたかもしれない残された命をまで封じこまれて、アイヌ語の「標本」へと死後硬直を起こしてしまう。

『アイヌ神謡集』に付与されたこの特徴は、『あいぬ物語』の形式と対比した時に顕著である。縦書きの日本語にアイヌ語でルビをふるという形は、日本語を追いながらもオリジナルのアイヌ語音を意識するよう、あやまたず読者を誘導する。[11] しかも、これこそ金田一の功績というべきだろう――金田一は「樺太アイヌ」に対して、その半生を一貫したアイヌ語で語らせるというほとんどアクロバットに近い離れ業を強い、それを完遂させた。かりにそれが一回的に終わったのだとしても、一九一二年の東京で、山辺のアイヌ語は生きた言語として語られ、それはアイヌ語の未来を期待させるような発話実践でさえあった。しかもそれは即興的なライフヒストリーとして、金田一という生ける他者の耳を通して聴かれ、書き留められたのである。私たちが『あいぬ物語』を読みながら思いを馳せるのは、そんな涙ぐましいコラボレーションの現場風景だ。

ところが、『アイヌ神謡集』の場合、未来に繋がる現在時を生きるのはどこまでいっても日本語で、アイヌ語はつねに遠景へと追いやられる。アイヌの口頭伝承が語り継がれた長い歴史、そしてそれが明治生まれの一人の少女へと伝授された時代が、『アイヌ神謡集』の訳稿に先行する偉大なる伝統として、その起源性を主張しつづける。そのかぎりにおいて、右ページをはぐって裏返すたびに、左ページは歴史の力によって過去へと封印され、アイヌ語の音と響きはそこから消されるのである。

この『アイヌ神謡集』の様式美と比べたとき、同じ知里幸恵の遺稿でも、死後半世紀以上を経た後に明るみに出された二冊の帳面の方は、圧倒的な実験性・前衛性を誇っているかに見える。

◆

『日誌帳』には、アイヌの涕泣歌に属するものなのか、郷里に恋人を残してきた男ならぬ女が涙ながらに望郷の念をアイヌ語で率直に歌い上げたものか、いずれとも判別しがたいが、アイヌ語で書かれた現代版防人歌とも呼びたくなるような歌が書き込まれている。しかも、『アイヌ神謡集』とは打って変わり、そこではローマ字ではなく片仮名が用いられている（下段の和文は知里幸恵自身が施した日本語訳）。

ハイタヤナ	おゝ
クツレシポ	我妹子よ
クコロオペレポ	我愛し乙女よ
ネイタエアナ	おんみ何処に

〔……〕
モシリピリカヤ　　汝がすむ国は国豊か
コタンピリカヤ　　村は豊かなりや
〔……〕
オロツナシノ　　早く早く
エンエカノクワ　　私のむかえに
エンコレヤン　　来ておくれ(12)

かと思えば、「秋風がひょう〳〵」とざわめく秋口の東京（ということは一九二二年の初秋ということになる）で「軒燈の美しさに見とれてゐたやもり」が身を焦がすさまに心を打たれた彼女は、なんとその姿に「アイヌの女」を透かしみる。「今の私たち」は「ちやうど同じこと」をしているというのである。「さもないものは世の片隅の薄暗い所に住まつ」たままだという。

美しくも尊いみ代の光に
幻惑されて
やもりが
白い葉裏を出て
みにくい骸を残すやうに

ほろびてゆきます(13)

『アイヌ神謡集』で見せる知里幸恵の顔が、どこまでいっても「金田一のアシスタント」という「よそゆき」でしかないのに比べて、ここには金田一の思惑をこえた烈しい情念と、それを日本語で表現しようとする高い詩人性が、「裏の顔」として露出している。

しかも偶然だろうか。同じページの余白には、ローマ字書きでアイヌ語の書きつけがある。幸恵が当時金田一から任されていたアイヌ叙事詩の復元・清書に関わる作業の名残りか。もしくは彼女の内面をすくいとる自由連想か。

atoid ronnu/ranma/korachi/atek/aeshi/shinai/mompok/tushimak kane/kiaineno/ukon rorumpe(14)

これを「葦丸」や「虎杖丸《いたどり》」などの邦題で後に日の目を見ることになるアイヌ英雄叙事詩の断片として考えれば、戦争状況を思い起こさせる血腥い語彙の多さにも納得がいくわけだが、はたしてそれだけか。

十九歳の少女の日常が悪夢のあいだの綱渡りのような日々からなりたっていたとして、これもまた不思議ではない。北海道から東京へと急激な環境の変化をともなう移動を経験し、金田一一家や家政婦ら、内地日本人との同居生活になじんでいかなければならなかった知里幸恵の日々が、大量殺人（atuyta ronnu）の予感や、反射的な打ち消し（sinnai）、人を出し抜く先まわり（tusmak）のような強迫的な衝動と無縁であったとは言いきれない。金田一が速記したアイヌ叙事詩の清書や、『アイヌ神謡集』の校正に多くの時間を費やし、慣れない環境での体力の消耗や睡魔と闘いながら、彼女はまさに叙事詩に謡われた「われらが戦ひ」（akōn rorúmpe）[15]を東京の夏から秋にかけて強いられていたかもしれないのである。

4　バイリンガルな白昼夢

知里幸恵が東京に滞在したのは五月一三日から九月一八日までの四カ月あまりであった。この期間、金田一からの頼まれ仕事以外にも、彼女は東京市内の教会を訪ね歩いたり、英語の手ほどきを受けたり、手のかかる金田一家の長男（＝春彦）や体調不良を訴える夫人の相手をしたり、ゆっくり休む暇もない日々を送っていたようである。金田一夫人が不眠や頭痛に悩まされる姿に同情を寄せる幸恵ではあったが、彼女もまた夜の安眠を保証されていたとはかぎらない。ぽっかりあいた昼食後の時間についうたた寝する日も少なくなかった。

前掲『日誌帳』と対をなす日録形式の『おもひのまま』[16]に収められた「六月十二日」の項には、たとえば次のような白昼夢が書き留められている。

頭の工合が少し変だ。寝不足の故為だらう。胸の鼓動も此の頃少し急な様……。

ゐねむりをしてしまった。そして種々な夢を見た、何うしてあんな夢などを見るのかしら……。登別の家でお引越し。みんなが荷物を背負って搬ぶ。フチと浜のフチがおんなじ格好でサラニプを背負った。行ってみる。私もあとからブラ〳〵と行く。彼処は何処だらう。深い〳〵谷をめぐる山の上を私たちはあるいてゐた。そして、谷へ下りるかなり傾斜の急な馬車道がある。そこを下りるとオンネシサムが薪を積んでゐた様だった。そしてその翁さんが知らせたのか何うか、私は、何だか「此の道を下りてゆくなら、今直ぐに下りてゆかねばならぬ。もう少しおくれれば大へんだ。谷の底からエンユクが飛出す……」といふ事を思って恐怖の念が私の心にみちてゐた。と、フチも浜のフチも姿が見えなくなった。「あゝ、私は一人とり残された」といふ感じが私をおそふて、ずいぶんいやあな気持がした。

お父つぁんもハボも見た様な気がするが、ハッキリわからない……。

またねむった。やっぱり前とおなじ様な沢道を通った——見渡す限り濃緑の——一つの大樹のそばを通った……何だか黒いかたまりがあった——私はぞっとした。何かしら、それが大きな黒い蛇がグル〳〵アカムになって、そこにゐる様な気がして……。（一四三—四頁）

『アイヌ神謡集』の「編者」かつ「訳者」であった彼女が、日本語詩人やアイヌ語詩人でさえありえたかもしれない可能性。生前の金田一が門外不出とした知里幸恵晩年のノート群は、アイヌ語詩人の誕生の現場に立ち会っているかもしれないという錯覚と興奮を読者にかきたてやまない。しかも、『おもひのまま』の諸断片は、知里幸恵というかけがえのない才能の可能性の大きさとは異なるもうひとつのことがらについてもまた私たちの注意を向かわせる。生まれてこのかた、バイリンガルに育ってきた人間が、いざ表現者であろうとしたときに、特定の一言語使用だけではすくいとれないノイズに心を乱され、しかもその言語的なゆらぎにこだわろうとすればするほど言語の不自由さが拷問のようにのしかかってくる、そんなバイリンガルな言語体験である。

日記を書く知里幸恵は、たしかに白昼夢の印象を日本語でなぞろうとはしているが、だからといってかならずしも夢が日本語によって支配・統御されていたとはかぎらない。彼女は目を覚ました直後に、金田一夫人や家政婦のおきくさんと日本語で会話している。それどころか、おきくさんとは「幽霊の話」など、「ほんとうに子どもらしいいらちもない様なお話」で盛り上がったほどである（一四四頁）。夢から覚める時間の中で、ひょっとしたら無音であったかもしれない白昼夢は反芻され、言語化され、日録として書き留められたバージョンは要するに数知れない変奏の最終形であったという言いかたもできる。

この夢が日本語、アイヌ語、どちらの領分に属するものなのかはわからない。ひとつ言えることは、このような夢の中では日本語とアイヌ語が、無音の岸辺から浮上しては消え、消えてはまた浮上しながら、たがいに拮抗、衝突、反転しあうということだ。登場する「フチ」（知里家の祖母、加之のこと）や「浜のフチ」（母方の祖母、モナシノウク）はむろん、場合によっては「オンネシサム」（＝老日本人）までもがさりげなくアイヌ語を話してしまうのが、夢である。また、「ヱンユク」（＝人食い熊）[17]としか呼びようのない猛獣の切迫感や、日本語の擬態語（＝「グル〳〵」）だけでは足りず、アイヌ語風に「アカム」[18]を補わずにはおれない気にさせる黒蛇の気配は、意識をとりもどしてからも、幸恵の脳裡にひそみ、奥の奥でとぐろを巻いていたにちがいない。

こうした夢を彩る多言語性は、二言語が左右に整然と配分された『アイヌ神謡集』によって視覚的に示される二言語性とは似て非なるものだと考えなければなるまい。日本語に秀でるばかりか、アイヌ語能力にも長《た》け、金田一によってその言語的多産性を言祝《ことほ》がれる知里幸恵がいたとして、それとは異なるもう一人の知里幸恵が確かに存在する。それは東京にありながら郷里や郷里の人々に恋焦がれる、そんな知里幸恵にとどまらない。金田一のあずかりしらない時間の中でアイヌ語により所を見出し、夢の作業のなかでもまたアイヌ語との逢引きを頻繁にくりかえしていたそんなもう一人の知里幸恵である。

早すぎた死さえなければ、日本語・アイヌ語のバイリンガル詩人でありえたかもしれない知里幸恵と、白昼夢のなかで二言語と親しく戯れあった幸恵とは、一九二二年の東京においてひとつに結びあっていた。

5　アイヌ系バイリンガルの晩年――「風に乗って来るコロポックル」

『おもひのまま』の初日（六月一日）の項には、中条百合子（後の宮本百合子）の名前が前触れもなく登場する。

幸恵との出会いをふり返った後のエッセイ「近文の一夜」（初出、一九三三年）で知られることになる一九一八年夏、北海道各地は開道五十周年の記念行事で騒がしかったようだが、金田一は札幌のバチェラーから金成マツとその母モナシノウクを紹介され、マツが指揮を執る旭川近郊近文の伝道所を訪ねた。

その後、金田一は北海道各地を転々として、八月末にふたたびバチェラーの許を訪ねるのだが、じつは、この夏、バチェラー宅には新進の女性作家中条百合子もまた一人の客人としてやってきていた。アメリカ留学前に英語を覚えようという魂胆があったのかもしれないが、それよりも何より「貧しき人々の群」の作家が執着したのは、北海道アイヌの現況だった。宣教師バチェラーの養女八重子を道案内にアイヌ人集落を渡り歩いた彼女は、道内静内で知りあったアイヌの古老に取材して、短編をひとつ書き残している。その後、一度も活字にならないままお蔵入りとなって、第二次世界大戦後の全集の中でようやく日の目を見ることになる「風に乗って来るコロポックル」がそれである。同じ秋に百合子は単身渡米し、そこで日本人学者と結婚。知里幸恵が東京に滞在した時期は、この最初の結婚が破綻してそれが巷間の噂になる、そんな時期だった。知里幸恵の日録から該当箇所を引いておこう。


朝食の時、中条百合子さんの文章から、術」芸と実生活、金持の人の文章に謙遜味のない事などを先生がお話しなすった。

芸術と云ふものは絶対高尚な物で、親の為、夫の為、子の為に身を捧げるのは極低い生活だといふのが百合子さんの見解だといふ。(『おもひのまま』一二三頁)

この回想は、「私は書かねばならぬ、知れる限りを、生の限りを、書かねばならぬ」と自分自身を鞭打つかの如き高らかな宣言へとみずからをあおる、一種の助走を構成している。

かたやアイヌ集落から学校に通う名もない女学生、かたや東京の女子大生で「貧しき人々の群」で文壇の話題を攫ったばかりの俊英。十九歳にして夭折した知里幸恵の残した業績は、後の宮本百合子のそれと比べてあまりにもかよわく、それこそ点でしかない。しかし、ひょっとして、金田一の頭の中で、一九一八年の北海道旅行を忘れがたいものとして彩った二人の才女は、ひとつの星座を構成する好一対だったのかもしれない。金田一が「風に乗って来るコロポックル」に目を通した可能性をまったく退けることはできない[19]が、かといって読んだという証拠もない。したがって、これを偶然の一致と呼ぶ以上のことは難しいのだが、「風に乗って来るコロポックル」は、アイヌの古老を描きつつ、近現代アイヌのバイリンガル状況に肉迫を試みたきわめて先駆的・実験的な小説なのである。

主人公のイレンカトムには子どもがなく、最愛の妻をも亡くして失意の底にある。そんな彼にとって、内地生まれで旧士族の血を引く少年、豊坊を養子にとる話は背水の陣をしくようなものであった。息子を猫かわいがりにしたイレンカトムは、先祖から受け継いだ家宝の品々(アイヌ語でikor)をこの子の手に委ねる日を夢見ながら日々を過ごしている。どうやら父子はアイヌ語と日本語を併用しながら日々を送っていたらしく、物心ついて父を父とも思わぬ放蕩を始めたあたりでも、豊坊は父親に対してアイヌ語混じりの日本語で金策を申し出たほどである。

「売っ払うだてお父《と》のこったむん、また、父親《ミチ》にすまねすまねで、オ、アラ、エホッ、コバン、だから(心底《しんそこ》から売りたくない)俺は売ってくれべえ。
ふんだら、祖父《エカシ》だてお父《と》を引叱《ひっしか》らしねえ。
な、よろしと、そうすべえと!」(三五二―三五三頁)[20]

イレンカトムをとりまく言語環境のいかにバイリンガル的であったかについて百合子が同時代の誰にもまして強い関心を寄せていたことは、このあと、豊坊に見捨てられ、毎日毎日、その子の帰還を待ちながら心身を病んだ主人公が幻覚に苛まれるようになる後半部分からも明らかである。

畑で、草毟《むし》りをしていたイレンカトムは、何だか、妙に頭がグラグラするような心持なので、炉端《ろばた》に引込んで、煙草《たばこ》を烟《の》んで居た。すると戸口の後で人声がする。何か小さい声で相談でもするように、ボソボソと云っている。

まだ若そうな女の声が、一言二言何か云うと、元気のあるのを漸々小声にして居るような若い男の声が、それに答える。声の響きで見ると、アイヌ語を使っている。

何を喋《しゃべ》っていることやら……（三五九頁）

バイリンガル・アイヌは、その無意識もまた多言語からなりたっている。アイヌの孤立が深まり、その日常生活が日本語中心になればなっただけ、アイヌ語は無意識のなかに場を求めようとするかもしれない。そして、妄想から冷めたイレンカトムの記憶のなかでは、マルチリンガルな夢を見たという大雑把な印象だけが残るだろう。

河野本道の区分でいう「近現代」のアイヌは、その日本語やアイヌ語、それぞれの運用能力はまちまちでも、耳元でアイヌ語をささやく不可思議な存在とともに生きることを強いられていたという意味では、大差なかったはずだ。日常生活はむしろそういった「局面」を抑圧・隠蔽することで、たいていはつつがなく営まれていったはずなのだが、となると、この「局面」がむきだしになるのは、なおさら夢想の中であり、さらには金田一のような学者の要請に応える形で、アイヌ伝承の記憶を掘り起こすような徹底操作の中においてだったはずである。

この日を境にして、イレンカトムの許には毎日のように姿もなく声だけが送り届けられるようになる。イレンカトムからすれば嫌がらせにしか思えない。「夜眠ろうとでもすると、寝させまいとして、途方もない悪戯をする。喉を〆に掛ったり、息もつけないように口を閉いだりして、叱りつければ一寸遠のいて、又始める」(三六〇頁)。しかも、幻聴の主はアイヌ語ばかりで語りかけてくるわけではない。アイヌ語かと思えば日本語だったり、逆であったり、気まま放題である。老人《エカシ》は、いつしかこれが昔話でおなじみのコロポックルだと確信するようになるのだが、相手の正体をつきとめたところで、嫌がらせが止むわけではない。

イレンカトムは、隣人とのつきあいにも支障を来たすようになる。妄想から逃れたい老人《エカシ》は「医者にも通い、薬も飲」む。「親切に、魔祓いのお守やら、草の根、樹の皮などを持って来て呉れる者」もある。そして、こうした周囲への依存性のたかまりとともに、彼はコロポックルとやらに悩まされているのか、腹黒い隣人に悩まされているのか、まったく分からなくなってしまうのだ。

> 特に、一番近所に住んで居る或る和人《シサム》の態度に対して、彼は非常な不安と警戒を感じる必要があった。

一日に幾度かの見舞いと、慰めの言葉の代償として、彼の土地を貸して欲しいということを、山本さんに云って行ったのを知ったイレンカトムは、つくづく浅間しい心持がした。
　自分も他人も疎《うと》ましい。何にも彼にもが、彼には重荷になってきた。（三六四頁）

彼は和人《シサム》のなかでも「山本さん」に対しては全幅の信頼を置いているが、和人《シサム》一般が信頼に値すると思っているわけではない。コロポックルによって心の平和を乱されながら、老主人公は「浅間しい」隣人たちにもまた日々悩まされて生きている。寝ても醒めても心休まる時のないイレンカトムの日々とは、まさに知里幸恵の晩年そのものでもあったかもしれない。

　イレンカトムの孤独は、その悪夢を客観性をもって解釈し、治療法を選び出してくれるような、つまりアイヌ共同体が無疵であったらそういった肉親や隣人がかならずその晩年において孤独を癒してくれたに違いないような、そんな頼れる存在を失った老アイヌの孤独であった。しかも、コロポックルのいたずらに手を焼いた彼は、信頼できる数少ない和人のひとりである「山本さん」から豆を用いる内地式の「禁厭《まじない》」を教わると、さっそくそれを励行するのだ。そこまで彼は先祖伝来の民間医療(21)から遠ざけられてしまっていたというわけである。その意味では、北海道に残っていさえすれば、仮に病床にあろうとも知里幸恵が孤独に苦しむことはまだまだ少なかっただろう。ところが、東京本郷で発病した彼女にとって、悪夢や疲労感はもはや伝統的な民間医療によって克服可能な何かではありえず、それを「幽霊の話」として受け止める以上のことを金田一家の女たちに期待することはとうていできなかった。しかも、彼女にとって金田一という存在は、悪夢ごときにつきあってくれるような、要するにイレンカトムにとっての「山本さん」などではありえなかった。

もちろん、知里幸恵は先祖から受け継いだ知的財宝を譲り渡すべき後継者さがしに悩むことだけはなかったと思う。彼女の宝物は、「私の為、私の同族祖先の為」ばかりか、「学術の為、日本の国の為、世界万国の為」（『おもひのまま』一二三頁）——要するに、まさに金田一京助を介してアカデミズムという名の殿堂に向けて差し出されようとしていたのだから。しかも、彼女は当の金田一が不祥の息子であったり、得体の知れない妖精の類であったりするとは思いもしなかっただろう。

しかし、犠牲を払うに値する大義を示されれば示されただけ、金田一の要求に応えまいとする抵抗心がバイリンガルな胸騒ぎとなって彼女を苦しめた可能性はある。東京時代の日記類が私たちに思考を促すのはこうした胸騒ぎについてである。若き日の中条百合子はこの種の胸騒ぎに言葉を与えようとするのが文学の務めであることにすぐれて自覚的だった。[22]「風に乗って来るコロポックル」はまさにそのような小説であった。しかし、知里幸恵のバイリンガルな胸騒ぎを気遣う誰が彼女に寄り添うような形でそこに存在しえたというのだろうか。

6　バイリンガリズムの未来

アイヌ系日本人の大半がバイリンガルであった時代が遠い過去になろうとしている現代、もはやひとはアイヌ語を自動的に習得できる環境にはない。アイヌ語を覚えたければ教則本や辞書を用いながら、自発的・自律的に学習する以外に方法がない。生き字引といえる古老の数も減る一方だ。大谷洋一は、こうした現代人の境遇を「現代アイヌ」の境遇として引き受けながら、「現代のアイヌにとって「異言語」とは何をさすことになるのだろうか」とまず冒頭において「自問自答」し、そして「異言語」という概念の自明性が忽然と消え去る瞬間を描いている。(23)

バイリンガルであれば、日本語とアイヌ語のどちらかを選ぶことも、あるいは両方とも自分の言葉だと答えることも可能であろう。しかし、私のように現実には日本語だけを母語として育てられた世代には迷いが生じる〔……〕（三七一頁）

大谷にとって、アイヌ語は「先祖本来の暮らしが保持されていたのなら〔……〕母語であるはずの言語」（同右）ではあっても「母語」ではない。どこまで身につけようとも「母語」ではありえない。しかも、本人にとって「異言語」などであろうはずがないにもかかわらず、「外国語」を学ぶようにしか習得できない。それがアイヌ語だ。

さらに、「アイヌ語を話せる人」をいくら探し歩いても、そういった人間は数が少ないだけでなく、「アイヌ語が話せない振り」をする年寄りが多かったり（三八二頁）、伝統的なアイヌ文化を伝承する人たちでも「アイヌ語と日本語を交えないと、そのすべてを語り終えな」かったり（三八五頁）するのである。大谷は、アイヌ語使用者のバイリンガル状況に接近しながら、その二重言語使用に親しんでいく以外に、アイヌ語から「異言語」というものものしい鎧を剥ぎ取る方法がないことを思い知らされる。

知り合ってから二年以上も「アイヌ語を聞かせてください」という頼み方をしていたが、それは語り手の前にハードルを置いて「こちらへ来てくれ」というに等しかった。語り手自身のことばで語ってもらった方が、神や人間の心理状態や物語の設定されている背景などを詳しく説明してもらえる。

（三八五頁）

日本語との隣接性を抜きにしたアイヌ語は、もはやアイヌ語ではない。思えば、一九二二年の金田一は、知里幸恵に対して、「語り手自身のことば」としてのアイヌ語に関して、もうひとつの「語り手自身のことば」（＝日本語）での説明を要求しつづけていた。つまり、『あいぬ物語』や『アイヌ神謡集』を二言語併記形式で編むことにこだわる金田一は、「近現代」のアイヌのあいだで、すでに後戻りできないところまで進行していた二言語間コードスイッチングの現実を、自分では利用できるだけ利用しながら、その現実には蓋をして、書物の上ではアイヌ語の自立性・単独性を偽装しようとしたのだった。そして、知里幸恵が残した日記帳二冊はまさにそうした金田一の欺瞞を暴く生々しいバイリンガル・アイヌの抵抗の書である。

知里幸恵が書き遺し、しかしながら金田一によって扼殺・黙殺され、隠匿されたノートの数々は、どれをとっても、彼女の中でバイリンガリズムの何であったか、そして彼女の世代のアイヌ系表現者にとって、アイヌ語の何であったかを考えるうえで貴重なものばかりだ。もしも金田一が幸恵の死後まもなくにこれらノート類（の価値）を発見し、『アイヌ神謡集』と肩を並べるようなアイヌ系日本文学の企てとして、世に問う決断を下していたとしたら、きっと何かが変わっていただろう。

みずからを「東京のやもり」になぞらえた知里幸恵は、生身の十九歳、ひとりのアイヌ詩人でもあった。本郷森川町で白昼夢に心を添わせていた彼女は、バイリンガルな環境に生まれ育った生い立ちをひきずる彼女自身であった。『アイヌ神謡集』の「序」というその詩的散文ひとつからさえ多くを学んだ違星北斗や森竹竹市、さらには金田一に弟子入りすることによって姉幸恵の遺志を継ごうとした弟、真志保ら後進に対して、もしもこれらのノートにアクセスできる道が開かれていたとしたら、一九二〇年代、三〇年代のアイヌ文学は、知里幸恵を糧とし、踏み台として飛躍的な発展を遂げたかもしれないのである。ただ、悲しいかな、カフカにとってのマックス・ブロートが知里幸恵には欠けていた。

◆

北原白秋が「あめふり」を作詞した一九二四年、その脳裡に「Shirokanipe ranran」のフレーズが鳴り響いていたかどうか、いまとなっては想像をたくましくするのみだが、もしも「東京のやもり」が同時代のモダニスト詩人の目に止まり、「ハイタヤナ」の行分け詩が、和歌でも琉歌でもない「近現代」のオールタナティブな詩形式として、若きアイヌ歌人の創作意欲をかきたてていたなら、アイヌ文学史も日本文学史も確実に今とは異なるものとなっていただろう。

しかも、それは沖縄や台湾や朝鮮半島が続々と若い日本語表現者を輩出しつつある時代でもあった。知里幸恵は、いずれ『朝鮮詩集』の金素雲《キムソウン》や『光の中へ』の金史良《キムサリヤン》、『翼』の李箱《イサン》らなどと比較しつつ論じられるべき存在である。

あまりにも長いあいだ『アイヌ神謡集』という小さな一冊の中に封じ込められてきた知里幸恵をそろそろ檻から解き放つこと。そのためには、知里幸恵の可能性はひょっとしたら『アイヌ神謡集』ではなく、最晩年の書きつけにあったのかもしれないと思いきって考えてみることも必要ではないだろうか。彼女が物理的には金田一に最も近い場所にありながら、しかし金田一の引力圏から最も果敢に身を引き剝がし、偉大なる師の足下からまさに地中へと潜行しようとしていたのが、ほかならぬ東京時代であった。アイヌ語で考え、日本語で考えるというバイリンガリズムは、登別・幌別の少女時代でも近文の女学生時代でもなく、彼女が筆を持って生きることを始めた東京時代に、はじめてそのはけ口を見出したのかもしれない。

注

(1)『静かな大地』(毎日新聞社、二〇〇三年)の池澤夏樹が、今からでも遅くないと言わんばかりの意気ごみをもって定着を試みたのは、アイヌ語をただの「異言語」としてではなく、第二の「母語」(＝隣人としてのフチのことば)として受け入れる和人少年の物語の創造と定型化であった。

(2) 小川正人『近代アイヌ教育制度史研究』北海道大学図書刊行会、一九九七年、八二―八四頁。

(3) クロード・アジェージュ『絶滅する言語を救うために――ことばの死とその再生』(Claude Hagège, *Halte à la mort des langues*, Éditions Odile Jacob, 2000)、糟谷啓介訳、白水社、二〇〇四年、二四八頁。

(4) 河野本道『アイヌ史/概説』北海道出版企画センター、一九九六年、一〇四頁。

(5)『アイヌ神謡集』からの引用は「知里真志保を語る会」発行の復刻版『炉辺叢書　アイヌ神謡集　知里幸恵編　大正十二年八月十日　郷土研究社版』(第二刷、二〇〇二年)を用いた。同書からの引用は本文中に頁数だけを記す。

（6）十九世紀の英国や合衆国の奴隷解放論者が注目した逃亡奴隷もしくは解放奴隷の証言は「スレイヴ・ナラティヴ」の名で総称されることが多いが、この場合も元奴隷が「著者」author、これを書物にする上で仲立ちしたものが「編者」editor と表記されることが多かった。

（7）『あいぬ物語』からの引用は、『アイヌ史資料集・第六巻・樺太編』八分冊のうちの一（北海道出版企画センター、一九八〇年）から、本文中に頁数だけを記す。

（8）前掲『近代アイヌ教育制度史研究』の小川正人は、みずからの探究が「対アイヌ教育史」に留まりがちなことを遺憾とし、真の「アイヌ教育史」が書かれるべき未来から決して目を逸らすべきではないと希望を語っている。「『アイヌ教育史』像の構築なしには、『対アイヌ教育史』もまたリアルな分析を得ることはできない」（同書、二七頁）。本研究もまた、これを単なるアイヌ文化衰弱期のバイリンガリズム研究に終わらせるのではない方策を夢見る試みである。

（9）丸山隆司『〈アイヌ〉学の誕生――金田一と知里と』彩流社、二〇〇二年、二四四頁。

（10）北道邦彦『知里幸恵の神謡　ケソラプの神・丹頂鶴の神』北海道出版企画センター、二〇〇五年、一二七頁。

（11）佐藤＝ロスベアグ・ナナは、「知里真志保の日本語訳におけるオノマトペに関する試論」（『立命館言語文化研究』第一六巻三号、二〇〇五年）のなかで、『あいぬ物語』における片仮名ルビの形式に対して知里真志保が関心を抱いていたことに注目している。『アイヌ民譚集』（一九三七年）の段階では、ローマ字表記のアイヌ語と日本語訳を左右に配置する『アイヌ神謡』形式を踏襲していた知里真志保が、「樺太アイヌの説話」（一九四四年）では、日本語本文に片仮名で適宜アイヌ語を添えるルビ活用方式に切り替えた。佐藤＝ロスベアグは、これを、「知らない間に読者がアイヌの物語、言葉の世界へ誘われ」（一二一頁）てゆく、そんな効果を狙ったものと解釈し、アイヌ語本文と日本語訳を「対置」する金田一から距離をおこうとした結果である可能性を匂わせている。なお、知里真志保によるアイヌ語ルビ方式の採用を考えるにあたって、『あいぬ物語』を念頭におく必要があることは右記論文を書く以前から彼女の持論であった（二〇〇四年一月、立命館大学大学院先端総合学術研究科に提出された博士予備論文）。

(12) 財団法人北海道文学館編『知里幸恵「アイヌ神謡集」への道』東京書籍、二〇〇三年、（縦書パート）一七〇—一七一頁。ただし、片仮名のツに半濁点を施した文字は、単純に「ツ」とした。なお、ここで知里幸恵自身がローマ字ではなく、片仮名書きによるアイヌ歌謡の筆写を試みていることは注目に値する。『知里幸恵　十七歳のウエペケレ』（草風館、二〇〇二年）の藤本英夫は、この問題を「村井がローマ字を苦手としていたから」（二八六頁）ときわめて単純に片づけているが、金田一とは異なり、知里幸恵はアイヌ語を書き留めるための文字として、ローマ字と片仮名のあいだで、最後の最後まで揺れていたという解釈がありうる。

(13) ノートからの転写は、中井三好『知里幸恵　十九歳の遺言』（彩流社、一九九一年、二四〇—二四一頁）を参照した。

(14) 藤本前掲書、三〇五頁。なお、そこには「和訳は大塚一美」として試訳が添えられている——「ズタズタに殺す／いつも／のように、の如く／私の手／親／違う、そうじゃない／下に／いそがす／ように／したあげくに／互いの戦争」（三〇五頁）。ただし、本稿では、田村すず子『アイヌ語辞典』を適宜参照しながら、〈atoid ronnu〉は〈atuyta ronnu〉、〈shinai〉は〈sinnai〉、〈tushimak〉は〈tusmak〉と解して「大量殺人」「ちがう」「先まわり」の意味に解した。

(15) 「虎杖丸別伝」、『金田一京助全集』第九巻、三省堂、一九九三年、四一一頁。

(16) 『おもひのまま』からの引用は『銀のしずく　知里幸恵遺稿』（草風館、一九八四年）、一四三—一四四頁。以下、ノート『おもひのまま』からの引用は、本文中に『おもひのまま』と記したうえで『銀のしずく』の頁数のみを記す。

(17)「ウェン・ユク＝人食い熊」(萱野茂『アイヌ語辞典』増補版、二〇〇二年、九八頁)。

(18)前掲『知里幸恵　十九歳の遺言』では、「アカム」に「だんご」という補注(二七一頁)、また富樫利一『銀のしずく「思いのまま」　知里幸恵の遺稿より』(彩流社、二〇〇二年)では、同じく「アカム」に「竹などが密生して重なり合う」との注記(五七頁)が施されている。

(19)格清久美子は、この未発表小説が書かれた背景をたどりなおしながら、脱稿直後に、バチェラー、もしくは養女の八重子に一読された可能性について触れている。しかもそこでの否定的な評価が、この作品が生前未発表のままに終わった結果につながるという。「未発表作品『風に乗って来るコロポックル』――宮本百合子とアイヌ民族」、岩淵宏子・北田幸恵・沼沢和子編『宮本百合子の時空』翰林書房、二〇〇一年、一二三―一三九頁。

(20)「風に乗って来るコロポックル」からの引用は、新漢字・新仮名表記に統一した『宮本百合子全集　第一巻』(新日本出版社、二〇〇〇年)を定本として用い、本文中に頁数だけを記す。

(21)たとえば鳩沢佐美夫(一九三五―七二)の「証しの空文」には、病弱だった主人公の青年を案ずるあまり、祖母(や母)が伝統的な民間医療や内地から来た新興宗教の力にすがろうとしたさまが描かれている。一九四〇年代の話としてである(『沙流川』草風館、一九九五年)。もっとも、キリスト教を信仰する母方の肉親の庇護の下で育った知里幸恵が、どれくらい伝統的な民間医療に依存していたか、依存できたかどうか、そこはつまびらかではない。

(22)格清は前掲論文の中で、心理描写に用いられた象徴技法を「主人公の空想的世界をリアルに表現するためのものであった」といい、「アイヌ民族の『滅亡の意識』を表象するため」という古典的な解釈を遠ざけている(一三七頁)。

(23)大谷洋一「異言語との闘い」『岩波講座日本文学史⑰口承文学2・アイヌ文学』岩波書店、一九九七年。

同書からの引用は本文中に頁数だけを記す。

みずからの声を翻訳する
――『アイヌ神謡集』の声と文字

坪井秀人

1

〈みずからの声を翻訳する〉とはどういう行為なのか。そのような行為を行う、あるいは行わなければならない状況とはどういう状況なのか。知里幸恵の文学について考えるとき、究極にはこの問いに行きつくように思われる。

本来、翻訳とは、異なる言語の間で、その大半はもとのテクストの作者とは別の他者によって行われる。そうした通常の翻訳行為においても、もとのテクストと翻訳テクストとの間には、言語的・文化的・政治的なあらゆる位相で、共鳴と異和、連携と亀裂とが同時に、つねに孕まれている。言うまでもなく翻訳は引用や単純な移しかえとは決定的に異なる。翻案でもパロディでもなく、翻訳。引用と翻案（ともにテクスト間で作者＝主体が移動する）のどちらとも異なって、その中間にある翻訳では、テクスト間で二つの主体が微妙にずれながら折り重なる。

翻訳は必ずしも異なった言語、他者によってのみ行われるとは限らない。同じ言語、例えば日本語から日本語への翻訳ということも充分に成り立ちうる。もちろん同一言語間の翻訳といっても様々な場合を想定することができるだろう。翻訳はまた必ずしも他者が行うものであるとも限らない。稀にではあるが二つ以上の言語を使いこなす作者が自ら翻訳する（この場合制作過程によっては、別の言語の版《エディション》を作るということになるかもしれないが）という場合もあるだろう。

アイヌ語と日本語という二つの言語によるテクストから構成された知里幸恵の『アイヌ神謡集』（郷土研究社、一九二三年）は、事実上の監修者である金田一京助が初版本の巻末に付した「知里幸恵さんの事」に従えば、「〔……〕其部落に伝はる口碑の神謡を発音どほり厳密にローマ字で書き綴り、それに自分で日本語の口語訳を施した」という過程を経て成立したとされている。つまり、この作品については右の翻訳の稀な事例（作者自身が翻訳）に該当するわけだが、ことがらはあまり単純ではない。

知里真志保を語る会発行による復刻版『アイヌ神謡集』（二〇〇二年）の巻末で北道邦彦が「『アイヌ神謡集』諸版本の本文について」と題して、初版以後の『アイヌ神謡集』のテクスト・クリティークを行っているのだが、そこでは作者知里幸恵の没後に刊行された初版に誤植が非常に多いことが問題にされている。北道はその原因として、テクストの成立に際し、渋沢敬三が知里の手書き原稿をもとに誰かにタイプに打たせ、そのタイプ原稿を入稿するという手間がかかっているために起きたのではないかと推測している。加えて北道は、知里の死後、校正その他に関する刊行までの補助が、その補助ができるただ一人の人物によってもなされていないという、大変気になることについても問題視している（その唯一の補助可能な人物とはいうまでもなく金田一京助）。さらに、この初版の表紙に「知里幸恵編」と記されていることにも北道は疑義を呈する。

神謡という口頭文芸はあらすじだけしか持っていない謡い手が、謡を演ずる場で即興で創り出す文芸である。ひとつの定まった謡の詞章があって、それをそっくり暗誦していて、人に語り伝えるというものではない。だから神謡（英雄叙事詩も同じだが）は、その場で創り出されるひとつの「作品」である。〔……〕幸恵が創り出した文芸作品を「編」という主体性のないことばでくるのは適当ではない。岩波文庫は「編訳」という語に変えたが、これとて正しいとはいえない。「訳」が必要なら「著訳」とすべきだし、そうせずとも単に「著」で充分である。
奥書の「著作者　知里幸恵」と表紙を合致させるべきだった。(1)

北道邦彦のこの指摘は知里幸恵という〈作者〉が（本人のあずかり知らぬところで）辿っていくことになる運命を端的に物語っている。この作者のテクストとその言葉、言葉という実を実らせた声、つまりは彼女の作者性＝authorityがどのように他者によって横領されていったのかがここから問われていくことになる。丸山隆司『〈アイヌ学〉の誕生――金田一と知里と』（彩流社、二〇〇二年）による知里と金田一との「融和（同化）」的関係に対する批判的な洗い直しもそうした問いを根底に据えているが、ここには『アイヌ神謡集』の成立を二重に取り巻く言語の位相が見えている。つまり、無文字言語としてのアイヌ語を文字化すること、本来作者のいないアイヌの神謡（カムイユーカラ〔ユカル〕）を文字化＝テクスト化して作者の名前を署名すること、なおかつそのテクストを別の言語である日本語に自ら翻訳すること――これらの複雑な変換《トランスファー》の作業が『アイヌ神謡集』という一冊の書物の成立には関与しているのである。

北道のように知里幸恵の作者性を重んずるならば、知里は『アイヌ神謡集』の著者であって訳者ではない。けれども、左ページにローマ字表記されたアイヌ語のテクスト、右ページに日本語訳のテクストが記載されている極めて特異な作品である『アイヌ神謡集』に、翻訳という工程が内包されていることも事実である。そしてその翻訳とは自らの声をローマ字表記で書き記す形で翻訳され、さらにそれが日本語へと翻訳されるという類のものなのである。一番最初のカムイユーカラの共同体の声が知里幸恵という個人の声によって代行表象されたその瞬間にも翻訳行為は起動していたであろう。もちろんいかなる個人も自己をこえた共同性を受け入れて、自己が帰属し、しかし自己ならざる人々の声を集約したより大きな声を、自己の声に委託させることは稀なことではない。そういう意味でなら誰しもが自らの声を変えることによって日常的に翻訳を行っていることになるのだが、知里幸恵の〈自己翻訳〉の場合には、そのように一般化できない文化と政治の葛藤や争闘が言語を舞台として生起しているのである。〈自らの声を翻訳する〉とはどういう行為なのか。『アイヌ神謡集』におけるその葛藤と争闘を見ていきたいと思う。

2

彼ら〈上田万年らが指導する東京帝国大学言語学科における金田一京助の一級上下の先輩後輩である橋本

進吉、小倉進平、伊波普猷、後藤朝太郎ら――坪井〕は日本語の起源、系統などを研究するには、日本語をとりまく諸国語と日本語の関係を探らなければならないという、共通した問題意識をもっていた。学生たちは上田万年と相談しながら、「小倉は朝鮮語、伊波は琉球語、後藤はシナ語」と日本語との関係を勉強することになるのだが、アイヌ語に向かう者がいなかった。上田は言語学の時間に、こう言ったことがあった。

「アイヌは日本にしか住んでいないのだから、アイヌ語研究は世界に対する、日本の学者の責任なのだ」

琉球出身の伊波普猷が琉球語をテーマにしていることを考えると、アイヌの住む北海道に近い岩手県が故郷の京助には、この上田の言葉は刺激的だったに違いない。(2)

金田一京助がアイヌ語を研究対象として選択する契機について記したこの藤本英夫の記述にもあるように、上田万年によって創始された東京帝国大学の国語学研究室は、橋本進吉に古代日本語を、小倉進平に朝鮮語を、伊波普猷に琉球語、後藤朝太郎に中国語、そして金田一にアイヌ語を振り当てるという編成で発展をはかる。それはまさに周辺言語を調査研究することを通して、それらと「日本語との関係」を探り、ひいては橋本が担当したような古代日本語すなわち原日本語を探索することに繋げていこうとする発想に基づくものであった。その原日本語の探索はもちろん原日本人の探索と同時代的に照応関係にあったと考えることが出来る。アイヌ(語)についてはコロポックル論争など喜田貞吉や白鳥庫吉、坪井正五郎といった人たちの議論がこれに対応する。

このことは国語学の近代的整備、つまりは言語上の文明開化主義が、〈野蛮〉の発見とその表象＝オリエンタリズムと癒着しながら進められたことを意味していよう。中心としての文明が〈野蛮〉を周縁に創造（発見）することで自己定義するという図式は何とも紋切り型なものではあるが、明治末期から大正期になると、このオリエンタリズムが一種のねじれたオクシデンタリズムとしてあらわれることにもなる。具体的には一時期の北原白秋や木下杢太郎らの作品にみられた〈南蛮趣味〉がそれである。〈南蛮趣味〉とは、西欧文明が日本に最初に渡来したときのおののきと好奇なまなざしを追体験するところに異国趣味《エキゾティシズム》の美のモデルを構築する美的イデオロギーなのだが、大正期にはそれが文明開化時代への郷愁という形でロマン化されてあらわれている面がある。帝国日本の周縁地域に〈野蛮〉を創造するオリエンタリズムが継続されるその上に、上位文明たる西欧《オクシデント》を倒錯的に野蛮視する視線を懐古的に反芻するねじれたオクシデンタリズムを重ね書きする——金田一京助は、西欧と周縁に挟まれて三幅対の中に立ち上げられた〈日本〉が前提化されたところでアイヌ研究を始めていたと考えなければならないのである。アイヌが（オリエンタリズムの対象として）帝国日本のまなざしによって周縁化されるという単純な二項対立の図式を反復するだけでは、知里幸恵の置かれた複雑な位置を捉えることはできない。右のように西欧という第三項を付加することによってあらわれるオリエンタリズムとオクシデンタリズムの相互補完関係のモデルを媒介させることが、ここでは有効であると思われるのだ。

金沢庄三郎はいわゆる「日鮮同祖論」を主唱したことで知られる人物だが、一九二〇年に『言語に映じたる原人の思想』（大鐙閣、一九二〇年）という著作を刊行している。表題に「原人」（本文中には「未開種族」の語もあり）とあるが、基本的にはアイヌについて書かれた著作である。金沢は同書でアイヌのことを「考古学上無二の好資料たるべき一種族」と記しているのだが、まさにこれもまたオリエンタリズムのまなざしを導く文明開化という図式に則っていることが見てとれるのである。序説に曰く「文明といひ未開といひ野蛮といふ、畢竟人類進化史上の一齣たるに過ぎず。今人の往古を顧るが如く、後世の人のまた今の世を眺むるときあらん。要するに、文野の別は比較的たるのみ」。「文野」というのは文明と野蛮。文明と野蛮の差は「比較的」、つまり絶対的なものではないと述べているのであり、一見すると相対主義的な視点が出されているわけだが、その内実は相対主義を隠れ蓑にして植民地支配の認証の作業を行っていると考えざるをえないのである。

独りアイヌ語のみにあらず、琉球語に於て然り、朝鮮語に於て然り、生蕃語に於て然り。沖縄語を置きてより既に四十年、台湾を領有して茲に二十有五年、朝鮮併合以来今や十年に垂んとす。〔……〕地と民と語とは相分つべからず。異俗異語の生民を包有するは大帝国の誇りにして、四民安堵の政はこれをその土言郷語の上に画せざるべからざるや必せり。徒らに国語の統一を夢み、各地土着の言語を無視度外するの政策は国家の禍なり。(3)

こちらは「跋語」からの引用。引用にもあるように一九一〇年の朝鮮併合から十年という節目の年にあった。さらに台湾領有二十五年、沖縄支配四十年と、植民地支配の歴史が朝鮮語・生蕃語・琉球語といった異言語統治の歴史として振り返られる。「地と民と語とは相分つべからず」、すなわち土地と民族と言語とを一体のものと見なす認識は、この著作の二年前、一九一八年に合州国大統領ウッドロウ・ウィルソンによって提唱された〈民族自決〉という国際理念を前提にしたものと考えることができるが、〈民族自決〉がその後のナチスドイツや帝国日本の大東亜共栄圏の政策に巧妙に利用されていったことは歴史が証明するとおりである。

例えば「抑々世界各国ガ各其ノ所ヲ得相扶ケテ万邦共栄ノ楽ヲ偕ニスルハ世界平和確立ノ根本要義ナリ／然ルニ米英ハ自国ノ繁栄ノ為ニハ他国家他民族ヲ抑圧シ特ニ大東亜ニ対シテハ飽クナキ侵略搾取ヲ行ヒ大東亜隷属化ノ野望ヲ逞ウシ遂ニハ大東亜ノ安定ヲ根柢ヨリ覆サントセリ大東亜戦争ノ原因茲ニ存ス」という前書を持つ一九四三年の「大東亜共同宣言」は、その第二項として「大東亜各国ハ相互ニ自主独立ヲ尊重シ互助敦睦ノ実ヲ挙ゲ大東亜ノ親和ヲ確立ス」とうたっていたが、その根底に右の〈民族自決〉の理念が適用されていることは明らかだろう。

この「大東亜共同宣言」よりも二十年以上も前の金沢庄三郎の論述にそうした深謀遠慮を探り出すことは無論できないとしても、ここでなお注目しておきたいことは、「地と民と語とは相分つべからず」と、土地と民族に加えて言語という要素が（あたかも三位一体のように）一体のものとして位置づけられていることである。「自主独立ヲ尊重」することは国家とその領土の水準においては有効だが、いったん領土化してしまえばその限りではない。けれども金沢は「異俗異語の生民を包有するは大帝国の誇り」として、領土化された域内の異民族の異言語に同化主義＝「国語の統一」を適用することを斥けることを提唱する。朝鮮・台湾における言語統治とアイヌの言語問題との微妙な異なりが金沢のこうした主張からも透かし見えるようだ。

野蛮なるものを内包することによって〈文明〉が自己定位しようとするオリエンタリズムの視線をこ

こにも見出すことは難くない。だが、同時にその外部には、この視線を認証する別の（他者の）視線、普遍主義的で超越的な視線が存在しているはずである。金沢が携わった言語学や人類学という学問体系が、西欧知の体系を移入再生産して成立していることを考えれば、その内部と外部の関係には階層性が摘出できる。日本は普遍としての西欧のオリエンタリズム（特殊具体的にはジャポニスム）の視線に晒され、その視線を内面化し特殊化しながら、自らの周縁に向けてその視線を複写投影する。オリエンタリズムとオクシデンタリズムの相互補完性として描くことのできるこの視線の二重性を、知里幸恵の『アイヌ神謡集』のテクストの中にも見出せるのではないかと考えるのである。

3

金田一京助によるアイヌ語研究の枠内で考えるならば、『アイヌ神謡集』にちょうど十年先立って刊行された山辺安之助著／金田一京助編『あいぬ物語』（博文館、一九一三年）という書物を取りあげる必要がある。だが、その前にそれと（表記は異なるとはいえ）まったく同じ表題で刊行された武隈徳三郎『アイヌ物語』（富貴堂書房、一九一八年）のことにも少し触れておこう。これはちょうど『あいぬ物語』と『アイヌ神謡集』の中間の時期に刊行されたもので、ジョン・バチェラーが序文を書いている。その著作で武隈は次のように記すのである。

現今のアイヌは日本帝国の臣民たることを自覚せり。其の進歩せる者に至りては、君に忠を致し国に恩を報いんとの精神は溢るゝばかりにして、敢て和人に引けをとるが如きこと無きは、爰に断言して憚からざる所なり。況《ま》して和人との接触に慣れ、周囲の事情に打ち勝つことを得つゝある折柄、決して和人と離隔する要を認めず。否、土人をして和人に同化し、立派なる日本国民たらしむるこそ、アイヌの本懐なれ。又国家より見るも、之れが至当のことならん。或る一部の学者・識者は、「アイヌ」種族の亡ぶることを憂ひらると雖も、「アイヌ」は決して滅亡せず。縦令其の容貌、風習に於て漸次旧態を失ふべきも、「アイヌ」の血液の量は必ず減少せず。故に予は「今後「アイヌ」種族は滅亡するが如きことは無くして、大和人種に同化すべきものなり」との信念を有せり(4)。

現在のアイヌ自身は「日本帝国の臣民」たることを自覚している。その意味でアイヌを和人から隔離することには反対である。彼の言葉で言えば、「土人をして和人に同化し、立派なる日本国民たらしむるこそ、アイヌの本懐なれ」とまで主張するわけである。ところがそのすぐ後で「『アイヌ』は決して滅亡せず」「『アイヌ』の血液の量は必ず減少せず」と、種としてのアイヌの自立と存続について、一種切迫した語り口でまるで祈るがごとくに述べられるのだ。

帝国臣民として和人に積極的に同化しようとするここでの武隈の姿勢は、「異俗異語の生民を包有する」ことを肯定する金沢庄三郎のアイヌへの反同化主義的な視線とちょうど対極にあると見なすことができる。金沢にとってはアイヌは野蛮から文明への進化過程を検証するための「考古学上無二の好資料」、つまり観察されるものとして対象化されるわけだが、樺太アイヌである武隈徳三郎は和人への同化を受け入れることとひきかえに、自らの民族が観察対象として「離隔」されることを拒否しているのだ。もちろん他民族への同化と民族的存続とは本質的に相容れない。同化と差異化とを同時に行うことなど誰が考えても困難だからだ。和人には進んで同化しなければいけないが、それでもアイヌは滅亡しない、その民族的純血は守られる――「今後『アイヌ』種族は滅亡するが如きことは無くして、大和人種に同化すべきものなり」という武隈の「信念」はアイロニーとしてしか成り立たない。にもかかわらず、そのようなアイロニー的展望をアイヌの当時者の言葉として語らざるをえない状況ができていたのである。一九一八年というまさに第一次世界大戦が終わる年に、世界体制が再編成されていく渦中にあって、アイヌが辿らなければならなかった困難な道筋がこうして物語られていることは、やはり銘記しておくべきかと思われる。

さて、『あいぬ物語』だが、著者の山辺安之助の経歴が大変異色である。樺太（サハリン）は弥満別の生まれで、北海道対雁に強制移住させられる。この強制移住の背景には一八七五年の千島樺太交換条約（サンクト・ペテルブルグ条約）によって日本が樺太の領有を手放したことがある。ところが山辺は対雁から石狩へ移った後、樺太の富内《トンナイ》に自ら戻ってしまう。こうした移動がくり返されたのは彼が漁業によって生計を立てていたこととも関わるが、山辺について重要なことは、国境線の変更によって自分の居場所が強制的に奪われ、移動させられ、まさに拉致されたこと、そして移動を強いられると同時に、そこから自力で出ていくという動きをすることができたことだ。山辺安之助とはそういう人物だった。

樺太に戻った山辺は日露戦争が始まると日本軍に協力、日本帝国に再帰属して後は漁場の交渉や「土人学校」の設立に尽力するなどの活動を行ったが、彼の名前が歴史に刻まれたのは、何といっても一九一〇年に出発した白瀬矗中尉率いる南極探検隊に、同じ樺太アイヌとして花森信吉とともに参加したことによってであろう。日露戦争以降の山辺のこのような日本への協力・同一化の姿勢をどのように評価したらよいのか、私にはまだよくわからない。彼がどの程度、日本やロシアといった国家に対して帰属意識や共感感情があったのか、『あいぬ物語』だけからではとても読みとれないように思われるからだ。なお、山辺の南極探検隊への参加については南極探検後援会編『南極記』（成功雑誌社、一九一三年）にも取りあげられている。同書には他の隊員たちと一緒に写った写真なども見ることができるのだが、樺太犬を寄付し、その世話役として南極探検に参加した山辺の肩書きは「隊員」ではなく、「犬掛」となっているのである。

このように山辺安之助も武隈徳三郎と同様の意味で同化と差異化との微妙なせめぎ合いの中を生きた樺太アイヌであったわけだが、それは『あいぬ物語』の表紙に「樺太アイヌ　山辺安之助著／文学士金田一京助編」と記されているところからも看取できる。山辺安之助と金田一京助。著者と編者としてのこの二人の関係の不均衡は樺太アイヌと文学士という肩書きの示す決定的な差異において如実にあらわれているといえるだろう。このことは上述のように北道邦彦が批判した、『アイヌ神謡集』初版の表紙に知里幸恵の名前が著者ではなく編者の名前としてクレジットされていることとも相関する現象であろう。テクストに対する主権がこのようなクレジットの様態によって山辺や知里から奪われているからである。観察し編集する金田一京助と観察され編集されるアイヌ語インフォーマント。両者の間に生じる絶対的な権力関係のもとで、観察され、聞きとられ書きとられる側に立たされたインフォーマントはあまりに無防備であったといえるだろう（観察する視線との関わりにおいて、同書が当時『大日本地誌』を刊行していた博文館から出ていることにも注意しておきたいところである）。

山辺安之助との共同作業であるにもかかわらず、一般に『あいぬ物語』は同書の編者である金田一京助の最初のアイヌ研究の業績として記述される。それでは金田一の（への）視点から見るとき、この著作はどう評価されるべきだろうか。「アイヌ語大意及語彙」という付録[5]が巻末についていたり、それに何よりも本文については、日本語が記された行の脇に片仮名のルビでアイヌ語が表記（発音表記）されるという、極めて特異な紙面構成によって作られた著作である。この語彙表と特異な本文表記からわかるのは、この著作がアイヌ自身の語りによるドキュメンタリーであると同時に、編者の金田一の学習書でもあったということであり、これを単純にアイヌの自叙伝としてのみ見なしえないということである。

山辺の口述する言葉（アイヌ語と日本語）を聴きとり、種々の言語的な問題に直面しながらそれをインフォーマントの山辺にたずねる——あらゆる著述行為が著者自身の学ぶ過程を同伴させていることは自明といえば自明、だが、ここでの金田一の場合ほどそれを強く感じさせる例は稀であるかもしれない。金田一京助が同書に付した序文「安之助」にも「東西絶無の樺太アイヌ語のテキストを作製して、アイヌ語学上の資料に供したい」という言葉が見られる。〈語学テキスト〉として意味づけする自覚が少なくとも編者にはあったことを、この言葉は裏づける。そしてこのことは知里幸恵の『アイヌ神謡集』というテクストをどうとらえるかということにも関わってくるのではないかと思われるのである。

4

山辺安之助は『あいぬ物語』の凡例によれば「日本語が上手」で「語彙も豊富」「句法も自由」で

と「語彙も貧弱」「句法も単調」になり「普通のアイヌの話し」になる。つまり山辺は口話言語としてもアイヌ語より日本語の方が得意であったということになる。「物語りの興味を中心にする場合には、却て、山辺君の日本語を其まゝ記した方が善かつたかも知れない」と金田一は率直に認めているのだ。いずれにせよ山辺安之助はまちがいなくバイリンガルである。そのバイリンガルの語る言葉を「文学士金田一京助」による編集を介してのある種倒錯した翻訳作業がこの本の成立に関わっていたのだといっていい。知里幸恵もバイリンガル、あるいはある意味ではトライリンガルでもある。金田一京助の場合はバイリンガルといっていいのかどうか。ともあれしかし、ここで考えなければならないのは、『あいぬ物語』の本文でアイヌ語の音声を表記するルビが片仮名で書かれていることの意味をどう考えるかということである。知里幸恵の場合はアイヌ語はローマ字で表記されている。漢字平仮名混じり文による日本語表記に対する片仮名あるいはローマ字によるアイヌ語表記という、文字表記の違いの問題を気にしておきたいと考えるのである。

『あいぬ物語』の場合、上記のような事情、つまり「物語り」ではなく「語学上の資料」を求めるという金田一の思惑から、日本語の方が自由に話せる山辺にあえてアイヌ語で口述させるという過程がとられた。以下凡例によれば、日本語での口述では、「アイヌの著作とは信ぜられまいといふ憾がある。少くとも日本人の筆を入れたものと取られ」てしまいかねない。〈アイヌ語ネイティヴによる正真正銘のアイヌ語の語り〉の信憑性が損なわれることに金田一は神経を尖らせているわけである（アイヌ人は日本語ではなくアイヌ語を話さなければならない……）。凡例における金田一の証言には曖昧なところが残るが、当初、山辺には彼が自由に使える（ほとんど母語にも等しい）日本語で話してもらったのだろう。そして金田一がそれを速記して編集し、「成るべく著者の言葉通りに日本文の安之助伝を作成した。そして、それを安之助にアイヌ語に口訳さした」。ところがこの方法では金田一が筆記作成した日本語文と安之助自身によるアイヌ語訳との間に不整合が生じてしまったので（日本語による語りの細かな描写がアイヌ語では「梗概」となって失われてしまったのだという）、初めから山辺にアイヌ語で口述してもらい、それを「原文」として速記し、金田一が日本語に翻訳するという方法に切り替えたのである。

『あいぬ物語』というテクストの成立過程におけるこうした混乱は、つまるところ、バイリンガルであることによって不可避的に生じる山辺本人の日本語／アイヌ語の能力的な不均衡と、アイヌ語インフォーマントの発話に期待する金田一の言語学＝人類学的なこだわりに起因しているわけだが、山辺自身が日本語による自分の発話をアイヌ語に自ら翻訳することが困難であり、他者である金田一京助の翻訳によってアイヌ語から日本語に翻訳されたことの意味をどう考えるべきだろうか。アイヌ語ネイティヴによる（母語としての）アイヌ語の発話を、日本語話者＝アイヌ語非ネイティヴが日本語に翻訳するというのは、一見すると極めて自然な翻訳過程であるように思われる。だが、日本語の方が習熟度の高い山辺のようなインフォーマントを対象にしたことによって、翻訳行為そのものに内包される文化的なヒエラルヒーがここでは露顕してしまっていると考えるべきではあるまいか。

もちろん一口に翻訳における文化的ヒエラルヒーといっても、英語・ドイツ語などの西欧語から日本語への翻訳とアイヌ語などの〈周辺言語〉から日本語への翻訳とではまったく次元が異なる。『あいぬ物語』が該当する後者の場合、異言語間の同化ではなく差異化の方によりベクトルが向いていると説明することが可能であろう。つまり、翻訳をとおして異なる言語や文化をより近似したものへと変換し、両者の間の距離を縮めその溝を埋めるのではなく、異なるものの異なりをより強調するということがそこでは暗に欲望されているのであり、そのためには翻訳は金田一のような〈他者〉によってなされなければならなかった。『あいぬ物語』のテクストを成立させた翻訳の論理とはおおむねそういうところにあったであろう。そしてこの点が知里幸恵の『アイヌ神謡集』における翻訳行為を『あいぬ物語』のそれと決定的に峻別する点でもあるのだ。

ここで『あいぬ物語』のテクスト本文の具体例を一つ見ておこう。

ほんとうに《ソンノ、ポカ、》、どうにかして《子イラ、子アッカ、》あの可愛想な《イヌカレ、》アイヌ《アイヌ》の小供等を《ヘカツタラ、》、早く日本人並みに《モナシノ、シーサム、ウタラ、ヅラ、》、同様な善良なる《イッシン子、ピリカ、》皇氏にさしてやり度い《モシリ、カムイ、ボーホ、ウタリヒ、子ー、クニ、アン、カン、ルスイ、》。私が今後の希望は唯々これのみである《アノカ、子アンベ、ケセケ、オロワ、ヤイ、タンベ、パテ、アウエオマシテ、》。私の残年は、どんなに《アノカイ、シシヌ、バハノ、子イラ、》でもして《アン、キー、ワ、ナハ、》、此の事に《子イノ、》費して見ようといふ考である《アン、キー、ルスイ、ナハ、アン、ラム、》。(6)

引用したのは作品の末尾の部分。見られるようにアイヌの子どもたちを日本人と同様の〈皇民〉にさせてやりたいという願いを訴えている。これは先に触れた武隈徳三郎の「土人をして和人に同化し、立派なる日本国民たらしむるこそ、アイヌの本懐なれ」という言葉を思い起こさせる。武隈も山辺もアイヌが日本人（和人）になるべきだ（なることができる）とはいっていない。「日本国民」あるいは「皇氏」になる（させる）ことが目標とされているのである。山辺の場合は天皇の赤子となることで日本人と対等に近づく（「日本人並み」になる）ことを希求しているわけで、これはいわば〈一視同仁〉を大義として遂行された帝国日本の植民地（内国植民地を含む）に対する皇民化政策を被植民地支配者の側から取り込み内面化してしまった例であろう。そして、このような深刻なメッセージを訴える語りが、右に見られるように、漢字仮名交じりの日本語文に逐語的に片仮名でアイヌ語の音声表記が振られるという、一種異様な表記のテクストによって文字化されているのである。アイヌ語の〈語学テキスト〉としての性格を『あいぬ物語』がもつのなら、アイヌ語文を本文とし、訳の日本語をルビとすべきだったはずである。「樺太アイヌ　山辺安之助著／文学士　金田一京助編」という記載にもかかわらず、著者によるアイヌ語による表現は小さな片仮名文字によるルビに押しやられ、編者が訳した日本語文の本文との間に視覚的にもはっきりとした主従関係を構成している。翻訳テクストが本文の座を占め、アイヌ語の原文がルビとしてその脇を飾るという、原文／訳文の主従関係が転倒した、何とも倒錯したテクストになってしまっているのである。

凡例で金田一は、「アイヌ語を写すのに、片仮名を用ひたのは一般の読者の便宜の為めに、不本意ながらも断行した。其代りに、純語学的な附録の文典と語彙とはローマ字にして忠実に原音の表記に力めた」とも述べていた。つまり、金田一にとっては本来ローマ字でアイヌ語の音声を「写す」べきところ、妥協的に「不本意ながらも」片仮名表記を用いたと断っているのである。そして『あいぬ物語』では果たせなかったローマ字によるアイヌ語の表記は、知里幸恵の『アイヌ神謡集』によって実現されることになるのである。ルビというものの機能についても、近世末期には西欧語文の翻訳の手段として、西欧語文を漢語漢文にいったん翻訳してそれにルビを振って日本語文に再度転換するということがあったわけだが、ここではそのルビが片仮名（そして未遂としてのローマ字表記）によってなされていることの意味合いを考えておくべきかと思われる。片仮名はもともと漢字の助字であったといわれるが、近代以降にはアルファベットの代わりとして、音標として定着していく。そうした点から片仮名は、西欧語由来の外来語を表記するために使われることが一般的になっていく。それとは次元が違うとはいえ、『あいぬ物語』における片仮名表記の意味を、〈西欧〉という要素との関係から考えることもできるだろう。

5

山辺安之助『あいぬ物語』と知里幸恵『アイヌ神謡集』という二つの作品に共通しているのは、アイヌの、しかも日本語とのバイリンガルであるインフォーマントによるアイヌ語の語りを文字化することを基礎としてテクストが構成されていること、そして金田一京助という同一人物による編集監修が関わっていることである。だが、もちろん両者の違いも小さくない。その最たるものは、山辺の『あいぬ物語』の場合は編者の金田一が日本語に訳しているのに対して、知里の『アイヌ神謡集』は知里本人が訳していること、前者が金田一による日本語訳文を本文とし（その原文である）アイヌ語の音声表記をそれにルビを付ける形で同じページに掲載しているのに対して、後者では左ページにローマ字表記によるアイヌ語が、右ページには知里自身による日本語翻訳が漢字仮名交じり文で見開きで掲載されていることである。

知里のテクストには先に山辺／金田一の場合について指摘したような原文／訳文の主従関係の転倒は見られない。北道邦彦が指摘したように、表紙の「知里幸恵編」という表記には問題があるのだが

(『あいぬ物語』では曲がりなりにも山辺は著者であったわけだ)、訳者(編者)の訳文が本文の座を奪うというような事態は免れている。それは知里自身が自らの記憶の中にあるカムイユーカラの声を文字化し、そしてそれを日本語文に自ら翻訳する、すなわち〈自らの声を翻訳する〉という行為を行っているからだ。とはいえ冒頭でも触れたように、「(……)其部落に伝はる口碑の神謡を発音どほり厳密にローマ字で書き綴り、それに自分(知里)で日本語の口語訳を施した」(金田一京助)という特異な自己翻訳の過程がとられたことによって、単にアイヌ語/日本語という異言語間のみならず、それぞれの言語における声/文字間の政治的力学が反映してくることになった。このことをあらためて検証しておきたいのである。

知里幸恵は序の中で、「激しい競争場裡に敗残の醜を晒してゐる今の私たち」という自己(自民族)認識を示しつつ、先祖たちが用い残し伝えた美しい言葉や「言ひ古し」が「果敢なく、亡びゆく弱きものと共に消失せてしまふ」のだとしたら、「それはあまりにいたましい名残惜しい事」だと吐露している。このようにいう知里幸恵はどのような地点に立っているのだろうか。

金田一の跋文「知里幸恵さんの事」には「幸恵さんの標準語に堪能なことは、とても地方出のお嬢さん方では及びもつかない位です」とあって、「日本語が上手」と評した山辺安之助の時とは異なって、「標準語」という水準で(日本の他の地域の同世代の女性と比較する形で)知里の日本語能力が評価されている。標準語というからにはそこに方言が対置されているわけだが、標準語/方言という枠組を、知里幸恵やバチェラー八重子といった人たちに当てはめるとしたら、それはどういうことになるのかということも、一つの問題になるだろう。「日本語が上手」な山辺と「標準語に堪能な」知里。この二人の評価の違いは何を意味するのか。金田一はさらに付け加えて、「而も幸恵さんは、その母語にも亦同じ程度に、或は其以上に堪能なのです」とも述べる。これは金田一が「日本語が上手」な山辺安之助がアイヌ語は「比較的不得意」であったと評していたこととちょうど対応する評言だが、これも金田一が知里を内心どう見ていたのかということを仄めかすものだと言っていい。そうした視点から「発音どほり厳密にローマ字で書き綴り」という一節、これに注目してみたいわけである。

先述の通り金田一は山辺安之助の『あいぬ物語』の本文のアイヌ語は、本来ならば片仮名ではなくローマ字で記すべきであったと告白していた。「〔……〕其部落に伝はる口碑の神謡を発音どほり厳密にローマ字で書き綴り」と評された正確で透明な音声記号としてのローマ字。山辺（と）のテクストにおいて実現できなかったローマ字の採用を、金田一は知里との共同作業において手に入れたことになる。金田一は知里幸恵を手に入れることで、何よりもローマ字でアイヌ語の声を表記するシステムをも手に入れたのである。音標（表音文字あるいは音声記号）としての機能を仮託された、透明なフォネティックの記号であることを期待されたローマ字。そのローマ字を使いこなして、アイヌ語音声を可視化する表記を実現したローマ字筆記者としての知里幸恵。この文字と人とが統合された場が『アイヌ神謡集』のテクストにほかならなかった。

6

『アイヌ神謡集』跋文を引いて丸山隆司は、知里幸恵の言語環境について次のように指摘している。

金田一の記述が間違いなければ、すでに、彼ら〔知里幸恵の父母〕は、「アイヌだけの世界」に生きていたわけではない。〔……〕また、聖公会が函館に開いた「伝道学校」で教育を受けていた、伯母金成マツと母ナミは、当時としては破格の教育を受けていたことになる。ナミとマツのあいだでは、ローマ字で書かれた手紙の往来があったし、のちにマツは自らユカラをローマ字で書き残すことができる教育を受けていたことになる。つまり、日本人だけではなく、日本人以外の他者（英国の宣教師たち）ともすでに深いかかわりをもっていたのだ。注意したいのは、金田一が書き記している、母ナミが「日本語や日本文はもちろんの事、ローマ字や英語の知識をも得」ていたという言説はそっくりアイヌ語と日本語・日本語文を巧みに駆使する幸恵自身の能力と重なっている〔ことだ〕(7)。

これに近いことを実は違星北斗がその日記に記している。知里幸恵が亡くなった後の記述（一九二七年七月一一日）だが、知里幸恵の両親の印象を語る中で、「幸恵さんのお母様はローマ字も書けば英語も出来ると云ふ感心なお方」と述べ、知里のことを「此の人達の子供さんだから賢いのも当り前だと思った」と述べている(8)。知里幸恵は確かに、アイヌの社会では破格の言語的エリートだったといっていいのだろうと思われる。丸山が指摘するように、その背景には伯母や母親の存在が与っていたわけだが、バチェラー八重子がそうであるように、これら女性たちの高い水準での言語習得には共通してキリスト教教育の影響が大きく反映していたものと考えてよい。違星北斗は日記の右の記述と同じ日に、当時滞在していた平取の教会ではアイヌ語の讃美歌が歌われ、バチェラー八重子のアイヌ語交じりの講話が「神の様に尊かった」と記している。こうしたミッショナリーなものの力が知里幸恵たちにも反映しているのであり、そういうところからローマ字あるいは英語への通路も導かれていたと考えられるのである。

幾度も述べてきたように、『アイヌ神謡集』のテクストはアイヌ語と日本語の本文が二つあるという体裁をとっている。いま岩波文庫版でこれを読むとして、同じ岩波文庫でこのような体裁をとっている作品は他に何があったかと思い返してみると、メーテルランク／杉本秀太郎訳の『ペレアスとメリザンド』がある。この本は見開きのフランス語／日本語の対訳になっている。対訳は一つには学習書、外国語を学ぶ時に用いるテクスト（教科書）の様式である。『アイヌ神謡集』の成立に深く関わった金田一京助にとって、このテクストは学びの過程を映し出したテクストだった。著者である知里幸恵にとってもそれはアイヌ語の音声を表記し、それを日本語の意味と対応させていく学びの過程だったろう。けれども両者が対照される関係にあるかと言うと、およそ対照的ではない。その理由の一つはローマ字の表記にあるのではないかと思われる。金田一はジョン・バチェラーのローマ字表記の方法とは異なった方法を知里幸恵がとったことを評価するわけだが、それでは、その（金田一にはより正確にアイヌ語音声を写しとったと評価された）彼女の新しいローマ字表記が知里幸恵自身にとって、果たして彼女の歌っていた、聞いていたアイヌ語の歌の声と、どの程度重なっていたのか、あるいはずれていたのかが気になるところである。例えばアイヌ語の原語で汚い言葉があった時に、それを訳すことを知里はためらったりしている。特定のある言葉が汚い意味をもっているとは受けとめられずに、それが日本語の意味として可視化されることで、アイヌ語・アイヌ文化そのものが汚される、汚いものとして受けとめられることに対する、知里幸恵なりのためらいがそこにはあるわけで、それは単に言葉を別の言葉に翻訳するだけの作業とは異なる。痛みを伴った葛藤が、東京の金田一宅での知里幸恵の作業の中で起こっていたと考えられるのである。

『アイヌ神謡集』の最初を飾る"Kamuichikap kamui yaieyukara, "Shirokanipe ranran pishkan."" ／「梟の神の自ら歌った謡『銀の滴降る降るまはりに』」を取りあげてみよう。その日本語テクストの末尾は次のようになっている。

彼のアイヌ村の方を見ると、
今はもう平穏で、人間たちは
みんな仲よく、彼のニシパが
村に頭になつてゐます、
彼の小供は、今はもう、成人
して、妻ももち子も持つて、
父や母に孝行をしてゐます、
何時でも何時でも、酒を造つた時は
酒宴のはじめに、御幣やお酒を私に送つてよこします。
私も人間たちの後に坐して
何時でも
人間の国を守護つてゐます。

と、ふくらふの神様が物語りました。

（初版二三頁）

〈アイヌ aimu〉は〈人間〉という意味でもあるわけで、例えば右引用にある「アイヌ村」はその少し前の箇所では「人間の村」となっているが、これらはいずれも原文では同じ ainukotan なのである。やはりこの近くの「人間たちが仲の善いありさま」を見て梟の神が〈神〉たちに別れを告げて帰っていく箇所も、知里の自筆ノートである『神謡集原稿』の日本語本文では「アイヌ達が仲が善いのを」となっている（ainukotan もそのまま「アイヌコタン」と記されている）。アイヌ語からのいくつかの翻訳可能性をそのまま残した日本語テクスト総体の中で見ても、この〈人間／アイヌ〉という言葉の二重性はきわめて象徴的であると考えられるのだが、ともあれ、このテクストを読んでいてつくづく気づかされるのは、語るという行為そのものが主題化されているということである。

人間たちの開いた酒宴が終わって〈神〉たちに別れを告げて家に戻った梟の神は、そこに美しい御幣や美酒が一杯になっていることを見て、今度は自分でおちこちの神たちを招いて酒宴を張り、その神たちに「物語り」、人間の村を訪ねた時のことを「詳しく話します」とある。以上は『神謡集原稿』にはない表現なのだが、その後に右の引用部分が繋がるという順序になっており、見られるようにその結尾も「と、ふくらふの神様が物語りました」というコーダをとっているのである。語ることを語る、語りの中に語りがある、語りが次々に別の語り、別の位相の語りを生み出していく——そういう多層的な語りの世界が構築されているのである。こういう複雑で自由自在な語りが、果たしてどの程度、ローマ字表記や日本語に翻訳されたテクストの中で生き残っていけるのか。

注目すべきは、梟の神が「アイヌ達が仲が善いのを」見届けて帰っていく箇所の『神謡集原稿』欄外に記入された言葉である。これは知里幸恵が、日本語の訳文を書く過程で金田一に宛て私信のように記した言葉であると考えられるが、それは「北の歌は非常に、聴いてると優しい美しい感じが致します。この節《ふし》が私は大好きなのでございます」というものである。そこでは、知里が彼女の記憶の中にこだましているアイヌの歌を文字化しながら、別の言語に置き換えながら、それでもしかし決して〈言語化〉されることのない、文字化しきれない声というものが、彼女の中に蘇ってきているのであろう。ここから私たちは、同化の力学が支配する文字化という作業に対しての、彼女なりの（おそらくは無意識的な）ささやかな抵抗のようなものを読みとることはできないだろうか。

「この節《ふし》が私は大好きなのでございます」。「節」というのは文字によってはもちろんのこと、たとえ楽譜に起こしたとしても究極には記録不能であろう。音声テクノロジーは知里の手の届くところにはなかったであろうから、その「節」を正確に記録し、再現することは不可能であり断念されている。紙の上には再現されることのないその記憶の痕跡がとどめられているのだと見ていいのではないだろうか。

「梟の神の自ら歌つた謡」の次に掲載されている“Chironnup yaieyukar “Towa towa to””／「狐が自ら歌った謡『トワトワト』」という面白い歌があるが、初版テクスト三五頁の日本語本文に「それは、私の妻が搗物をしてゐると／その時に風が強く吹いて簸てゐる粟の／糠が吹飛ばされるさまを／煙の様に私は見たのでありました。」という箇所がある。狐の神がその行く手に自分の家が燃えているように見えたのが、実は妻が粟のもみ殻をとっていたものが舞い上がってそう見えたという部分だが、『神謡集原稿』では最初「私の妻が／粟を搗いてゐる時に強い風が吹いてムイでふるつてゐた粟の糠《ぬか》が吹煽られたのが／煙のやうにみえたのでした」となっており、そこに手を加えて、「ムイでふるつてゐた」の所を消して現行のように訂正していく過程がうかがえる。欄外にはまず知里の筆で「ainu の ituituye〔アイヌ語本文では tuituye〕を日本語で何と云ふのか私はいくら考へても思ひ付けませんのでこのまゝにしておきました」と記され、そのすぐ下に（おそらくは金田一の手によって）「御尤デス、簸（ヒ）ルト申シマス」という返答が書き込まれている。さらにその下には「簸」という漢字が二回メモ書きされている。このことは、翻訳過程で知里が「簸る」という日本語（外国語）を知らなかったから起きた出来事としてのみ捉えることはできないのではないか。知里幸恵が日本語ができなかったから、日本語ネイティヴの金田一が教えてやって知里が直したと単純には割り切れないのではないのか。これはむしろ知里幸恵が日本語をわからなかったというより、それ以上にアイヌ語もわからなかったと考えるべきではないか。

ここでも『アイヌ神謡集』のテクストをどう捉えたらよいのかという根本的な問いに行き当たることになる。丸山隆司も提起していることだが、知里はなぜ序文をアイヌ語で書かず日本語で書いたのか。そこには日本語の文章だけがある。跋文は他人である金田一が当然、日本語で書いている。ちょうどその二つの日本語テクストに挟まれるようにして、カムイユカラの本文が配置され、それはローマ字／漢字・平仮名という二つの文字表記によって見開き対訳の体裁で構成されている。アイヌ語のローマ字はたしかにこれも文字なのだが、アイヌ語を話せない（理解できない）読者にとっては音標記号以上のものではなく、本来文字をもたない言語であるアイヌ語の〈音声〉を仮にあらわしたものとして記録されているということになる。それから日本語に翻訳した別の本文が、意味を持った〈文字〉として右ページに配置されている。この見開きの二つの相から成るテクストを日本語に単一化された序文と跋文がくるむように、取り囲むようにして、この本は出来ているのである。

『アイヌ神謡集』は岩波文庫版では赤帯、つまり外国文学の範疇に入っている。はたしてそれでよいのか、日本文学ではないのかという議論は当然出てくるだろう。私見を述べればこの作品は日本文学でもあり外国文学でもある、あるいは日本文学でも外国文学でもない、強いて言うなら〈世界文学〉として位置づけられるべきものであろう。[9] そのうえで、この二重のテクストが本の体裁において日本語に囲いこまれているという事実を重く受けとめる必要があると考えるのである。さらにそれは他者によって囲い込まれているだけではなく、自らを自らによって囲い込んでいるとも捉えなければならない。文字化と翻訳の二重の過程で、知里幸恵が自ら彼女自身の（アイヌの）声を囲い込んでいく。その自らの声を他者の眼を借りて（他者に同一化しながら）まなざしていくという、そのような他者のまなざしを自己の中に内在化させることを強いられていたと考えられるのである。このように自他の声／言葉に亀裂を自ら入れる過程を通して、（アイヌ語による）声というものが〈非在〉なるものとしてロマン化されていく陥穽も、そこには見出せるだろう。

『アイヌ神謡集』のテクストはまた、別の観点からも、声の文化から文字の文化への移動であると捉えることも可能であろう。その場合、カムイユーカラはもちろん共同体による伝承のレヴェルにある。それを知里幸恵という個人が口承する。耳で覚え、口で伝えていくのは個別の身体と人格をもった個人だが、その口承行為は必ずしも個人のレヴェルには限定されない。個人でありながら同時に共同体に属する中間的な水準にあるだろう。『アイヌ神謡集』のテクストではそれが文字化（ローマ字化）され、翻訳（日本語化）されているわけで、日本語のテクストに翻訳編集されることで再びその日本語の発話は文字となり出版されることで共同体のレヴェルへと引き上げられ回収されていく。そのことは明白なのだが、そこで最終的に完成される〈公共化〉＝植民地化の段階に至る経過的な過程としての文字化（ローマ字化）をどう評価すべきかという問題が残されるのだ。

7

『アイヌ神謡集』のテクストにおいて文字化（ローマ字化）はどのような水準で行われているのか。ここでは仮説的に、ローマ字表記という技術を試すために行われているのではないかと考えてみよう。ローマ字ということでは、金田一京助の友人でもあった石川啄木が『ローマ字日記』を書き残していることが想起される。一九〇九年の四月から六月にかけて全篇ローマ字で記された、いわゆる『ローマ字日記』で石川啄木は、自然主義、正確には消極的・傍観的な自然主義を批判する。〈積極的自然主義〉（「Yo no tōtatu sita Sekkyokuteki Sizen-syugi」）に踏み出さないといけないと主張し、傍観者は批評家に、ひいては人生の改革者にならなければならないという図式を描いて、それを自らに課しているところがある。もう一つはこのことにも関わるが、人物批評。ローマ字という一種の暗号によって日常言語では果たせない、あけすけな批評が可能になる（同宿の友人の金田一が度々登場し、しかも啄木の批評の餌食になっているのも周知のとおり）。自分で批判していた消極的自然主義、傍観者による批評の域にぐずぐずと滞留しているというのが『ローマ字日記』の自虐的＝ナルシス的なテイストなのだ。

日常の枠を踏みこえて表現をしようとする石川啄木にローマ字がその扉を開ける。いや、ローマ字を見出したからこそ日常からの逸脱が表現されたのだ。これもよく知られていることだが、赤裸々な性欲と性行為が、娼婦や女性たちに向けられたあからさまな嫌悪が語られてもいる。これらの過剰な欲望や感情は妻を含む他人には秘匿されており、そうした内面を遠慮なく表白するのに都合のよい媒体としてローマ字が引っ張り出されている（実際には啄木は妻や家族に隠すためにローマ字で日記をつけることはなかったし、この日記も妻たちが上京してくるところで（！）途切れている）。ローマ字という媒体に導かれるように、語りの指向も過剰さと日常規範からの逸脱へと傾いていく。ローマ字は単に日本語を表記する新種の文字としてだけあるのではない。言うまでもなくそれは西欧語に由来する文字であり、『ローマ字日記』の場合も、理念としての〈自然主義〉も含めて石川啄木の内面を語ることが西欧（文字）による認証を受けているのだ。日記の中で自己の境遇を嘆きながらローマ字での記述からそのまま英語での記述に切り替わっている箇所があるのは、その意味でも興味深い。

次に引用するのは『ローマ字日記』に記された金田一京助を評した部分。

Ippō, Kindaiti-kun ga Sitto bukai, yowai Hito no koto wa mata arasowarenai. Hito no Seikaku ni Nimen aru no wa utagō bekarazaru Jijitu da. Tomo wa Itimen ni makoto ni otonasii, Hito no yoi, yasasii, Omoiyari no hukai Otoko da to tomo ni, Iti-men, Sitto bukai, yowai, tiisana Unubore no aru, memesii Otoko da.(10)

『ローマ字日記』からは金田一がこの筆者に同情を寄せ友情に篤くつき合っていることがうかがわれるのだが、その分、このように「嫉妬ぶかい、弱い、小さなうぬぼれのある、めめしい男だ」とすっぱ抜かれているのだから、たまらない。しかし、「人の性格に二面あるのは疑うべからざる事実だ」と記したところなど、まさに今ここで啄木がローマ字によって記し／隠しているその二面性（内面）が浮き彫りにされた箇所だろう。このように知らないところでローマ字によって描写されていた当の金田一が、そのローマ字にアイヌ学者としての執着を示したことは、一つの歴史の皮肉として記憶にとどめておいてよい。

金田一京助の師であり彼をアイヌ語研究に導いた上田万年が『ローマ字びき国語辞典』（富山房、一九一五年）というものを刊行している。これは金田一が山辺安之助の『あいぬ物語』を出した二年後にあたる。その「はしがき」には上田の音声中心主義的な言語意識にもとづいた漢字排撃論をみることができる。「吾人は〔……〕無用の漢文字を学ぶ労力と時間とを省いて、これを社会有用の知識の上に向ける途を開かねばならぬ。一個の死文字を記憶する間に、一個の活事物を観察することに務めねばならぬ」、「文字の死骸の解剖に自由な思考力を鈍らせられて居る国民は、文明の落伍者となる外はないのである」。したがって、「東洋文明を代表して世界の指導に任ずべき大使命を荷へる吾等日本人」は、「断然文字を新にすること」によって自分たちの新たな文明を作りださねばならぬと主張するのだ。「文字を新にすること」がローマ字採用のことであることはいうまでもないが、一つ注意したいのは、次に例示するようにローマ字による見出し語を立てて、その次に見出し語を漢字仮名表記で出し、語義をつけているのだが、語義の最後に英語での意味が付けられていることである。

Abaku 発く［他四］ 1．掘って中のものを出す。はつくつ（発掘）する。— To unearth, exhume. 2．世間にわからせる。すつぱぬく；てきはつ（摘発）する。（訐）—To disclose, lay open, bring to light.

この例にもあるとおり『ローマ字びき国語辞典』という辞書は和英辞典を兼ねた国語辞典であるといえる。見られるようにちょうど『アイヌ神謡集』とは逆に、日本語文字表記が西欧文字（ローマ字／英語）によって取り囲まれている図が浮かんでくるだろう。ここから『アイヌ神謡集』に話題を戻すと、知里幸恵にまつわるさまざまな回想の中で、彼女に関わる言語的なトピックとして英語のことがローマ字とともにしばしば言及されていることに注意が向けられるところである。石川啄木の『ローマ字日記』がそうであったように、そこでも、西欧の様式（文字）＝〈洋才〉によって日本的なるものとしての内面（意味）、〈和魂〉が構築されているのだ。

〈和魂洋才〉とは決して西洋を折衷的に取り込んだ妥協的な発想ではなく、西洋のフォームを用いることではじめて日本的なものが作りだされるというシステムとして考えるべきだろう。上田万年にとっても金田一京助にとっても、その〈和魂〉を表現するためにこそローマ字が求められたのではなかったか。このことは同時に標準語や口語、言文一致へと流れていく言語思想的な動向と軌を一にしていたであろう。平準化された国民語としての口語／標準語、音声を透明に伝達する音標としてのローマ字。これらに対する過剰なまでの信託が、言語学者としての彼らの目指したところから読みとれるのではないだろうか。

日本のローマ字運動は一八八五年創立の「羅馬字会」以来すでに一世紀以上の歴史がある。漢字廃止を目途とする国字問題と時代の節々で絡みながらその歴史を刻んできたわけだが、ローマ字問題は今日でも日本語問題の底流として継続している。現在「日本ローマ字会」（田中館愛橘によって一九二一年に設立）の会長を務める梅棹忠夫は「未だにローマ字教育は日本語教育だということを理解していない人がひじょうに多い。ローマ字教育は英語のためだと思っているのですが、そうではありません。ローマ字教育は日本語のためのもので、日本語をより正確に、より平易に表現するための手段なのです」と訴える。[11] 梅棹によればローマ字化とは「英語から日本語を守るための最上の防壁」なのだという。

こうした主張が逆説にはならない背景には、一つは「言語を音であらわすことを前提」にする、文字を音声の仮像としてその下位に置く音声中心主義的な言語観、そしてワープロ／パソコンでのローマ字入力の問題も含んでの日本語の国際化の議論がある。グローバリズムの時代を見据えて「世界共通の文字体系」であるローマ字（洋才）を採用することで日本語を国際化し、国際化することで日本語の美質（和魂）を守ろうとする保守主義としての国際化論をここに見出すことができるだろう。奇しくもというべきか、石川啄木の『ローマ字日記』を梅棹は「文章がいっぺんによくなった」と高く評価していて、そのうえでローマ字化をとおして「いままで漢字におおいかくされていた部分、日本語的でない部分が脱落して、たいへんうつくしい日本語の文学がでてくるんじゃないか」と文学への期待も寄せている。こういうところからも梅棹のローマ字化論＝国際化論もまた典型的な和魂洋才論であることが見えてくるはずである。

最後に、以上のような現在にまで継起するローマ字に関わる言説から『アイヌ神謡集』のテクストを

『アイヌ神謡集』における*trilingual*

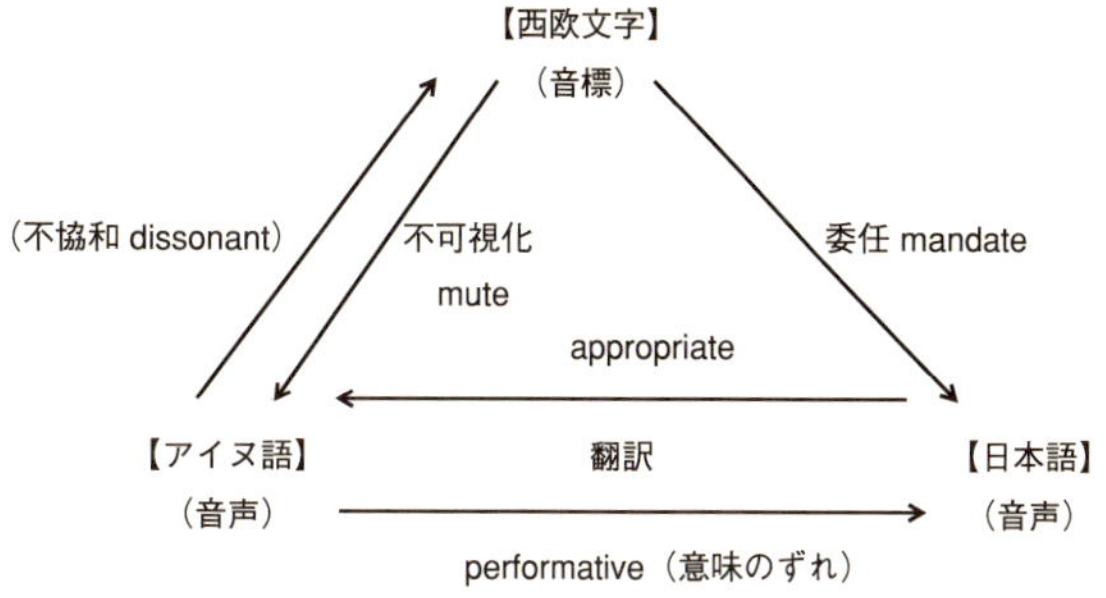

捉え返してみよう。〈トライリンガル〉という言語的な位相を知里幸恵のこのテクストに見るときにローマ字という要素が関わってくるのだ。〈西欧語／アイヌ語／日本語〉というトライリンガルな三角形のモデルを考えてみると、上のような図を描くことができると思われる。

この三角形を構成するのは音標としての西欧文字、音声としてのアイヌ語、そして意味を表す日本語。『アイヌ神謡集』のテクストはいうまでもなくこの三つの言葉から成る。このテクストの大筋はアイヌ語を日本語に翻訳するところにある。しかし内国植民地主義的な力関係を背景としたここでの翻訳には、日本語によってアイヌ語を収用（appropriate）するという意味が内包されているだろう。そしてその収用の作業は媒介する西欧文字（ローマ字）によって委任（mandate）されているのである。mandateという言葉をあえて用いるのは、やはりそこにも植民地主義的なイデオロギー（〈委任統治〉という発想）が介在していることを想定しているからである。一方、その西欧文字によってアイヌ語というものが不可視化されてしまう。ミュートをかけられてしまう。文字化することはつまりは視覚化することだが、視覚化されることでアイヌ語の声のすがたは逆に不可視化されてしまうのだ。『アイヌ神謡集』には以上のような葛藤を孕んだ機制があるのではないか。しかしこのような抑圧の構図を取り出して説いてみただけでは、『アイヌ神謡集』の価値について語ったことにはならないことも確かなのである。

まずこのトライリンガルな三角形の間には様々な葛藤、ずれが生じているはずだ。一つはアイヌ語そのものが持っている音声や言葉と、日本語に置き換えられた意味との間ではどこかずれてくるだろう。すでに『神謡集原稿』の知里幸恵の自筆草稿との異同から一、二例を示したように、この翻訳行為はパフォーマティヴな形で意味のずれを生起させていた。西欧文字の音標記号とアイヌ語の声の間にも、当然ある種の不協和（dissonant）な関係が生じているはずだ（ローマ字が正確にアイヌ語を写すのではなく、ローマ字表記の方法とは、ローマ字で記されたようにアイヌ語の音声を聞き発音することに馴致させられていくことを意味していたのだから）。このようにいくつかの水準でかき立てられるノイズが西欧文字／日本語の補完的システムに軋みをもたらして、それに抗っていく可能性が、右のような図式を描くことによって見えてくるのではないか。ここにいたってようやく私たちは『アイヌ神謡集』というテクストの可能性を語り始めることができるように思われるのである。

注

（1）北道邦彦「『アイヌ神謡集』諸版本の本文について」、『アイヌ神謡集』復刻版、知里真志保を語る会、二〇〇二年、八頁。

（2）藤本英夫『金田一京助』新潮社、一九九一年、一〇四頁。
（3）金沢庄三郎『言語に映じたる原人の思想』大鐙閣、一九二〇年、一三五―一三六頁。
（4）武隈徳三郎『アイヌ物語』富貴堂書房、一九一八年、一四―一五頁。引用は『アイヌ史資料集』第五巻（北海道出版企画センター、一九八〇年）の復刻版による。
（5）簡単なアイヌ語文法と語彙表から成る。金田一は後にこの語彙表のことを「樺太アイヌ語は、こういうものだということを書いた世界最初の本だった」と回想している（金田一京助「アイヌの話」［一九五一年］、金田一『ユーカラの人びと』平凡社、二〇〇四年）。
（6）山辺安之助著／金田一京助編『あいぬ物語』博文館、一九一三年、一八九頁。引用は『アイヌ史資料集』第六巻（北海道出版企画センター、一九八〇年）の復刻版による。
（7）丸山隆司『〈アイヌ〉学の誕生――金田一と知里と』彩流社、二〇〇二年、一八九―一九〇頁。
（8）『違星北斗遺稿　コタン』草風館、一九八四年、七六頁。
（9）『アイヌ神謡集』を日本文学として考えるべきだとする主張は、小野有五の次のような発言によって代表させることができる。「日本とか、日本文化というものを構成しているのがヤマトだけではなくて、そこにアイヌ民族もちゃんといる、というのであれば、アイヌ語で書かれた文学もまた、『外国』ではなく『日本』の文学ではないかと思うわけです。」（山口昌男との対話「コスモポリタンとしての幸恵、そしてアイヌ文化」、北海道文学館編『知里幸恵『アイヌ神謡集』への道』東京書籍、二〇〇三年、一〇三頁）。なお、山口昌男はこれを引き取って「世界文学としてカムイユカㇻをとらえよう」とする姿勢として読み替えてみせていた。
（10）『石川啄木全集』第六巻、筑摩書房、一九七八年、五九頁。漢字平仮名文の引用も同全集による。
（11）以下梅棹忠夫の引用はすべて梅棹『日本語の将来――ローマ字表記で国際化を』（NHKブックス、二〇〇四年）による。

知里幸恵と知里真志保のアイヌ神謡訳

――オノマトペと踊る謡

佐藤＝ロスベアグ・ナナ

知里《ちり》真志保《ましほ》（一九〇九―六一）と知里《ちり》幸恵《ゆきえ》（一九〇三―二二）、アイヌ文化に関心をもつものなら、必ず聞いたことがある名前ではないだろうか。

幸恵に関しては神謡訳を一冊残して、一九歳で亡くなった少女という儚いイメージが人々を魅了するのか、彼女への関心は、アイヌ文化や言語に関する多くの作品を残した弟の真志保以上に高いようである。真志保はといえば、アイヌ研究を志すものに先行研究として言及され、批判的検討も行われているし、小説の題材に用いられたりもしているが、人生のほとんどをアイヌ研究にささげた彼の多くの作品を思うとき、作品分析を含めた総合的な真志保研究は深められていないのが現状である。

本稿では、双方の仕事の接点であるアイヌ神謡訳に注目し、比較を試みる。ここでの比較のポイントは、翻訳の原作に対する忠誠心や、正しいまたは誤った翻訳といったことにはない[1]。また、筆者のいう原作とは、必ずしも文字に書かれた何かではなく、文化、社会、歴史的な背景、政治的な意識、さまざまなものを包摂している。原作をこのように定義したうえで、翻訳を翻訳者の作品として分析し、翻訳者、つまり幸恵と真志保が翻訳を通じて送ろうとしたメッセージを読み解いていく。(2)(3)

本稿では、さらに、パフォーマンスとパフォーマーという観点を取り入れる。(4)アイヌの口頭伝承にそもそも付随していたパフォーマンスは、どのようにして翻訳可能になるのか。口頭伝承を日本語に翻訳する過程で生じるダイナミズムと、文化的背景を含むパフォーマンスの翻訳と詩的言語を用いたパフォーマティヴ・ライティングという観点から二人の翻訳を比較し、ダイナミックな伝承として二人の神謡訳を論じてみたい。

1　知里幸恵とテクストの背景

一八六九年に明治政府が「蝦夷」を北海道と改称し、北海道を日本の一部に組み込んだ。明治政府は、川田の言葉を借りるならば「文字を必要としなかった社会(5)」であったアイヌの社会を「未開社会」と位置づけ、同化政策を推し進めたのである。

一八九九年に明治政府は、「北海道旧土人保護法」を制定、「旧土人学校」への就学にそれまで以上に力を注ぎ、アイヌには日本語を強制する形で、教育＝教化を行った。この同化政策によって、アイヌにとってはそれまでの習慣を維持することが、とても困難な状況が生まれていた。一方で、同化政策とはうらはらに、以下に引用する幸恵の文章からもわかるように、アイヌを特別視する多くの差別が存在していた。

この度区立女学校に入学いたします。（タクサンオイワイシテチョウダイナ）〔……〕三日か四日か二日にはきっとタイムスにも出るでせうから大きい目をうんと開けて御覧下さい。先づ先に『此の中に第四位にて入学せる知里幸恵は旧土人なり』って書いてありますからハボなんか目ひっくりかえして腰ぬかすかもしれませんからお気をつけなすって(6)（二六頁）

これは、一九一五年に幸恵が両親に宛てて書いた手紙の一部である。この手紙には、女学校に合格した者の「出自」が新聞に掲載されることが書かれているのである。ここに幸恵の少女時代を取り巻いていた同化と排除のシステムの一端をみることができるだろう。

このように、同化政策を受けながら、特別視（差別と置き換えられる）されるという複雑な立場の必然的な結果として、一九世紀末になると、アイヌのなかから、文字を用いて、伝記を書く者、短歌を書く者、アイヌの口頭伝承を自ら日本語に翻訳し活字化する者がでてくる。語学に堪能だった幸恵は、金田一京助との出会いをきっかけに、アイヌの口承を日本語訳にすることを決意し(7)、上京した。金田一のもとで、翻訳を手がけた『アイヌ神謡集』は彼女の死の翌年一九二三年に出版された。

『アイヌ神謡集』には十三編の神謡がおさめられている。幸恵は、口頭で語られていた物語を、ヘボン式ローマ字を用いてアイヌ語に文字化していくが、このときの語り手が誰だったのかは明示されていない。しかし、真志保の記述から、幸恵の原作となった語り手は、祖母や伯母だったことがわかる(8)。姪の横山（知里）むつみによれば、幸恵は、幌別の山間の畑で、二年ほど祖母のモナシノウクと二人で生活をしていたことがあり、「祖母はアイヌ語で暮らしてきた人なので、日本語は日常使わなかったようだ。それゆえ、幸恵がこの祖母と暮らした二年間はアイヌ語という母語を中心にした生活をしたことになる。モナシノウクはユーカラクル（ユーカラを語る人）として有名な人だったから、幸恵の五、六歳の時の環境は、アイヌ語についていえば、本来のアイヌ社会とほぼ同じ状況を体験できたといえる」(9)。幸恵は、真志保が生まれた一九〇九年から、今度は旭川で伯母の金成マツと祖母のモナシノウクと一緒に暮らすことになった。彼女は、伯母と祖母のもとで、アイヌ語とアイヌの口頭伝承を聞いて育っていた。つまり、幸恵は今でいうバイリンガルであったのだ。当時の幸恵の様子を知る手がかりは彼女が家族や金田一に書き送った手紙と日記である。

金田一は、「全紙真赤になるほど朱の圏点《けんてん》で埋まっている作文は、立派な美文で、文法や、仮名遣や漢字の字画までも、厳正そのものであって、いくら探しても誤りを見出すことが出来ない程の出来だった」と語り、金成マツが幸恵はアイヌのユーカラを解すことを金田一に説明したときの状況を次のように語っている。

「ではユーカラなど解りますか?」と、私は「まさか」と思いながら冗談に云うと、マツさん、「え、え―自分でもちっとは真似ているのです」と云う。驚いて「おお、そうですか」と私は答えたものの、腹の中では「どうも親の欲目ではないか知ら」という気があって、しっくり受け容れなかった。が此《こ》れは正真正銘その通り、少しのおまけも無い所だったことが後《のち》に知れた。(10)

これらの事実が示すのは、幸恵の日常生活の中に口承の世界が存在していたということである。幸恵は、いわば彼女の日常の一部であったアイヌ神謡をどのような日本語に翻訳したのだろうか。

「ピイトントン、ピイトントン！
お前は、小さい、狼の子なの
さ。」
云い終ると直ぐに海へパチャンと飛び込んだ。
あと見送ると一つの赤い魚が
尾鰭《おびれ》を動かしてずーっと沖へ
行ってしまった。
　と、幼い狼の神様が物語りました。
（「小狼の神が自ら歌った謡『ホテナオ』[11]」九三頁）

幸恵は、それまでのアイヌ研究者の神謡訳とは異なり、翻訳の言語に口語を用いた。幸恵の日記や手紙を読むと、彼女のアイヌ神謡訳には、彼女の日常の書き言葉がそのまま用いられていることに気づく。

みんなが出てからあとをのこ〳〵出かけると、此の列車は途中で二台もついだんですから、長い事く〳〵、そして出るわく〳〵、大したものです。私はもちまえの遅足行進で石畳をこつ〳〵と踏んで来ると改札口へ出ました。ふところから切符を出すまでは、私は、足下ばかり見つめていました。目が疲れているのに、あまりキョロ〱すれば体裁がよくないし、小さい眼が大きくなるといけないからです。そして、湯の滝さんの絵図面を思出してヒョイと顔をあげると、そこには、ニコ〱した金田一先生が立っていらっしゃいました。（大正十七年五月十七日）

一人で初めて東京へ出てきて、上野駅に降り立ったときのエピソードである。よどみのない口語で叙事的に記述される体験記は、まるで読み聞かされているような臨場感がある。彼女の翻訳によく用いられるオノマトペや口頭伝承の特徴である対句も多く用いられ、謡うように書かれているのである。

先述したように、幸恵にとって神謡の世界（これを原作と置き換えることができる）は、幸恵の日常的な空間に存在していた。それだから、幸恵にとっては、神謡がアイヌ語の雅語で語られていても、日本語に翻訳する際には日常の書き言葉で綴ることが自然であったということになる。彼女はアイヌ神謡の一つの伝統というべき雅語には重きをおかず、むしろ日常的な空間に重きをおき、神謡の世界を、彼女の日常性から切り離すことなく、連続性をもった訳にしたのである。

2　知里真志保とテクストの背景

知里真志保は幸恵とは異なり、基本的には幌別の両親のもとで育った。ただ、彼も幸恵が上京するまでの一年間だけ旭川で祖母、伯母や幸恵と暮らしている。しかし、本人にいわせれば、第一言語は日本語で、アイヌ語は高校に入学してから意識的に習いはじめたという。(12) 真志保は、金田一京助に勧められ、東京の第一高校への進学を決めて、その後、東京帝国大学へと進学した。

真志保は、アイヌ語概説や辞典作成など言語学の専門家としての作品も多くあるが、アイヌの口頭伝承訳も数多く手がけており、初めてアイヌの口承訳を活字化したのは「山の刀禰浜の刀禰」（一九二七年）である。[13] 大学時代の一九三七年には単著で『アイヌ民譚集』も刊行している。[14] 真志保は、「山の刀禰浜の刀禰」以来、ほとんどアイヌの散文物語ばかりを訳していたのだが、一九五〇年代に入るとアイヌ神謡訳を精力的に手がけるようになる。[15] 真志保の一九五〇年代の神謡訳の第一弾は、『野性』に掲載された、幸恵の「梟の神の自ら歌った謡『銀のしずく降る降るまわりに』」（以下「梟の謡」と省略）の補注で、[16] タイトルは彼によって「銀のしずく降れ降れまわりに――ふくろう神が自分を歌った歌」（以下「ふくろう神」と省略）と変更されている。その後、真志保は、「ふくろう神」を、筆者の知る限り三回再訳している。[17] 『野性』版は、幸恵版と同様に対訳の形式をとっており、アイヌ語の原文がローマ字表記で掲載されている。

しかし、一九五五年の『かむい・ゆかる』になると、アイヌ語の原文は掲載されておらず、あくまで日本語訳が主役となって紙面に現れる。そして、詩人である小田邦雄との共著である一九五六年の『ユーカラ鑑賞』では、神謡訳は現代の詩となって表現されることになる。

「ふくろう神」については、次項で詳しく論じるので、ここでは、「沼貝が所作しながら歌った神謡」から真志保の翻訳を引用してみよう。これは日照りに苦しむ沼貝が文化神であるオキキリムイの妹に助けてもらい、恩返しをする物語である。

「誰か来て
私たちに水を飲ませて
助けてくれないかなあ。
おゝ　痛い
おゝ　苦しい。
水だ、水だ！」

私たちが泣き叫んでいますと
娘さんは
神様のような美しい様子で
私のそばへ来ました。(18)

原文のテクストが掲載されていないと、語学のテクストとしては、使用できない、またはアイヌ語の存在が消えてしまうという批判もあるかもしれないが、原文を掲載しないことで、現代の詩のスタイルで記述されている神謡訳が、非常に生き生きと映るという別のポジティブな側面もある。また、「おゝ痛い／おゝ　苦しい。／水だ、水だ！」といった切羽詰った感情を表している箇所を、現代の詩の形式で行わけし、「おゝ」の後ろを一語空白にして、間を表現することで、苦しいという気持ちが読み手に肉薄してくる。さらに、会話文の冒頭で、通常の文章よりも空白を一つ余分にあけているので、脚本的な効果が生まれ、演劇的なやり取りを想像させる。対訳形式でないからこそ、神謡訳が、新しい現代の詩として生まれ変わるのである。

幸恵が翻訳に用いている言語が、彼女の日常の書き言葉であったことはすでに述べた。それでは、真志保の翻訳語は、彼にとってどのような言葉だったのだろうか。

僕ハ物事ヲ大キクシテ考ヘル癖ガアル。例ヘバ、一寸シタ精神的打撃デモ、ソレガ自分ヲ滅シテ了フモノデアルカノ如ク考へ、一寸シタ小言デモ、イッソ死ンデ了ッタ方ガイイト思フ程気ヲ腐ラシテ了フ(19)

第一高校在学中(一九三〇―三三年)に書かれたこの日記には、アイヌであることは全く罪悪ではないのに、アイヌであることで、迫害や侮辱を受けなければならなかった真志保の苦しい思いが、硬い文体で描かれている。

次に、樺太滞在中(一九四〇―四三年)に書かれたフィールドメモを見てみよう。

27日〔……〕7時□分の汽車にて小田寒駅下車□約□分〔間〕/に昼食ヲトル。雨ハスッカリハレテ近頃ニハナキ快晴□小田寒の/坐歌ニイロイロ□〔豊原〕ニハナイ品物(ゴムマリなど)発見し些か/感あり。

〔……〕

2日□曇□蒸し暑い□敷香　〔ハ2日18日定休〕□午前9時／半中〈央〉試〈験所〉へ行く。[20]

必要事項をまさしくメモしている印象の文章であるが、「些か感あり」といった一言に、新しい発見をした真志保のうれしい気持ちを読みとることができる。

最後に真志保が友人の詩人である枯木夫妻に宛てて、一九五〇年代に書いたはがきを見てみよう。

〔……〕先日ハPEN8号御恵送いただき感謝しております。小生ハまことに散文的な人間で　詩ハさっぱり分からないのですが、枯木さんの詩だけは、読んでいて実に楽しく気持がよい。時時詩集羆を何となく開いてみています。〔……〕（一九五七年七月三一日）[21]

気のおけない友人に宛てて書かれた文体には親しみがこもっている。しかし、いずれの文体も、先に引用した神謡訳に用いている童話のような言葉使いと比べると、雰囲気がまったく違うし、オノマトペも用いられていない。つまり、真志保の日記、メモや手紙の文体は、彼のアイヌ神謡訳の文体とはかけ離れているのである。両親のもとで多くの時間を過ごした真志保の日常生活の中にはほとんど存在していなかったであろう神謡を、彼は、非日常的な書き言葉を用いて翻訳したことになる。

真志保の育った環境と、彼にとっては、非日常的な書き言葉を、日本語訳に用いていることを考えると、彼にとって神謡は、むしろ異空間、異次元、異世界であったことがみえてくる。語り手が動物神に成り代わって謡うアイヌ神謡のように、自分とは異なる何かになり、日常言語とは異なる文体で訳し、つづる。そのとき、真志保は、幸恵の文体にミミックしながら、日常の自分とは異なる、内なる他者が訳文を書いていたのである。

真志保は一九三七年の『アイヌ民譚集』の後記で、彼の出身地である幌別村に関して次のように書いている。

〔……〕これを私の郷里――北海道胆振《イブリ》国幌別《ホロベツ》郡幌別村――だけに就いて云うならば、そこでは最早、炉ぶちを叩いて夜もすがら謡い明かし聴明かす生活は夢と化し、熊の頭を飾って踊狂う生活に至っては夢の又夢と化してしまった。新しい社会に於ける経済生活の圧迫や、滔々として流込む物質文明の眩惑は、彼らをして古きものを顧るに遑なからしめた。生活の凡ゆる部門に亘って、「コタンの生活」は完全に滅びたと云ってよい。(22)

ここにアイロニーと共に表現される真志保の喪失感がある。彼も経験していたかもしれない、または日常となっていたかもしれない「謡い明かし聴明かす生活は夢と化」した。真志保にとっては夢と化した「本来のアイヌ社会とほぼ同じ状況」を日常の空間の中にもちえた姉の幸恵、それに対して、真志保は彼女の体験を追体験するように、幸恵の文体、そして彼にとっては非日常語の文体で訳し、つづったのである。

3　伝統と創造

銀のしずく降れ降れまわりに
金のしずく降れ降れまわりに

これは、真志保訳「ふくろう神」の冒頭のリフレインである。そもそも「銀のしずく降る降るまわりに　金のしずく降る降るまわりに」というリフレイン訳を用いて、この神謡をはじめて日本語に訳したのは幸恵であった。幸恵のリフレイン訳は、後の人々が幸恵の「文学性」を賞賛する象徴ともなったが、「ふくろう神」の訳のなかでも、真志保と幸恵の翻訳がとりわけ人目をひくかたちで異なっている箇所でもある。訳語の正しさについて、アイヌ語学者は、アイヌ語の原文である"ran ran"という動詞は「降る降る」でも「降れ降れ」でもどちらの解釈も正しいとする。[23]けれども、真志保にとってこの訳し変えは重要な意味を持っていたのである。

真志保は、神謡には必ずリフレインがあると説いていた。「銀のしずく降れ降れ」を初めて掲載した『野性』において、彼は、このリフレインの特徴を、(1)主人公たる神の歌声（動物なら鳴声）、(2)主人公たる神の動作の表現、(3)その神謡の事件あるいは場面を象徴的に示す文句、(4)身振りまたは踊に伴う掛声、と四つに分け、「フクロー神」は(3)に分類されるとしていた。そして「すなわちフクローの神様が深夜貧乏人の家の内部を美しく飾りつけるために「銀のしずく降れ降れ金のしずく降れ降れ」と歌いながら舞うた場面をこれは示すのである」と解説した[24]。さらに、五年後に刊行された『ユーカラ鑑賞』においても、同様にリフレインの特徴を解説しているが、（3）と（4）の間に新たに一つ付け足していた。新たに挿入された（4）には「フクロー神の神謡の折返に『シロカニペ・ラン・ラン・ピシカン・コンカニペ・ラン・ラン・ピシカン』（銀のしずく　降れ降れまわりに・金のしずく降れ降れまわりに）――と云う、まことに情緒あふれた折返があるが、これはフクロー神の呪術的歌ごえでもあり、また作品を情緒的に支えた詩的精神の象徴として、きわめて注目されるものがある」とある（強調引用者）[25]。この新たに付け足された解説から、真志保が、リフレインが呪術的な歌声であることをより強調しようとしたことがわかるのである。彼は、神謡の起源について、「神巫者に乗りうつって発する託宣から発達したもの、夢のお告げや祭儀の際に演じられる習いだった原始的舞踏劇に於て神に扮した者が所作しながら自ら歌う歌謡から発達したものもあるらしい」と説いていた[26]。

　つまり、ふくろう神は「銀のしずく降れ降れ」という呪文を唱えながら、昔は長者で今は貧乏になってしまった心根の良い家族に、宝物を降らせて、元の長者にもどしてあげたのであって[27]、幸恵訳の「銀のしずく降る降るまわりに」では、この言葉がふくろう神の呪文であるということが読者に伝わりにくいと、真志保は考えたのだろう。ふくろう神が「ふるふる」と歌うのだとすると、銀のしずくが降っている光景を見ながらふくろう神が歌っているという誤解を読者にあたえかねない。しかし、真志保の理解によれば、その銀のしずくは、ふくろう神が自らの祈りで降らせているのである。真志保にとっては、神謡はもともと巫者の託宣から始まったものであり、呪術的な意味をもつ。それだから「降る降る」ではなく、祈りをこめて「降れ降れ」と訳さなければならなかったのである[28]。

真志保と幸恵の訳を考察していくと出会う、二人の神謡訳の微妙なちがいは、どこに由来するのだろうか。

すでに述べたように、幸恵にとって口頭伝承の世界は、古代の巫者の世界ではなく、実際に幸恵の生活の中で繰り広げられる日常的な世界であったのである。彼女にとっての翻訳とは、彼女が実際に聞き伝えられた神謡の世界、つまり祖母や伯母が彼女に語って聞かせた世界の物語、空間、感覚、感触の再現であったのだ。

一方、真志保にとっては、彼を取り囲む社会には、すでに存在していなかった、古代という時代に巫者の託宣として謡い踊られたと彼が信じた神謡であり、真志保は神謡が生まれて、彼に届くまでの間の無数の無名の語り手のパフォーマンスを含む「アイヌ文化」の再現/再演、そして、自らの喪失感をうめるように、神謡があゆんできた歴史性を織り込んだ翻訳を、幸恵の文体を借りながら目指したのである。[29]

ここに幸恵と真志保の原作の異なりをみることができるだろう。幸恵の文体にミミックしながら、自分なりの創造性を神謡訳に織り込んでいく真志保。創造性は伝統をくり返し模倣することから生まれる。幸恵が、祖母や伯母からくり返し聞いて、何度も訳しなおして作りあげた日本語の口語訳のアイヌ神謡は、すでに口承ではなく文字化されたという点でも「伝統」からはずれているのだが、しかし、それらは、確かにアイヌ神謡なのである。そして幸恵のスタイルを引き継ぎながらも、自分の研究の成果という創造性を織り込んだ真志保の翻訳もまたアイヌ神謡なのである。ここには、姿形を変えても神謡を残そう、伝えようとする二人がいる。二人にとっては、神謡が変化を遂げながらも未来に伝えられていくことが重要だったのである。

4　翻訳とパフォーマンス

アイヌ神謡とは、本来四音節から六音節の韻を踏んで雅語で語られ、サケへと呼ばれるリフレインをともない、サケへの合間に物語を織りこんでいく、真志保によれば比較的短い、神の自叙の謡である。萩中によればアイヌの口頭伝承は、「語り継がれていく間に変容する。一定のルールさえふまえていれば、伝承者自身の人柄や、得意、不得意などによっても変る。回を重ねるたびに幅も広がり、文芸的に発達することも多い。同じ伝承者でも、時を経て語ると、違うものを聞くような気さえすることがある。また同じモチーフのものを男と女が語る場合の違いもある[30]」。萩中が指摘しているように、共同体の社会相互的な関係の中で、複数の語り手によって語り継がれてきたアイヌの口承は変化をともなう。また、口承には観客との動態的なやり取りや、語り手の身振りや語り手がリズムをとるといったパフォーマンスが付随する。このように動態的で変化に富むアイヌ神謡を語り継ぐことが非常に困難な時代に幸恵はローマ字に、そして日本語に翻訳したのである。

幸恵の神謡訳の特徴は、真志保が一九五六年の『ユーカラ鑑賞』の序文で強調したように、生き生きとした口語で訳されていることであるが、オノマトペ[31]を用いることも彼女の翻訳の特徴であった。「狐が自ら歌った謡『ハイクンテレケ　ハイコシテムトリ』」から引用してみよう。これは、狐の神が、人間に悪さをして暴風を起こし、オキキリムイによって矢で射られ、上顎の骨をオキキリムイの便所に、下顎をオキキリムイの妻の便所の礎に使われ、最後に「私のからだは土と共に腐ってしまいました。それから夜でも昼でも悪い臭気に苦しんでいる中に私はつまらない死方、悪い死方をしました。ただの身分の軽い神でもなかったのですが大変な悪い心を私は持っていた為なんにもならない、悪い死方を私はしたのですからこれからの狐たちよ、決して悪い心を持ちなさるな」（五二―六三頁）と語る戒めの物語である。

Tapanesannot moshiresani kamui esani
tapkashike too heperai too hepashi
koshneterke chikoikkeukan matunitara
nitnepause pausenitkan chikekkekekke
tapan petetok chinukannukar shirwen nitnei
chihotuyekar, [...]

この岬、国の岬、神の岬
の上をずーっと上へずーっと下へ
軽い足取りで腰やわらかにかけ出しました。
重い調子で木片をポキリポキリと折る様にパーウ、
　パウと叫び
この川の水源をにらみにらみ暴風の魔を
呼びました。　（五〇―五一頁）

テンポの良い口語とともにオノマトペがリズムを刻む。オノマトペである「パウパウ」というフレーズがでてくるのは、この物語の中で三回ある。このフレーズはいずれも、狐の神様がムラムラと悪い心を起こし、暴風の魔を呼ぶ場面に登場する。幸恵は、nitnepause に注をつけて、「pau. 狐の鳴声の擬詞」であると解説している。一回目のフレーズは、「重い調子で木片をポキリポキリと折る様にパーウ、／パウと叫び」、二回目と三回目は、「重い調子で木片がポキリポキリと折れる様にパウ／パウと叫び」と変わっている。アイヌ語が同じであっても、日本語訳は「パーウ、パウ」、「パウパウ」と変化する。最初の「パーウ、パウ」は、一度遠吠えのように「パーウ」と鳴いてから「パウ」ともう一声鳴き、暴風を巻き起こす狐の姿が浮かぶし、二回目三回目の「パウパウ」はより興奮して、さらに強い暴風を巻き起こそうとする狐が叫んでいる姿が目に浮かぶ。この日本語訳の微妙な変化は、幸恵が狐の声音が変化する様子を、書き言葉で表そうとしたことを示しているのだろう。

「小狼の神が自ら歌った謡」という神謡では、人にばけてとりつき、癇癪をおこす小男＝炉縁魚と小狼の問答が描かれている。

“Pii tuntun, pii tuntun!
tan hekachi wen hekachi eiki chiki,
tan esannot teeta rehe tane rehe
ukaepita eki kushnena!”

「ピイピイ
この小僧め悪い小僧め、そんな事をするなら
この岬の、昔の名と今の名を
言い解いて見ろ」
（八六―八七頁）

この引用文で「ピイピイ」と訳されている“Pii tuntun, pii tuntun!”というフレーズは、全部で四回出てくる。いずれも小狼に腹をたてた小男＝炉縁魚が問答をふっかける最初の一言に使われていて、“Pii tuntun, pii tuntun!”というアイヌ語は四回とも変わらないが、日本語訳になった場合には、一回目が「ピイピイ」、二回目が「ピイトン、ピイトン」（八九頁）、三回目と四回目が「ピイトントン、ピイトン

トン」（八九、九一頁）と変化する。「ピイピイ」よりも「ピイトン、ピイトン」、「ピイトン、ピイトン」よりも「ピイトントン、ピイトントン」のほうが、興奮して、真っ赤な顔で、怒りを増大させ、神経質に声を荒げながら、話す小男＝炉縁魚の様子が目に浮かぶ。この言葉遣いの変化も、幸恵が小男の口調が変わったことを表そうとしていたことを示している。(32)

一方で「小オキキリムイが自ら歌った謡『クツニサ クトンクトン』」と「小オキキリムイが自ら歌った謡『この砂赤い赤い』」という物語で三回用いられているchopopatki：「パチャパチャ」というオノマトペは、アイヌ語も日本語訳もそのままである。

このように、幸恵の『アイヌ神謡集』には、アイヌ語の言葉も日本語の訳も変わらないオノマトペもある一方で、アイヌ語の言葉が変わらないのに、日本語訳が変化する言葉もある。これは、物語を語る場合には、同じ「ピイトンピイトン」というフレーズでも、声色や声の高さや大きさを変えることによって、その変化を聞き手に伝えることができるが、書き言葉の場合にはそれはできないので、幸恵がアイヌ語を日本語の書き言葉に訳す際に、口承が語られる場を、よりリアルに再現するために、意識的にオノマトペの日本語訳を変えていたことを示しているのではないだろうか。

中川は、「『ユーカラ鑑賞』では、「主人公の狼神の子が歌う部分は一句一句『ホテナオ』という折かえしをつけて歌うが、途中で小男『実は炉ぶち魚』が歌うくだりはすべて『ピイツンツン・ピイツンツン』という折かえしになる」とある。それを裏づけるように、両者の語りとも、叙述者（物語のせりふの主体）が交代するのに合わせてサケヘが入れ代わる」と指摘している。(33)

幸恵は読み手に、語り手の口調が変わること、または変わらないことを伝えるために、オノマトペの表現を変えたのだと考えることができるだろう。

　幸恵は、語られるときの動物の鳴き声や人間の声の抑揚を意識しており、それらをどのように日本語訳に残すのか、試行錯誤をくり返していた。彼女は口承が語られる日常的な空間を、祖母や伯母との親密な空間に用いていた日常語を使って、口承に含まれるオノマトペを織りまぜつつ、日本語に訳したのである。このような記述が臨場感あふれる文章となり、読み手に物語のイメージを与える翻訳となった。オノマトペは、あとで言及するように、意味するものと意味されるものが必ずしも特定されないという特徴をもっており、多義的に解釈されうる。オノマトペを多く用いることで、言葉と意味の結びつきを混線させ、読み手に独自の解釈をうながすというパフォーマティヴィティが生まれる。

　つまり幸恵は、口承が語られる場のリアリティを日本語訳で表現する一つの手段としてオノマトペを用いたのだと指摘することができる。

　それでは、真志保は、オノマトペというツールをどのように用いたのだろうか。[34] 真志保が幸恵と同じ神謡を訳している「蛙が自らを歌った謡　トーロロ　ハンロク　ハンロク」（幸恵版）、「カエルが所作しながら歌った神謡」（真志保版）をみてみよう。


　ある日に、草原を飛び回って／遊んでいるうちに見ると、／一軒の家があるので戸口へ行って／見ると、家の内に宝の積んである側に／高床がある。（幸恵訳、一二九頁）

幸恵の訳自体は滑らかであるが、アイヌ語との対訳になっているために、行わけの箇所が独特で、結果的に日本語が途切れてしまっている。

ある日／私は草原をぴょんぴょん飛んでいるうちに／ふと見ると／一軒の家があった。／戸口へ行ってのぞいて見ると／家の中の宝壇のてまえに坐り台がおいてあり〔……〕（真志保訳、二四四頁）[35]

真志保の『ユーカラ鑑賞』に掲載された訳は、共著者で詩人の小田邦雄の助言もあったのか、新たなオノマトペの挿入もあり、日本語がより滑らかに、動態的になっている。

もう一つ「梟の謡」（幸恵訳）と「ふくろう神」（真志保訳）の翻訳を比べてみよう。

「銀の滴降る降るまわりに、／金の滴降る降るまわりに。」という歌を／歌いながらゆっくりと大空に／私は輪をえがいていました。貧乏な子は／片足を遠く立て片足を近くたてて、／下唇をグッと嚙みしめて、ねらっていて／ひょうと射放しました。小さい矢は美しく飛んで／私の方へ来ました、それで私は手を／差しのべてその小さい矢を取りました。／クルクルまわりながら私は／風をきって舞い下りました。（「梟の謡」一五頁、強調引用者）

「銀のしずく降れ降れまわりに／金のしずく降れ降れまわりに」／という歌を、歌いながら／ゆらゆらと大空に／私は輪をえがいていました。／貧乏人の子は／片足を遠く立て／片足は近く立てて／下の唇をぐっと呑みこみながら、／ねらいをつけていましたが／やがて／ひょうと射放しました。／その小さい矢の飛んでくる姿が／きらきらと光ります。／それを見ると／私は手をさしのべて／その小さな矢をつかみ取り／くるくると廻りながら舞い下りると、／私の耳もとで／風がひょうひょうと鳴りつづけます。（「ふくろう神」一五―一六頁、強調引用者）

幸恵はオノマトペをところどころカタカナで表記しており、日本語に固有である三種類の書き文字を駆使して視覚に訴えている。強調部を見るとわかるように、二人とも翻訳の中にオノマトペを用いている。真志保がアイヌ神謡を精力的に日本語に訳しはじめる背景に詩人とのかかわりがあったことがわかってきている。実は、オノマトペの多用は、幸恵の文体へのミミックというだけではなく、『ユーカラ鑑賞』の共著者であった象徴詩人小田邦雄を含む、真志保と同時代に札幌を拠点に活動していた詩人たちとの相互的な関係がかかわっていたといえそうだ。オノマトペは普段意識に表れない過去の知覚や印象の記憶を刺激し、時に音素の類似性をもつ異なるオノマトペと接合し、感覚となって新たに身体に遅延して蘇ってくる効果をもつ[36]。小田は象徴語であるオノマトペを多く用いた詩を書いていた。誤解をおそれずにいうならば象徴詩人の試みとは、オノマトペのような音楽的、または暗示的な方法でイメージを喚起させ、直接つかみにくい、音楽性や感覚などを表現しようとするものである。もともとは、謡い、演じられていたパフォーマンス性を文字で表現するのに、象徴詩人の詩論は真志保にとって有効であったのだ[37]。さらに、オノマトペは、「記号としての約束の社会的な承認を経ないで、個人の感覚や想像力によって、つねに新しい動機づけを可能にするものを孕んでいる」[38]。すでに述べたように、オノマトペは受け手の感性に訴え、その意味が読者によって多様に理解される可能性をもつ。ヤコブソンは、そのような言葉と、意味の自動化をとめ、新しい思考をうながす言葉に「詩性」をみたが、オノマトペは、多くの詩人たちに、詩性を生む詩的言語として用いられていたのである。

幸恵は日常の書き言葉に用いていたオノマトペを、アイヌ語の原文からの翻訳というだけではなく、アイヌ神謡のもつ、音調の変化を書き言葉に翻訳するためのツールとしても用いた。そして、真志保は幸恵の文体にミミックしながら、詩人たちが模索していた詩的言語でもあったオノマトペをさらに意識的に翻訳に用いたということが指摘できる。つまり、パフォーマンスとパフォーマティヴィティに敏感であり自覚的であったのだ。

真志保は、神謡のリフレインの多くが、主人公の動作や、動物の鳴き声、つまりオノマトペであると解説していた。オノマトペは、神謡の主人公へのミミックであり、そもそも真志保は神謡の翻訳にあたって幸恵の文体をミミックしていた。真志保は多層なレベルでミミックを繰り返しながら、パフォーマティヴな翻訳を行ったのである。

本稿では、知里幸恵と知里真志保のアイヌ神謡訳を取りあげ、翻訳、原作、パフォーマンス、パフォーマティヴィティという観点から検討してきた。姉の残した神謡訳のスタイルを引き継ぎつつ、自分なりのこだわりも翻訳に織り込んでいった真志保は、伝統を引き継ぎつつ、創造性という名のエッセンスを織り込み、自分なりの伝承として伝えようとしたのである。つまり、真志保も幸恵もそれぞれの異なった時代背景、環境のなかで、二人なりに、神謡をダイナミックに伝承しようとした。アイヌ語で話し、アイヌ語で口頭伝承を伝え続けることが困難な時代に生きた二人は、それぞれが口頭伝承の原作を書き綴ることで未来にたくそうとしたのである。そして、伝承は、十人十色の方法で、確実に未来に受け継がれている。

日本における先住民族にかかわる運動や思考は、これからどのような方向へ進んでいくのだろうか。アイヌの「主体」的な意志が重要視される今、アイヌとして多くの作品と言葉を残した知里真志保を多角的に分析、研究することは、何かの指標を見出す可能性を秘めていると思われる。私は、彼をスターに仕立てあげようとしているのではない。そうではなくて、彼の作品に、言葉に秘められた多くの可能性を考究する意義は大きいと考えるし、考究されるべきことがまだ多く残されていると思うのである。もし、そこに真志保の可能性ではなく限界を見るのなら、それこそが、後に生まれた者の特権であり、越えていくべきハードルなのだろう。

【謝辞】本稿を執筆するにあたって、石原誠氏（サッポロ堂書店）、奥村亜紀氏、児島恭子氏（そして「アイヌ語の世界」の生徒のみなさん）、出村文理氏から資料等のご教示をいただきました。感謝してここに記します。

注

（1）特に明治以降、日本でも翻訳のありかたについて、さまざまな議論が行われてきたが、翻訳が原作に対する忠実な模倣だと、または忠実な模倣であるべきだと考えられることも少なくない。現代の日本においては、しばしば、自然な日本語訳を犠牲にしても、逐語訳であることが、原作の忠実性だと考えられている（Judy Wakabayashi and Masaomi Kondo, “Japanese Tradition,” Mona Baker, ed., *Encyclopedia of Translation Studies*,

London: Routledge, 1998, pp. 492-493)。

（2）筆者のいう翻訳者とは文学者の意味ではなく、人類学のトリックスターや媒介者という意味により近い。

（3）翻訳には翻訳者が何を原作から受け取り、何を翻訳の言葉に訳したいのかという翻訳者の意志が必ず介在している。この文脈においては、翻訳はただの模倣にはなりえないし、翻訳者も透明な存在ではありえず、翻訳から翻訳者のメッセージを受けとることが可能になる。

（4）近年、欧米で広がりをみせているトランスレーション・スタディーズでも、イスラムの口頭伝承を文字に翻訳する作業を行いながら、文化人類学における文化の翻訳と言語の翻訳に必然的に付随する文化の翻訳との接点に焦点をあてて、「良い翻訳」は読み手の創造性を借りてパフォーマティヴになりうることを論じるイブラヒム・ムハウィの研究は刺激的で、私の関心にも非常に近い。しかし、私の関心は、読み手の創造性からのみ生まれるパフォーマンスではなく、むしろ翻訳者のパフォーマティヴィティや翻訳者が意図的に読み手に仕掛けるパフォーマンスにある（Ibrahim Muhawi, "Towards a Folkloristic Theory of Translation," Theo Hermans, ed., *Translating Others*, vol. 2, Manchester: St. Jerome, 2006, pp. 365-379)。

（5）川田順造は、アフリカ以南のブルキナファソのモシ社会に関して調査を進めていくうちに、最初はこのモシ族の社会を「無文字社会」と性格づけていたが、「これは『文字』をもつことを、人類文化の一つのある達成段階と見、文字をもたない社会を、その欠落した『無』という否定的修飾語で規定するものであったといえる。だが、その後、彼らの音や身体による表現の豊かさ、自在についての認識が深まるにつれ、私は彼らの社会を『無』という欠落によって規定するのではなく、『文字を必要としなかった社会』という、それ自体ある種の充足を示す言葉で性格づけるべきではないかと思うようになった」という（『コトバ・言葉・ことば』青土社、二〇〇四年、二八一―二八二頁）。

（6）知里幸恵が家族や金田一に宛てて書いたはがきや手紙、そして日記が『遺稿　銀のしずく』（草風館、一九九六年）として刊行されている。以下、引用は、頁数のみ本文に示す。

（7）幸恵は、口頭で語られていたアイヌ語を、文字（ローマ字）に書き写し、それを日本語に訳した。この時点ですでに少なくとも二重の翻訳を経ている。

（8）知里真志保は『続アイヌ神謡集』の冒頭で「ここに納めた神謡はいずれも胆振国幌別町字本町出身の金成マツ（私の母の姉）から聞いて書いたアイヌ語の原文から訳出したものである。伯母はこれをその母から聞き伝えたのだという。亡姉知里幸恵の『アイヌ神謡集』に載っている十三編の神謡は、著者は特にことわってはいないけれども、やはり幌別の神謡であり、亡姉はこれを近文（旭川）のコタンで祖母や伯母と一緒に暮らしている間にやはり幌別生まれの祖母から聞き伝えたのである」と解説している（「アイヌの神謡（一）」［一九五四年］、『知里真志保著作集』一巻、平凡社、二〇〇〇年、一六九頁）。

（9）横山むつみ「知里幸恵ゆかりの地」、知里森舎編「知里幸恵ノート」刊行部編『付・「知里幸恵ノート」解説』知里森舎、一六頁。

（10）金田一京助「胸打つ哀愁」（一九三七年）、『ユーカラの人びと』平凡社、二〇〇四年、一三八頁。

（11）知里幸恵編訳『アイヌ神謡集』（一九二三年）、岩波文庫、一九七八年。以下、引用の頁数のみ本文に記す。

（12）真志保は『アイヌ民譚集』の後記に「私が意識的にアイヌ語を学び始めたのは、実は一高へ入ってからのことである」と記している。（『アイヌ民譚集』岩波文庫、一九三七／一九八一年、一六九頁）。

（13）「山の刀禰浜の刀禰物語」は、一九二七年に雑誌『民族』二巻四号に掲載された。冒頭には金田一京助の解説があり「真志保さんのお祖母さんは、現存するアイヌ随一の伝承者である。それに阿母さんと伯母さんとは、両国語に精通し英語の下地さえもたれて、真志保さんはさながら生きた辞書を持たれているようなものである。此事業に取っては、真志保さん程恵まれた人がなく、見様によっては、真志保さんこそ、全アイヌの為に遣わされた、かけがいの無い唯一人であるように見える人である」と書いている。このとき、真志保はまだ中学生であった。おそらくは、金田一が仲介となり、真志保の口承訳が『民族』に掲載される運びとなったのだろう。

(14)『アイヌ民譚集』は真志保が東京帝国大学大学院に入学した年（一九三七年）に刊行された。序文はやはり金田一京助によるもので、刊行の経緯を「今までは、律語だけが本になって、本当の同族の人の手に成るアイヌ語の散文というものが世に出ていなかったから、その点で、これは渇望の清水の様な新鮮さと尊さがある。取り分け、アイヌ語入門のためには、順序として先ず味わる《〔ママ〕》べき最初の楷梯でもあるので、神謡集を出された郷土研究社の岡村千秋氏が、ぜひにと勧められるままに公刊することになったのである」（岩波文庫、一九八一年、一〇頁）と説明している。

(15) 知里真志保が特に一九五〇年代から精力的に神謡の翻訳を行ったことの背景には、北海道を拠点に活躍していた詩人たちとのかかわりがあったことが筆者の調査からわかってきている。佐藤＝ロスベアグ「『知里真志保と詩人たち』を論じるために」（『立命館平和研究』六号、二〇〇五年）、「知里真志保と詩人たち——(1)『ユーカラ鑑賞』の共著者小田邦雄」（『コアエシックス』三号、二〇〇七年）、「翻訳者としての知里真志保」（二〇〇八年刊行予定）などを参照されたい。

(16) 知里真志保は「知里幸恵（原訳）」とし、「知里真志保（補注）」とし、幸恵の訳文を尊重している。

(17) 知里は「銀のしずく降れ降れまわりに——ふくろう神が自分を歌った歌」を一九五一年に『野性』の第一四、一五号（一五号では「銀のしずく降れ降れまわりに——ふくろう神が自分を演じた歌」と改題）に掲載し、同一九五一年に『野性』掲載部分を合わせ、正誤表を付し、北海道郷土研究会から再発行した。その後、同神謡を一九五五年に『かむい・ゆかる——アイヌ叙事詩入門』（アポロ書店）に掲載、一九五六年に『ユーカラ鑑賞』（小田邦雄と共著）に「ふくろう神が所作しながら歌った神謡」と改題して掲載（元々社）した。翻訳の内容に大きな変更はないものの、漢字で表記されていた言葉がひらがなに、「ゆうゆう」というオノマトぺが「ゆらゆら」に、「貧乏者」という言葉が「貧乏人」になど微細な変更があり、知里真志保がより良い翻訳を心がけて、刊行するたびに変更していたと考えることができる。注に関しては、翻訳ごとに、注が付されている場所が違ったり、付されている場所は同じでも解説の内容が変わっている。

(18) 知里真志保、小田邦雄『ユーカラ鑑賞』初版一九五六年、潮文社、一九六一年、一二七—一二九頁。

(19) 萩中美枝「知里真志保と私② 背中で語る言葉」『季刊人間雑誌』六号、一九八一年、一八四頁。

(20) 筆者は、北海道立図書館にマイクロフィルムとして所蔵されている知里真志保のフィールドノートから、知里真志保が樺太滞在中の一九四二年に残した七日分のフィールドメモのほぼ全文を、道立図書館の許可を得て、研究ノートに転載した（佐藤＝ロスベアグ・ナナ「知里真志保のフィールドメモ——一九四二年の夏」『コアエシックス』一号、二〇〇五年、八四、八八頁）。なお、引用にあたって原文の旧漢字は新漢字に直した。解読が困難で引用者が推測をした文字は〔 〕に入れ、メモの空白には□を挿入し、引用者による補足は〈 〉で補った。また知里が一度書きながら、消した文字は削除した。

(21) 知里が亡くなった一九六一年に同人誌『詩風土』が「追悼特集」を組み、知里が枯木夫妻宛に書いた書簡が何点か掲載された。

(22) 知里真志保『アイヌ民譚集』一六八—一六九頁。

(23) 例えば、中川裕『銀の滴講読会　議事録1』銀の滴講読会事務局、一九九一年、二六頁。

(24) 知里真志保「アイヌ神謡集　銀のしずく降れ降れまわりに——ふくろう神が自分を歌った歌」『野性』第一四号、北方詩話会、九—一〇頁。

(25) 知里、小田『ユーカラ鑑賞』二六六—二六七頁。

(26) 知里真志保「呪師とカワウソ」（一九五二年）、『知里真志保著作集』二巻、平凡社、二〇〇〇年、二一〇頁。

(27) この物語は、アイヌの神様の中でも尊敬されるフクロー神が主人公の物語である。ある日、アイヌの村の上を飛んでいたフクロー神は、見た目は貧乏だがとてもきれいな目をした少年を見つけ、彼の放った矢に打たれる。以前はお金持ちで今は貧乏になってしまった少年の両親は、驚きながらもフクロー神を神窓（カムイプヤ（ラ））から迎え、翌日イナウを削って送る。（アイヌにとってフクローは神の化身であり、フクロー神を丁寧に神の国に送り返し、またフクロー毛皮をきて人間の村に来てくれますようにと願いをこめて、儀礼を行う）。フクロー神は一家が眠っている間に「銀のしずく降る降るまわりに」と謡いながら宝物を降らせ、家を立派にして、この一家を再びお金もちにして話はハッピーエンドで終わる。

（28）アイヌ社会において呪術が非常に大きな働きを演じていたこと、これが複雑化して原始的な演劇の形をとるようになったこと、古くはシャーマンやシャーマンの妹と呼ばれる女のシャーマン（巫女）が、呪術的な演劇の場で役割を演じていたという。これらの呪術的な演劇がアイヌ神謡に発展していったというのが真志保の学説である。知里真志保「ユーカラの人々とその生活――北海道の先史時代の生活に関する文化史的考察」（一九五三―五四年）、『知里真志保著作集』三巻、平凡社、二〇〇〇年、五頁。

（29）佐藤＝ロスベアグ「知里真志保と詩人たち」前掲論文を参照されたい。

（30）萩中美枝「アイヌの口承文芸オイナ」、加藤九祚、小谷凱宣編『国立民族学博物館研究報告別冊　ピウスツキ資料と北方諸民族文化の研究』五号、四〇一頁。

（31）本稿では、オノマトペを擬音という意味ではなく、イディオフォンと同義で用いている。ドークによるイディオフォンの定義は、以下のとおり。「想念を音によって生き生きと表象したもの。様式、色彩、音響、匂い、行為、状態、強度に関して、動詞、形容詞、形容動詞、副詞を表現する単語で、擬音語的であることが多い（C. M. Doke, *Bantu Linguistic Terminology*, London: Longmans, Green, 1935, p. 118)。

（32）中川はこの神謡のサケへの変化について「〔……〕すなわち小男のせりふに代わるところで、邦訳では「ピイピイ」「ピイトンピイトン」「ピイトントンピイトントン」と、そのたびのこのサケへの部分の表現が変化していくのだが、原文の方はpii tuntun pii tuntunとあるだけなのであって、『神謡集』が単にアイヌ語に日本語の訳をつけたものではなく、アイヌ語の文章としても日本語の文章としても彫琢されたものであることを示しているのである」と言及している（中川裕「『アイヌ神謡集』を謡う」、『付・「知里幸恵ノート」解説』前掲書、七頁）。

(33) 同右書、五頁。

(34) 知里真志保のオノマトペに関しては、佐藤＝ロスベアグ・ナナ「知里真志保の日本語訳におけるオノマトペに関する試論」（『立命館言語文化研究』一六巻三号、二〇〇五年）も参照されたい。

(35) 知里、小田『ユーカラ鑑賞』二四四頁。以下、引用の頁数のみ本文に記す。

(36) このコレスポンダンスがヤコブソンの指摘した「音象徴性」でもあった。真志保の生前の蔵書には、言語学者の小林英夫の作品群があるが、小林は一九三〇年代にはすでにこの音象徴性やオノマトペに関する論考を発表していた。

(37) 詳細は、佐藤＝ロスベアグ「知里真志保と詩人たち」前掲論文を参照されたい。

(38) 川田順造『口頭伝承論　上』平凡社ライブラリー、二〇〇一年、二八頁。

【エッセイ】

越境の女性作家として

津島佑子

もし、知里幸恵さんがあと十年生きていたら、あるいは、せめてあと五年生きていたら、日本の文学はかなりちがったものになっていたかもしれない。

大げさに聞こえるかもしれないけれど、私は本気でそのように考えている。すでに過ぎてしまった時間に、「もし」などということを言ってはいけない、とはわかっているけれど、それでもこの場合、どうしても口にしたくなる。幸恵さんの早すぎた死によって、日本の「近代文学」が失ったものがあまりに大きすぎるので。

今、「幸恵さん」などと親しげに私は書いているけれど、彼女の場合、このように呼ばせてもらうのが一番、自然な感じがしてならないのだ。その感覚のなかには、彼女の短かすぎた生涯に対する無念な思いと、シサムのひとりとしての、私の贖罪の思いも働いているのかもしれない。気がつくと、多くのシサムが、彼女を「幸恵さん」と呼ばずにいられなくなっている、その気持と同様に。

幸恵さんは今さら言うまでもなく、アイヌの女性だった。そして、自身がアイヌであるというはっきりとしたアイデンティティを持っていた。けれども「わたしはアイヌだ」と公然とこの日本社会で言いきることができるようになるまで、精神的にかなり険しい道のりがあったにちがいない。「アイヌである」というだけで、この日本社会では日本のなかにいる「外国人」、あるいは「異人」扱いを受けることになる。

金田一京助博士の東京の自宅に、幸恵さんが身を寄せていたときのこと、その門前で、赤ん坊の春彦氏をあやしていた幸恵さん本人に、アイヌの女性がここにいるんですって？と近所のひとが興味津々に話しかけてきた、というエピソードが残されている。近所のひとは「アイヌの女性」というからには、「ふつうの日本女性」とはかなりちがう外見にちがいない、と期待していたのだろう。幸恵さんはそうした眼には、「ふつうの日本女性」にしか見えなかったことになる。

また、当時の雑誌『女学世界』に幸恵さんが原稿を依頼されたとき、黙っていればアイヌだと知られずにすむのに、そんなところに文章を寄稿したりすると、世間に見下げられてしまうかもしれない、とあるひとが心配したのに対して、逆に彼女は憤慨し、そのころの日記につぎのように書き記している。

〔……〕私はアイヌだ。何処までもアイヌだ。何処にシサムのやうなところがある?!

たとへ、自分でシサムですと口で言ひ得るにしても、私は依然アイヌではないか。つまらない、そんな口先でばかりシサムになったって何になる。〔……〕アイヌなるが故に世に見さげられる、それはちっともいとふべきことではない。ただ、私のつたない故に、アイヌ全体がかうだと見さげられることは、私にとって忍びない苦痛なのだ。おゝ、愛する同胞よ、愛するアイヌよ!!!

このように書く幸恵さんはまだ十九歳、そして無惨なことに、これから二カ月後に急逝している。一九二二（大正一一）年の九月だった。

幸恵さんについて思うとき、その時代のことも考えずにいられなくなる。幸恵さんが十五歳のときから亡くなるまでの時代は、いわゆる「大正デモクラシー」と言われる風潮が最も盛んになっていたころだった。

「目覚めた若者」たるもの、「無産労働階級」を擁護し、「有産階級」は大いに非難するのが当然である、とされていた。今の言葉で言えば、それまで社会的発言を認められていなかった「マイノリティ」の擁護、ということになる。「マイノリティ」として「女性」の立場も当時、意気盛んに女性たち自身によって論議されていた。平塚らいてうや山川菊栄、山田わか、などが論客となって、雑誌で意見を交わしている。与謝野晶子も例外ではない。山川菊栄などはラディカルな理論派、そして与謝野晶子は穏健な、大御所的な存在だったらしい。その与謝野晶子ですら、大正一〇（一九二一）年四月号の「婦人公論」で、こんなことを書いている。

遊惰な上中流の女子が男子に寄生して安閑として居られる時代は遠からず滅亡するでせう。すべての人間が学齢児童、病人、老衰者、廃人でない限り、一人も除外例無く、人類全体のために肉体的勤労を分担せねばならぬと云ふ平等主義の社会組織が屹度未来の世界を激変させます。

じつはこの号は「桜咲く国の女へ」と題した特集号であり、「婦人公論」の版元である中央公論社の社長である島中雄作が以下のような巻頭言を書いている。

われらは偏狭な国家主義を奉ずるものではない。況してや頑迷な鎖国的攘夷論や、井蛙管見的の国粋保存論に與するものではない。然しながら一国の文化も、其国固有の自然の背景を背景として発達するものであることを忘れてはならない。／何でも西洋の花でさへあればといふので、無反省に没批判的に採り入れるなら、今に桜は枯れて毒草が蔓るかも知れない。／あんまり急いで坂を駆け上つてはいけない。／夢中で駆け上つた坂の中腹で一息入れた姿が本号『桜咲く国の女へ』である。

これで察するに、一九二一年の時点ですでに、行き過ぎとも言えるような「ハイカラ」志向が、当時の女性たちに見られたのだろう。「西洋」の自由思想の影響から、そして清王朝に対する辛亥革命の熱気から、「革命」という言葉が真剣に言い交わされ、「女性解放」という言葉が見慣れたものになり、若者たちを中心に、西洋音楽を聴き、西洋文学を読み、カタカナ言葉をしゃべり、有閑マダムもファッションとして、洋服を着たがるようになっていた。恋愛や結婚も見直され、「友愛結婚」とか、「自由結婚」という言葉が流行していたらしい。

島中雄作本人が憂慮したのか、官憲から忠告されたのか、よくわからないが、とにかく、こんな特集を組まなければならないほど、日本社会の風潮はどんどん過激になっていた、と考えられる。そして幸恵さんが亡くなった翌年、関東大震災が起こり、その直後、アナーキストの大杉栄と伊藤野枝、そして一緒にいたまだ小さな甥が、甘粕大尉によって連行され、殺されるという事件が起きている。

幸恵さんに話を戻せば、彼女はこのような時代の空気のなかにいた少女だった。彼女の「アイヌ」であるという自意識、そして女性である、という自意識は、その空気のなかで急速にふくらんでいたはずなのだ。と同時に、女性問題を論じ合う「婦人評論家」や「女性作家」たちにも、革命思想を語る男性理論家たちにも、「アイヌ」の問題までは見えていない、と幸恵さんは孤独感をもおぼえていたにちがいない。そして、「アイヌ」もマイノリティの仲間なのです、と気がついてもらうためには、自分で語りかければいいのだ、と彼女は自分に言い聞かせた。そのように、私には思えてならない。

彼女の場合、伯母の金成マツの影響によるキリスト教の考え、そしてアイヌ文化がいかに貴重であるかという、金田一博士による、直接の心強い示唆があった。金田一博士とはじめて会ったのが、彼女が十五歳のとき。それはどれだけ彼女を勇気づけたことか。少なくとも、彼女を悲観主義にはさせなかった。

アイヌのユーカラは世界文学の古典のなかの古典として名高いホメロスの叙事詩に匹敵する、と金田一博士が言うからには、そうなのにちがいない。彼女は自分がよく知っているユーカラ、そして神々の歌であるカムイユーカラの尽きないおもしろさと照らし合わせ、迷いなく確信できたのではないか。その自信が彼女を支えることになった。

それから彼女はすばらしい集中力で、伯母から聞かされていた数々のカムイユーカラをアルファベットを使って表記することと、その日本語版を作ることを手がけはじめる。それは改めて考えれば、至難の作業だったと想像される。表記の問題にしても、ひとつひとつ自分で考え、決定しなければならない。なにしろ、そこにはほとんど前例というものがなかったのだ。また、アイヌ語で語られるカムイユーカラは日本語の世界とはまったく異質なので、これをどのように日本語に移し替えるか、今の私たちには考えられないほど、むずかしい課題だったにちがいない。カムイユーカラをアイヌ語の直訳にすると、日本語としては読みにくいものになる。逆に、日本語としてこなれたものになればなるほど、本来のカムイユーカラの味わいから遠くなってしまう。

私はパリで出会った学生たちと、アイヌ叙事詩のフランス語訳をまとめたことがある。そのなかで、幸恵さんの『アイヌ神謡集』を真っ先に扱った。そのとき、学生たちがまず、その本で対訳の形になっているアルファベットで記されているアイヌ語と、日本語の部分を見比べて、これはずいぶん、ちがいますよ、日本語訳だけを見て翻訳することはできません、と騒ぎはじめたのだった。そのように言われてから私は恥ずかしいことに、はじめて詳細に、アイヌ語と日本語のページを見比べることをはじめた。

なんだか、ところどころ日本語とちがうなあ、とはそれまで思っていたものの、単純に、日本語としてはあまりに煩雑になる部分を、幸恵さんは少し整理しているのかな、としか考えていなかった。けれども、アルファベット表記のアイヌ語の部分を調べれば調べるほど、どうやらそんな単純なことではないらしい、と気がつきはじめた。その後、アイヌ語についてほんの少しだけ、勉強してみて、いよいよその思いが強くなった。ひとつの名詞にはひとつの形容詞しかつかない、というアイヌ語の特徴を、幸恵さんはよく残している。また、原文では現在形で語られているカムイユーカラを、『アイヌ神謡集』の最後に収録している「沼貝が自ら歌った謡トヌペカ　ランラン」ではそのまま日本語に置き換えている。ほかのカムイユーカラでは、日本の昔話（どこの国のものも同じだけれど）にはおなじみの過去形が使われているにもかかわらず。

ここで細かい点をいちいちあげつづけることはできないが、とにかく、その時以来、私は日本語に翻訳したというよりも、これは幸恵さんの非常に繊細な企みに充ちた、日本語の作品とも言えるんだなあ、と思うようになったのだ。アイヌ語の世界の魅力を日本のシサムに教えたい、と同時に、日本語としても不器用なものにはしたくない、という彼女の強い意志が、ここにはみなぎっている。たぶん、それがこの本の持つ非凡な力なのにちがいない。

そして、私の想像はさらにひろがる。この作業に打ち込んでいたときの幸恵さんの心になにが燃え立っていたか。彼女は「近代文学」を超えた視野を持ちはじめていたのではないか。「口承文芸」の持つ現在形の語りと、いわゆる昔話に見られる過去形で閉じられてしまう物語の語り。あるいは近代的発想からは、「紋切り型」と言われ、排除されてきた物語の決まり文句の魅力も、アイヌ語独特の言いまわしのおもしろさも、十分に生かす文学はありえないのか。彼女の心にそうした可能性を探る気持があったと考えることは、決して無理な想像ではないと思う。

女性作家たちが活躍しはじめている時代、幸恵さんも当然、その作品を興味を持って読んでいただろう。金田一博士もそうした文芸雑誌を幸恵さんにどんどん紹介していたという。当然、男性作家による作品も知らないわけではなかったにちがいない。その世界への憧憬の念もあっただろう。でも、彼女の立場からは、そこには物足りない面もあった。ちがう、ちがう、本当の文学の喜びはなにかちがうところに潜んでいる、と彼女は感じていた。それはいったい、どんな喜びだったのか。彼女の求めていた「文学の喜び」は、最近になってようやく、「越境の文学」とか、「クレオール文学」とか、近代文学を超える最も新しい分野として受け入れられはじめている試みだったのだ。当時の幸恵さんはたったひとりで、その可能性にすでにはっきりと気がついていた、と私には思えてならない。

幸恵さんはまず、カムイユーカラの紹介の仕事で、アイヌ語と日本語の世界の二重性を自分の武器とすることを願い、その二重性を生かした日本語の自分の作品――それが詩なのか小説なのかはわからないけれど――を書いてみたい、と願っていたのではないか。それはアイヌ民族の誇りを核としながら、なおかつ民族の枠を超える、飛躍的に新しい日本語文学になるはずなのだった。同時に、日本語文学の、女性作家の意味合いも彼女の登場で大きく変わっていたにちがいない。

けれどもあまりに残念なことに、幸恵さんには時間が足りなかった。日本語の世界にもし、幸恵さんの作品が登場していたら、そうしたら、日本語文学はもっと多様な、力強いエネルギーを得ることができ、日本の社会ももう少し、柔軟な発想を持つことができたかもしれない。「越境する文学」という言葉を私たちが使いたいと思うのなら、まず、日本語を使うよう強制しつづけてきたアイヌ文化の世界に近づくことから、私たちは「越境」しなければ、本当の意味の「越境」は不可能なままなのかもしれないし、「越境の文学」などという言葉を口にする資格もないだろう。そしてそれは十九歳で亡くなった知里幸恵さんの願いでもあったにちがいないのだ。

そんなことを思うと、幸恵さんの早すぎた死を惜しんでばかりいないで、彼女の持っていた大きな可能性を、現代のシサムもアイヌも大切に受け取って、これからの時間に向けて、それぞれの試みをつづけなければならない、と私自身もひとりのシサムとして、自分に言い聞かせずにいられなくなる。

知里幸恵と帝国日本言語学

安田敏朗

1　はじめに――日本帝国大学言語学の射程と呪縛

私は、知里幸恵についても、ましてや『アイヌ神謡集』についても、語るべきなにものももちあわせていない。したがって知里幸恵が遺したもの、『アイヌ神謡集』の語るものなどをめぐって深い考察をおこなう能力はない。はなはだ無責任ではあるのだが、金田一京助が代表する帝国日本言語学にとって、インフォーマントとしての知里幸恵がどういった位置にあったのか、ということを、その他の事例をみることによってあきらかにすることを、本稿の目的とする。

金田一京助（一八八二―一九七一）にとってのアイヌ語研究は、明治期の言語学導入の意図に沿ったものだった。上田万年（一八六七―一九三七）がドイツ・フランス留学（一八九〇―九四）から帰国して帝国大学教授となり、その講義のなかで「日本帝国大学言語学」として提唱したのは、「日本語ノ位地」を「科学的」に定めていくことであり、そのための至上命題が日本語の「周辺」言語との系統関係をあきらかにすることであった。[1] この「日本帝国大学言語学」ということばが確認できるのは、新村出（一八七六―一九六七）が聴講した上田の一八九六年度の「博言学」の講義であったが、金田一が聴講した一九〇四年度の「言語学」の講義のなかでもおそらく同様のことが講じられていたにちがいない。というのも、一九六八年の金田一の回想になるが、

〔……〕言語学の時間に、上田先生が、

「アイヌは日本にしか住んでいないのだから、アイヌ語研究は世界に対する、日本の学者の責任なのだ。それをやる人がないということは……」

と慷慨されたとき、私はピリッときたのです。それでアイヌ語に注意していた。[2]

と述べているからである。金田一がアイヌ語を研究対象にしていったのは近代日本の言語学・国語学の開祖上田の「啓示」という位置づけである。

上田が、日本語の「周辺」言語との系統関係をあきらかにして、日本の言語学を「科学」として定位しなければならないと主張したのは、上田が学んだ比較言語学こそが当時は「科学」だとされていたからである。上田はこうした「日本帝国大学言語学」のプロジェクトに沿って、弟子たちを配置していったのである。たとえば、ふたたび金田一の一九六八年の回想によれば、金田一より一学年上の橋本進吉（一八八二―一九四五）・小倉進平（一八八二―一九四四）・伊波普猷（一八七六―一九四七）たちの、

〔……〕態度はみんな、当時から立派でした。すぐ親しくなって、話し合ってみると、どの人もみんな日本語のための言語学だったのです。日本語の起源はどうか。世界のどこに、日本語と同じもとから分かれた言語がはなされているか。日本語がこの島へ来る前に、どっちの方で話されたことばか。この問題をみんな共通にもっていたのです。それぞれ各々、一人でもって、日本語をとりまく諸国語と、日本語との関係を明らかにしていかなければならないわけでした。そして、だれかが日本語とアイヌ語との関係を専門にやらなければならないということは明らかでしたが、小倉君は朝鮮語と国語、伊波君は琉球語と国語、後から入ってきた後藤朝太郎がシナ語と国語をやるし、私たちの藤岡〔勝二、一八七二―一九三五〕先生は満洲語と蒙古語が専門でした。そんなふうで、アイヌ語にはだれも手を出さなかった。[3]

かれらの在学した一九〇四年前後、上田は一八九八年から一九〇二年まで文部省専門学務局長兼任、一九〇二年官制公布の国語調査委員会の主事、一九〇四年から教科書調査委員として多忙であった。紹介的・啓蒙的だった言語学が、この時期弟子たちによって「日本帝国大学言語学」の構想に沿いつつ個別具体的に消化されていったとみることができる。

したがって、金田一のアイヌ語研究は、系統関係をあきらかにするための基礎作業、つまりより古い形を再構成するところに重点がおかれることになる。[4] しかし、文字をもたないアイヌ語の場合、古い形の再構成には限界がある。そこで金田一が着目したのが、伝承されている物語であった。そこには口頭伝承であるがゆえに古い形が残っている、という論法である。むろん、この論法では、具体的に何百年前のアイヌ語、といういい方はできない。いまよりは古い、といういい方しかできないのだが、そうであるからこそ、無限に時間をさかのぼらせることもできる。ギリシャ神話などになぞらえることができたのも、そのためである。アイヌの文化財視であるが、これはいまでもそう変わりはない。

ともあれ金田一のこの姿勢は、いま現在のアイヌ語あるいはアイヌをめぐる状況への関心の低さを招くことになる。そして、帝国大学言語学の磁場にいた人のみならず、方言学や国語学の樹立に関与した人たちに共通の認識として、かれらが欲したのは単に「ことば」だけであって、それが記録さえされればあとは野となれ山となれ、であり、その「ことば」を話す人たちそのものは不要だということもとりだすことができる。金田一の文脈でいえば、アイヌ語が必要なのであって、アイヌ語を話す人は不要なのであった。そのことは、金田一のアイヌ民族に対する日本への「同化」志向に顕著である。金田一がアイヌをなんの疑問ももたずに「ほろびゆく民族」ととらえ、それだからこそ早急にアイヌ語をよりよい条件のなかで（たとえば東京によびよせて）「採集」しなければならないとしていたことへの痛烈な批判は、たとえば村井紀のものがある。(5)

こうした点は、すでに論じたところであるので(6)、本論では、この議論をふまえ「帝国大学言語学の射程」がとらえる「周辺」言語の話者との関係をみていくことにしたい。

ちなみに、一九二八年に東京帝国大学に入学した服部四郎（当初は英文科だったが言語学科に転科、モンゴル語研究）は、「日本語の系統を明らかにしたい」ために言語学科に入ったと、一九五四年に回想している。そして「日本語の系統問題とは限られないとしても、日本語との接触問題などに対する興味」が一つの大きな原動力となって、「日本人の東洋語研究」が推進されたのではないか、としているのだが、琉球語、朝鮮語、アルタイ語研究の後継者はでたものの、「アイヌ語は知里真志保氏一人あるのみである」としている。「なぜだろうか。一つには、アイヌ語が日本語とは系統的に関係がなさそうなためではないか、これではいけない」という。服部の認識では、系統関係にないから言語学的な研究が深化していないということである。だが、系統関係の有無にかかわらず「アイヌ語は、一般言語学的見地からも非常に興味がある(7)」というのが服部の主張になるのだが、日本語との系統を追い求める「日本帝国大学言語学」の呪縛は、長らく続くのである。橋本進吉の弟子である大野晋が懸命にタミル語と日本語との関係を証明しようとしていることを考えれば、現在でも、ということになる。

2　言語調査と調査言語

さて、知里幸恵と帝国大学言語学との関係を考えるときに、一般的な問題として調査側と被調査側の言語能力のあり方のさまざまなパターンを想定しておく必要がある。このあり方が、両者の関係にも影響をあたえるからである。

次の表1は、ある個人のバイリンガル状態を考える際に、そのふたつの言語が調査・被調査の関係にあるときの、それぞれの発話（oral）能力、書記（literal）能力について、○×で単純化してその組み合わせパターンを示したものである。以後の議論にも登場するので、煩瑣ではあるがよくみていただきたい。

一般的に個人のバイリンガルは書記能力を必ずしも含まないので、A～Dのどれかということになる。

表1　個人とバイリンガル

ある個人		A	B	C	D	E	F	G	H	I	J	K	L	M	N	O	P
調査側の言語	oral	○	○	○	○	○	○	○	○	×	×	×	×	×	×	×	×
	literal	○	○	×	×	○	○	×	×	×	×	×	×	○	○	○	○
被調査側の言語	oral	○	○	○	○	×	×	×	×	○	○	×	×	○	○	×	×
	literal	○	×	○	×	○	×	○	×	○	×	○	×	○	×	○	×

また、調査側にその言語の発話能力がなかったり、あるいは被調査側にその言語の発話能力がないと（手話などは除外して）、そもそも調査が成立しないので（強引におこなうこともあろうが）、K〜Pは除外する。

そのうえで、言語調査の議論に移りたい。

単純な一般論をいえば、ある言語学者が、とある言語を調査しようとしたときに、「インフォーマント」を調達してくる。理想的なインフォーマントとは、調査側の言語も知らず、自身の言語の表記も知らない者、つまり表でいうとJだろう。手探りの言語調査はここからはじまるのだが、お手軽に調査したければ、調査側の言語を音声でだけでも知っている者を対象に（あるいはインフォーマントとの媒介者に）するのがよく、Dあたりが、あるいは調査側の言語の書記能力もあるBなどもよいだろう。むろんこの場合、調査側の言語を知っていることによる「余計な知識」というバイアスがかかることは承知していなければならない。

一方で、調査をする言語学者は当初は被調査側の言語について知らないのであるから、Fである。そこから、被調査側の言語の音声を記録（文字化）することでEの位置になり、さらに言語学的な分析をすすめて、被調査側の言語を習得するAに至ろうとする場合もある。むろん、言語学者の目的は必ずしも調査対象の言語の運用能力を身につけるところにあるわけではないので、Eに徹することも重要である。

そもそも、言語調査とは、調査側がFでインフォーマントがJの位置にあり、調査側だけがEに移動できればとりあえずはよい、といった性質のものであり、その際にDやBを媒介者としてその意味を知り、言語学的な分析をしていくことに価値が置かれているといってよいだろう。ただ、近年は「危機言語」への着目によって、こうした言語学のあり方が問われてもいるのであるが。

しかし、知里幸恵と帝国大学言語学との関係を考えるとき、こうした一般的なあり方には収まらないのである。知里幸恵の特殊性を確認するために、次節ではいま少し遠回りをしたい。

3　植民地帝国大学の言語調査

台北帝国大学の言語調査――「国語」で語らないインフォーマント

知里幸恵と金田一京助との関係を考える前に、「日本帝国大学言語学」が植民地諸言語、とりわけ文字化されていない言語とどう向きあっていたのかについて、台湾の場合を例に考えてみたい。

一九三五年に『原語による台湾高砂族伝説集』が刀江書房から刊行された。これは台湾総督の上山満之進が退任にあたって相当額の金額を寄付したことによってなされた調査の結果である。当時の台北帝国大学文政学部言語学研究室にいた小川尚義（一八六九―一九四七）と浅井恵倫《えりん》（一八九四―一九六九）が調査したものである。

ちなみにいえば、小川尚義は帝国大学言語学科の出身で、上田万年の初期の弟子にあたる。浅井も一九一八年に言語学科を卒業している。

小川の経歴・研究業績についての、馬淵東一の小川追悼文によれば、一八九六年に卒業した小川が台湾に赴任したのは「一つには恩師上田万年博士の御すゝめによるものであるが、一方では大陸に他方では南洋に関連をもつ台湾諸言語についてその研究の重要性に早くから着眼されてゐたためでもある。そこで大学卒業の頃、上田博士から台湾教育界の大先輩伊沢修二氏に紹介され、台湾赴任のことが決定された」という。(8) 台湾総督府初代学務部長となる伊沢が上京中に、台湾人に日本語を教える人材、教科書や辞書の編纂のできる人材を上田を通じて探していたのだという。ときは日本人教師が殺害された芝山巌事件の直後。周囲の反対をおしきり、卒業後ほどなく小川は台湾にわたる。

ともあれ、小川も（浅井も）さかのぼれば上田万年の「日本帝国大学言語学」のプロジェクトの一員であったといえる。オーストロネシア諸語の研究をしたわけであるから。ただ、小川は日本語との比較をしたわけではなく、オーストロネシア諸語内での系統関係を探っていくことを重視していたという意味では、上田のプロジェクトからは抜け出していった人物とみることができる。

この『原語による台湾高砂族伝説集』は、各民族の伝説を口承させてそれを記録し、逐語訳が付された本文七八三頁、単語集五五頁にわたる大部のものである。それぞれの言語についての言語学的な解説もふくめて、水準の高い研究成果だとされている。学術的な価値について云々する立場にはないのだが、インフォーマントに関する若干の情報が記載されていることに、ここでは注目したい。インフォーマントについて、「口授者」「説明者」に分類され、時として日本人巡査などが「補助者」として登場している（表2参照）。

表2　台湾帝国大学言語学研究室『原語による台湾高砂族伝説集』刀江書院、一九三五年（アミ語まで小川尚義、それ以下とルカイ語の後半三つは浅井恵倫）

言語		調査場所	年月	口授者	説明者	補助者
アタヤル語	大豹社	新竹州大渓郡角板山	31・12 32・10	30歳男、台湾総督府医学専門学校出身、角板駐在所公医	同上	
	タコナン社	新竹州竹東郡シパジー社	32・10	タコナン社、48歳男、18歳男	26歳男	巡査部長馬場藤兵衛
サイシャット語	大隘社	新竹州竹東郡シパジー社	31・10	大隘社の、53歳男、61歳男	同上、35歳男	
パイワン語	カチライ社	高雄州恒春郡カチライ社	32・8	28歳男台南師範学校出身、高士仏公学校訓導	同上	
	内文社	高雄州潮州郡内文社	32・8	27歳男	同上	警部補寺田政重
	リキリキ社	高雄州潮州郡リキリキ社	32・8	頭目と男	23歳男	警部補山野福太郎
	クナナウ社	高雄州潮州郡クナナウ社	32・8	45歳男、41歳女、49歳男、35歳男、50歳女	20歳男（父は本島人）	
	大鳥万社	台東庁、大武	32・8	51歳男、40歳男	同上	
	大麻里社	台東庁、大麻里	32・8	50歳男、21歳男	18歳男（父は本島人）	
	内社	高雄州潮州郡内	32・7	68歳男、60歳男	18歳女	警部補山本寅喜

	カピヤン社	高雄州潮州郡 カピヤン社	32・7	28歳男	同上	
	下パイワン社	高雄州屏東郡 下パイワン社	32・7	16歳男	同上	
	トクブン社	高雄州屏東郡 トクブン社	32・7	40歳女頭目、50歳男	22歳男	巡査部長 土肥喜三郎
プユマ語	卑南社	台東	30・8 32・8	28歳男 総督府農林専門学校出 20歳男 台南師範学校生徒	同上	
	知本社	台東	31・8	30歳男 大麻里公学校訓導	台南師範学校出身	同上
ルカイ語	大南社	台東	30・7	25歳男 台東農業補習学校出身	同上	
	タラマカウ社	高雄州屏東郡 タラマカウ社	32・7	年齢・性別不明	巡査部長 坂野泉平	
	マガ社	マガ社	32・8	年齢・性別不明		
	トナ社	トナ社	32・8	年齢・性別不明		
	マンタウラン社	マンタウラン社	32・8	年齢・性別不明		
アミ語	奇密社	花蓮港庁瑞穂	30・8 31・8	70歳男元頭目、50歳男現頭目	36歳男瑞穂公学校教師	
	レンガツァイ社	花蓮港庁瑞穂	31・8	32歳男	同上	瑞穂公学校長 中條福安

	タバロン社	花蓮港庁タバロン社	31・8	50歳男頭目、60歳男祭祀	31歳男・30歳男共にタバロン公学校教師	
	ナタオラン社	薄々社	32・7	39歳男頭目	男、ナタオラン社出身、薄々公学校訓導	
	馬蘭社	台東	30・8	30歳男	同上	
セデック語	タロコ方言		31・9	推定54歳、性別不明	石川藤五郎ほか。	
	霧社方言		27・8	推定45歳、性別不明	花岡一郎、二郎（→霧社事件）「説明者の日本語は稍完全」	
ブヌン語	カトグラン社		30・8	65歳男	パラサゴン社、29歳男「可なり進歩したる日本語の知識」	
	丹大社		30・8	推定45歳男、推定53歳男	推定22歳男「日本語は未だ完全ならず」	
	人倫社		30・7	人倫社頭目、推定54歳男	岩佐民之助、伊藤保	
	タマロワ社		30・9	推定41歳男、推定50歳男	清朝時代通事の子、母ブヌン人「日本語は極めて正確」	
	イバホ社		30・8	21歳男、14歳男	同上「共に日本語は不完全」蕃童教育書卒業生	
	郡大社		30・8	男、老人、年齢不詳	年齢性別不明	
ツオウ語	ルフト方言		31・9	40歳男	同上	

	阿里山方言		32・7	55歳男	20歳男	
サアロア語	サアロア方言		31・8	32歳男	同左「日本語不完全」	
カナカナブ語	カナカナブ方言		31・8	36歳男	29歳男	蕃童教育所卒業
ヤミ語	ヤミ方言		28・3	推定50歳男	パイワン族男性	

＊インフォーマントなどの名前もきちんと記録されているのだが、ＩＰＡ（国際音声字母）表記なので、ここでは割愛した。

具体的にみていく余裕はないが、まず「口授者」がＪ（つまり、日本語能力がない人）の場合が多い。その場合は「説明者」としてＤないしはＢ（つまり、なんらかの形で日本語の知識がある人）が間に立っている（「口授者兼説明者」のこともある）。Ｄは植民地支配のなかである程度の学校教育を受け、日本語の読み書きができている。そのほうが、調査側も安心だったのだろう。浅井の担当部分は、「説明者」の日本語能力について補足がなされていることが多い。注意したいのはどの場合も、被調査側の言語を記述するのは、調査する側であるという点であり、被調査側の言語の書記能力をかれらにまったく求めていない、ということである。記述するのはあくまでも調査をする側なのである。

また、ほとんどが男性がインフォーマントになっている点も指摘しなければならない。文化的背景や調査方法などを考えあわせる必要はあるが、その言語を記録するだけであれば特に性別は関係ない。ただ、その言語を習得しようとすると、若干事情は異なってくるのではないか。たとえば小川尚義が「高砂族」の言語のなかでもっとも習熟したのはアタヤル語だといわれているが、それには以下のような理由があった。

先生の高砂語研究にはアタヤル族出身のヤジツ・ベリヤ（またはヤユツ・ベリヤ）女史について附記されねばならない。女史は新竹州角板山《カツバンサン》附近の「頭目」の娘に生れ、薬草採取のため入山して捕れ殺されようとした某日本青年を慕ひ、これを助け相携へて平地に走り、青年の親元よりも正式の了解を得て結婚、久しからずして青年病没、その後は警察官の「蕃語教師」をつとめてゐた奇しき経歴の持主であるが、この女史が大正三・四年頃から先生の家にしばしば出入し、昭和五・六年頃病死するまで御家族とも親戚同様の交際をつゞけてゐた。このよき協力を得て難解なアタヤル語の御研究が大いに進捗したもの丶様である。(9)

過剰な読み込みは避けるべきだろうが、この当時日本には職業的女性言語学者はいなかったのであるから、男性言語学者と植民地言語の女性インフォーマントという関係性は、庇護する存在としての男性といったイメージときれいに重なることは否定できない。したがって、台北帝国大学文政学部土俗学人種学講座十七年の歴史のなかで唯一の学生であった馬淵東一のいう、「少くとも南方の学術研究に関する限り、日本はあまりにも、「帝国主義」的でなかつたと云ひうるであらう(10)」といった総括には、検討の余地がある。

京城帝国大学の言語調査――教育現場のインフォーマント

同じく上田万年の「日本帝国大学言語学」の枠組みのなかにいた、京城帝国大学の教授となった小倉進平の場合もみておきたい。日本語と朝鮮語の系統関係については江戸時代から断片的に論じられていたが、言語学者金沢庄三郎（一八七二―一九六七）の『日韓両国語同系論』を明治期の一つの成果とみることができる。しかし、この博士論文をもとにした書籍が一九一〇年という韓国併合の年に出版されたことが暗示するように、日本語と朝鮮語の言語学的な同系論は、現実の政治的な併合という事態を、本人の意図とは関係なく、学問的に後押ししていくことになった。小倉は東大で金沢の教えを受けたが、小倉自身の研究が進むにつれて、同系論については慎重な立場をとるようになっていく。

小倉は大学院修了後、一九一一年から朝鮮総督府の学務局に勤務し、余暇や出張で二〇〇余地点での朝鮮語方言調査をおこなう一方、文献収集や古い時代の朝鮮語の再構築にも力を注いだ。これは、「日本帝国大学言語学」の目的であった「日本語ノ位地」を探すこと、つまり系統関係を証明していくことの前提条件を整えていくことでもあった。

小倉が朝鮮語の方言調査をはじめておこなった場所は、済州島であり、赴任翌年のことであった。学校に児童を集めさせておいて効率的に質問をしていく、という現在の手法とは異なる方法でなされたが、いまとなっては貴重なものである。(11)

一九一四年には対馬で方言調査をするが、これらの調査のなかで小倉の念頭にあったのは、それぞれの方言がどちらの言語に属するのかを確定することであった。したがって、調査結果は、済州島方言は朝鮮語の方言であり、対馬方言は日本語の方言であることを確認する論文となっている。(12)両言語の境界を確認したうえで、両言語の関係を探るべく、方言調査を展開したのである。

こうした調査結果をまとめたのが、『南部朝鮮の方言』（一九二四年）であった。また、文献収集については『朝鮮語学史』（一九二〇年）にその成果があらわれている。さらに、古い時代の朝鮮語の再構成については、郷歌という新羅時代の詩歌の解読や、吏読《りとう》（朝鮮語の構文にしたがって書き下した漢文に添えられた漢字の音訓を使った朝鮮語表記法）などから研究を進めていた。これは一九二四年脱稿、一九二九年刊の『郷歌及び吏読の研究』に結実する（一九三五年学士院恩賜賞）。総督府学務局時代にこれ以外に二冊著書を刊行している。

そして小倉は一九二六年開学の京城帝国大学法文学部の朝鮮語朝鮮文学講座の教授となる（一九三三年から東京帝国大学教授）。

小倉はこのように、基本的には朝鮮語を文献資料的にそして方言を用いてどこまで古い形にさかのぼらせることができるか、ということを研究の重大な目的としていたのであるが、小倉が立てた朝鮮語の方言調査の方針を、以下のように語っている。

〔……〕大体実地調査の方法としては、（1）老人婦人が適当ではあるが、事実不可能なる故普通学校において行ふこと、（2）出張前、予め調査を依頼すること、（3）地名の俗称、古名等の調査をなすこと、（4）帰任後に再照会をなすこと等を選んだ。そして調査の内容は、（1）音韻――母音子音の発音上の特質を明かにす、（2）語彙――予め調査すべき語彙の一覧表を作りそれに記入す（その標準となるべきもの普通三〇〇語乃至六〇〇語）、（3）語法――問・答、命令又過去・現在・未来等各種の形式を表にし、それに記入す（平安南北道・咸鏡南北道の調査に当つてはそれらの形式二〇〇種以上に及んだ）の三方面であつて、これらの調査の所要時間は連続的に三時間乃至五時間を要し、時日の節約上旅行を強行した為め、今から見れば可なりの冒険もした。[13]

これは、すでにおおよその言語体系がわかっている段階での調査であり、同一項目による大量のデータ収集を主眼としたものであって、小川たちの調査と異なる側面はある。しかし、小倉は、普通学校（朝鮮人児童を対象とした初等教育機関）という全土にはりめぐらされた教育システムを利用して、古老からではなく、児童からデータを集めるという効率的な手法をとっている。「老人婦人」が適当である、と考えたのは、より古いことばを知っているだろうという推測からであり、しかしそれが「事実上不可能」と判断したのは、「老人婦人」たちは日本語を話すことも書くこともできない、という前提による判断だろう。そして「老人婦人」たちは、当時の状況から考えると朝鮮語の書記能力がそれほどあったとはいえないので、先の表でいえば、Jの位置にある。日本語を話せる「老人婦人」を集めるのは、至難の業であり、効率がよくない。したがって、普通学校でまがりなりにも「国語」として日本語を学び、「朝鮮語」も教科目として学習している生徒たちをインフォーマントにしたのである。この生徒たちは、あわよくば両言語を話し書くことができるわけであるから、Aの位置にある。小倉の「時日の節約」に貢献したことはまちがいない。

そしてまた、質問事項が限定されている点は、効率的ではあるが、小倉にとって必要なデータのみを集める対象として朝鮮語方言話者がとらえられていることを示してもいる。その質問事項に「地名の俗称、古名等の調査」が入っていることにも、朝鮮語のより古い形を探る志向をみいだせるのである。

4 金田一京助と知里幸恵

手探りの金田一京助

さて、かなり遠回りをしたが、ここで金田一京助の問題に入る。

金田一京助にとっての知里幸恵は、小倉進平にとっての普通学校の生徒たち、という関係にあるようにみえる。しかしながら、小倉のインフォーマントたちは、あらかじめ設定された質問事項に対してのみ回答する権利を与えられていただけである。それに対して知里幸恵は、みずからの記憶のなかにある神謡を、みずからの意思で筆記・翻訳している。

単なるインフォーマントではない。自動書記し、翻訳までするインフォーマントなのである。

金田一とて、はじめから知里幸恵のようなインフォーマントがいたわけではなく、回想によれば手探りの状況が続いたようである。一九〇七年の樺太アイヌ調査の回顧から、ハウキ（北海道アイヌのユーカラに相当するものだという）を書記した際の状況を、多少長くなるがみてみよう。

ある晩、隣村トンナイチャ——後の富内村——から来ていた酋長のラマンテ翁が、私のそばへ仰向きに寝て、なにわぶしのようなものを、右手でわきばらをたたきながら歌い出したには驚いた。

前の年、私は北海道アイヌの中へはいつて行つて、ユーカラというものを発見したが、それは、英雄伝説のうたで、アイヌの祖先の戦物語であった。文字がないから本というものもないが、その代りに、年寄りがあんしようしていて、口から口へ言い継ぎ語り継いで今日に至ったものだった。古い事をしらべるまたとない珍しい資料であるが、もしや樺太アイヌにもあるんじゃないかと思って来て見て、はたしてあったのである。〔……〕

ヨーロッパ文学の元祖といわれるギリシアのホメロスの叙事詩は、やはり、棒をもって炉ぶちをたたいてうたったものだということである、中国の太古の民の生活に「鼓腹撃壌《こふくげきじょう》の楽しみ」ということがあったのは、腹をたたいて歌い、地べたを打って和した楽しみをいうのであろう。

私は、現世に太古の生活に触れ、まのあたりに原始文学を見たのである。

愉快でたまらなかったから、ローマ字でラマンテ翁の口から流れるひびきを、夢中になって書きつづった。〔……〕もちろんその時は、何が何やら、意味は少しもわからなかった。ただ二つの耳に全神経を集めて、音のひとかけらも聞きおとすまいと興奮しながら、めちゃくちゃに書きまくったのだった。(14)

このあたりは、金田一のアイヌ観が鮮明にあらわれている。いま目にし耳にしているものが中国なり、ギリシアなりの「太古」の「原始」の文学のあり方なのだ、という視線。それを保証するものが、表記文字のない、口から謡われでてくる音としてのアイヌ語のハウキである。(15) ハウキが「古いことをしらべる」ために必要だから、と意味もわからずローマ字で筆記する金田一。

このあと、確認してもらうつもりでノートを読み上げたところ、一同驚き、「文字というものの神秘が、いまさら私にも驚かれたものだつた」などと金田一は記す[16]。

滞在四十日以上になり、出発前日の夕方、最後まで終わらなかったハウキをきかせにラマンテが、副酋長の山辺安之助とともにやってきた。金田一はこう記す。

一度日本へ帰化して小学校をも卒業している安之助は、日本語がじようずで、そばから訳してきかせてくれるから、とてもうれしかつた。

書いて、書いて、夜中になつた時に、ラマンテが、

「あ、ちがつた!」

と言つた。そして、訂正しようとするのであつたが、書く私には言葉がわからないし、教えるラマンテには字がわからないから、どこを、どう直せばいいのか、かいもく、あたりがつかず、

「もいちど、読んでくれ!」「もいちど読んでくれ!」

と、なんべん読み返させられたか、わからない[17]。

こうした回想からうかがえるのは、ハウキをうたうラマンテ翁は日本語はあまりできなさそうであり、書記能力もない。したがって、先の表でいえばJに近いDであり、金田一はきいたままのアイヌ語を、意味もわからず表記するだけのレベルであるから、Eであった。このハウキの語り直しの場面で、両者の苦労を見ることができる。そのときに、山辺安之助という、日本語の読み書きのできるBの位置にある媒介者が登場し、金田一の調査を大いに助ける。

この構図は、一九一二年秋に開催された拓殖博覧会(18)の回顧についても同様にあてはまる。金田一はいう。

上野公園の拓殖博覧会に、アイヌ・ギリヤーク・オロッコ・台湾の高砂族など、みな出て来て、故郷の家をそのまま池の端に建て、故郷の生活ぶりを博覧会見物のお客さんに見せたことがある。

それで樺太からは、オタサン村の坪沢六助というアイヌの一家が五十日間、池の端に暮していたから、毎日でかけて行つて、ハウキを読んでわからない所をたずねるのに、坪沢は目をみはつて驚き、「やれやれ、東京という所は恐ろしい所だ。今は樺太でも、聞けなくなつたこのハウキをこうして、そつくりそのまま、ここへ来て聞かしてくれる人に会おうとは。」

と言つて、涙を流して聞いてくれ、私のたずねることを懇切に和訳してくれた。

もつとも、坪沢は、アイヌ語はよく知つていても、適当な日本の言葉を思い出せないから、わからない所がまだ残つた。

たまたま、白瀬中尉の南極探検隊に同行して犬ぞりをのりまわすために、副酋長の山辺安之助が樺太からやつて来また久々に、東京で会うことができた。〔……〕樺太のハウキも、安之助によつて、わからなかつた所をただすことができ、〔……〕大正二年郷土研究社から『北蝦夷古謡遺篇』という名で公刊されて、はじめて、アイヌ人は、こういう叙事詩を所有する民族だということを世に報告する本となつた。

それまでアイヌは、無学文盲の野ばん人とのみ報告されていたのに、こういう文学をもつ民族だつたことが明らかにされた。[19]

このように、坪沢はラマンテ翁と同じくJに近いDであり、日本語の適当なことばを思い出せないので金田一は翻訳の完成ができない。そこでたまたま東京に来ていた山辺の助力を得て完成させた、というのである。Bの位置にある媒介者としての山辺がまたしても登場する。

拓殖博覧会での「展示」にしろ（「明治年間国運発展記念」と冠された「拓殖」博覧会である）、山辺が東京に来た理由にしろ、帝国日本の磁場にアイヌが引き出され、それを金田一が利用した、という点も忘れてはならない。山辺の南極行きについて、金田一は以下のように述べている。

南極探検に、最初の国際的進出で、日本の晴れの事業をアイヌが助力することができれば、と我から進んで、南極探検に参加したのも、それがためであり、ことにまた、はるばる上京してはじめて探検が国家の事業ではなく、いかがわしい個人の私営であると聞いて、一度は落胆したが、今更破約をしては、やっぱりアイヌだけだといわれるのがいやだと、決然身命を投げ出し、本当に死んで帰るつもりで、開南丸へ上った彼だったのである。[20]

日本人の帝国意識をかきたてるためだけの妙なイベントにかり出されてしまった山辺であった。ともあれ、言語調査のこうした構図は、小川たちの台湾原住民言語調査と基本的に変わりがないことを確認しておきたい。

転機としての拓殖博覧会——帝都言語学への道

金田一にとっては一九一二年は親友石川啄木と父とを失い、給料を得ていた三省堂も解散するという、どん底の年であり、アイヌ語研究をやめることまで考えた、と自筆年譜に記すほどの年であった。しかし同じ年の後半にたまたま東京で開かれた拓殖博覧会で得た機会を最大限に活用し、「展示」されに連れてこられたアイヌたちに意味を確認しながらハウキを訳したものが『北蝦夷古謡遺篇』として甲寅叢書刊行所から一九一四年に刊行された。このことは先の引用にもあきらかである。また、山辺安之助が南極探検を終えて東京滞在中にその一代記を書き取った『あいぬ物語——附樺太アイヌ語大要樺太アイヌ語彙』を博文館から一九一三年に刊行している。こうしてアイヌ語研究者としての地歩を固めていくことになるのであるが、初の大きな業績が拓殖博覧会がなかったならば完成しえないものであったことを考慮すれば、拓殖博覧会がもしも企画されていなければ、アイヌ語研究者としての金田一京助もなかったのでは、と考えられるのである。

しかしながら、『北蝦夷古謡遺篇』をひもといても、樺太で採集したことには当然触れているものの、拓殖博覧会で東京に連れられてきたアイヌたちの助力については一言もない。ましてや山辺安之助も出てこない。

もちろん、現地至上主義などといいたいわけではない。調査に行くにはいま以上に時間も資金も必要であっただろう。台湾での小川たちの調査にしても、総督からの資金がなければあれだけのものはできなかったと考えてよい。しかし、小川たちはなにはともあれフィールドに赴いた。一方で金田一は、フィールドを帝都東京に呼びよせたのである。「帝都言語学」とでも名付けてみよう。

金田一の帝都言語学はさらに展開する。拓殖博覧会に「展示」された日高のコポアヌが、ユカラをよく知っている人物として日高シウンコツのワカルパの名を金田一に伝えたが、いかんせん金田一にはワカルパを上京させる資金がない。困りはてた金田一が当時東京帝国大学文科大学長であった上田に相談したところ、

上田万年先生が、「是非呼びたまえ。旅費はいくらだ」「実は十五円ほど」といったら、「そうか」とばかり、先生は自分のポケットマニィを、ポーンとほうり出して下さったものだったんです。〔……〕私も、若かったんですし、「先生」といって、それをいたゞきながら、この先生のためなら死んでもいい、と思いました。それで、これを呼ぶことができました。[21]

こうして、のちに金田一が「アイヌのホメロス」と絶賛することになるワカルパを一九一三年に東京に招待しユカラを筆録する。不幸にしてワカルパ翁からの筆録は一回におわるが、コポアヌはその後何度も上京することになる。ワカルパの娘も一度滞在している。そして金田一はそのたびに筆録をおこなっていくのであった。

「拓殖」博覧会という近代日本の植民地主義を象徴する場が、金田一にとっての転機になったこと、そしてそれがフィールドから切り離された言語学として成立していったことを、おさえておきたい。

帝都言語学とフィールド言語学と

金田一はこうした調査のあり方をどう認識していたのであろうか。一九三五年の柳田国男還暦記念のあつまり（日本民俗学講習会）[22]で報告をした金田一は、一九〇六年と一九〇七年の樺太・北海道でのアイヌ語調査を回想しているのだが、そこでは「村の人々の心に浸つて、その心から自然を、人生を、村の人々と一緒に考へ且つ感じ」なければならない、として、

私の言語学が、フオークロアになつてしまつたのは、さうした気持からであつて、そして又私のは本当のフオークロアであり得ないのも、どこ迄も言語学そのものだからである。たゞ私は、本当の言語学は、単に机の上で、辞書と辞書とで結びつけたり、切り離したりして能事終るべきものではなく、言語そのものが元々生活の余瀝で、生活そのものが裏付いて意味があるものだから、どうしても生活と切離して勝手に解釈すべからざるものだと信じる。[23]

と述べている。あくまでも「ことば」だけが採集されればよいという言語学と、生活と切り離しては「ことば」は考えられないという「フオークロア」に近い言語学とを設定している。つづけて、「広範なフオークロアの中の言語中心の一部を特に関心を以て、狭くそして出来るだけ深く、やつて行きたい念願のものだ」[24]と述べる。樺太アイヌの叙事詩出版で世話になった柳田を意識したかのようなフォークロア礼賛ではある。ここでは生活に即した言語学を主張する金田一がいるのだが、ここまでみてきたような、古形にさかのぼることができない、いま現在のアイヌ語などには興味をしめさない金田一との二人

の金田一がいるかのようである。生活に即して、とはいいながらも、結局金田一がめざした言語学からすれば、この二人はなんらの矛盾もきたさない。

くりかえしになるが、拓殖博覧会の開催が金田一の研究者としての出発点になったことは、その言語学のあり方をも決定づけてしまったのである。それは、インフォーマントを帝都東京に呼ぶことによってしか成立しない言語学である。一九三五年時点であえて「生活と切離して勝手に解釈すべからざるもの」と述べているのは、それをしてこなかったことをあえて隠そうとしているとも考えられる。

ともあれ、帝都言語学がより展開していくなかで金田一は知里幸恵と出会ったととらえることができる。その意味では、知里幸恵は、自身の意志・意図はともあれ、金田一が「生活と切離して」東京に呼んだためにその短い人生を終えることになってしまった、金田一の帝都言語学の犠牲者とみることもできる。

自動書記する知里幸恵

ともあれ、拓殖博覧会以降の帝都言語学展開過程に知里幸恵を位置づけることができる。研究者としての地歩を固めつつあった金田一にとって、知里幸恵の登場は帝都言語学の「展開」以上に、革命的なことであった。

一九一八年に知里幸恵とはじめて会ったときのことを回顧した文章をみてみたい。

お婆さんの金成モナシノウク、お母さんの金成マツ刀自、娘さんの幸恵さんこの三女性の一家へ、知らぬこととは言え、風来坊の私が泊り込んだ為に、三人の女性が爐ばたにすわり明かしてしまつたことを知つた私は、つかれて居られることでもあろうし、この上長く迷惑をかけてはと、その日は午前のうちに暇を告げて、帰ろうとしたその時でした。

お母さんが、

「ユキエ！　ほかのかたでもない、先生でいらつしやるんだもの。お前、作文やお清書を見て戴きなさい。」

娘さんは、少してれて、はにかみましたけれど、わるびれずに、出して来ました。私は編上靴の紐を結ぶ手を休めて見て上げましたが、その字のうまさ、作文のうまさ、勿論、みな甲上ばかり、あまりのうまさに私は感歎しておぼえず、

「こんなに日本語がうまくては、ユキエさんは、かわいそうに、アイヌ語はちつとも知らないでしようね。」

と言いました。それは必ずそういう例になつているものだつたからです。所が、お母さんは私の言葉尻を奪つて、

「そのくせ、生れ落ちるから、この祖母の膝で育つたものですから、ほんとうのアイヌ語が、大人たちよりも上手で、ユーカラのまねごとさえもやりますのですのよ。(25)」

金田一は学校での知里幸恵の作文・習字をみて、日本語は話せもし書くこともできるがアイヌ語はまつたくできないFの位置に知里幸恵があるのではないか、と思う。「それは必ずそういう例になつてい

るもの」だったからだ。しかし、その母のことばから、アイヌ語に堪能なBの位置にあることを知る。もちろん、アイヌ語表記の方法を知里幸恵がこの時点で知っているわけではなかった。

金田一が着目したのは、まずもって幸恵の言語を書く能力そのものだった。別のところでは「実に流麗な国文で、立派な美文になっているのでした。それに誤字とか仮名づかいの誤りというようなものが、一つも見いだされませんでした」とある。[26] 知里幸恵の正確な「国語」能力、これこそがアイヌ語を「正確に」記述させるために必要とされた能力なのである。

一九二三年刊行『アイヌ神謡集』に付された金田一の「知里幸恵さんの事」のなかでも、

幸恵さんの標準語に堪能なことは、とても地方出のお嬢さん方では及びもつかない位です。すらすらと淀みなく出る其の優麗な文章に至つては、学校でも讃歎の的となつたもので、啻に美しく優れてゐるのみではなく、その正確さ、どんな文法的な過誤をも見出すことが出来ません。而も幸恵さんは、その母語にも亦同じ程度に、或は其以上に堪能なのです。

とあるように、「国語」がきちんと読み書きできること、とくに書けることが金田一の目にとまったのである。さらにこれは細かいことになろうが、「国語」の能力を褒めることが、アイヌ語の能力よりも先にきている点にも注意したい。音声言語としてどういった「国語」を話していたのかはわからないものの、金田一はそれを「方言」話者と比べてみても、「標準語」だと判断している。「方言」話者にとって学校教育で学ぶ「国語」は、とりあえずは異言語学習とは認識されていない。しかし、知里幸恵にとっては学校で学ぶ「国語」以外に「方言」などのその変種を知らないのであるから、妙な褒められ方をされるものだ、と思うのではなかろうか。金田一は知里の能力を褒めたつもりだろうが、「国語」教育のもつ暴力性を隠蔽しているとしか思えない。
ともあれ、十数年後に台湾でおこなわれる小川や浅井の調査と比べてみても、知里幸恵というインフォーマントの存在は特異なものであった。
母ナミや伯母マツが教会でローマ字に親しんでいたため、知里幸恵はローマ字を読むことには慣れていたようだが、書くことに関しては、練習はしていたものの、慣れるまでには時間がかかったようである。[27] アイヌ語表記の正書法もなく、ローマ字でアイヌ語を表記することは大変な苦労だったと思われるが、ともあれ、知里幸恵は、調査側の言語および被調査側の言語双方を話し、書記することができる能力をもった、先の表でいうAの位置につくことになる。台湾や朝鮮での言語調査の一面をみてきたが、Aの立場のインフォーマントはきわめてまれであることが確認できるだろう。[28]
金田一にとっては、「口授者」と「説明者」が一致し、なおかつ記述し、それを日本語の文章に翻訳してくれるのが、知里幸恵であった。自己完結しているインフォーマントであったともいえる。

5　むすびにかえて

ここで考えたいのが、知里幸恵が『アイヌ神謡集』を翻訳をしているという点で、すでに自身の解釈が入り込んでいるということである。それが小川たちの言語学的調査にもとづいて小川たちが直訳・対訳した『原語による台湾高砂族伝説集』とは異なる点であるが、文学としてみるのであればそれで構わない。この意味で知里幸恵は「日本語作家」である。この点は強調してよいだろう。

そしてまた注意したいのは、Aの位置に知里幸恵がついたということが、論理的には「調査」「被調査」という言語間の関係がなくなることを意味するという点である。

『原語による台湾高砂族伝説集』には、各単語に訳が付された訳文と、各言語の簡単な文法解説が付されている。これと比べると、『アイヌ神謡集』は、アイヌ語の記載はあるものの、アイヌ語を理解させようという姿勢は希薄である。日本語だけで鑑賞できるように、あるいはアイヌ語だけで鑑賞できるように（この点アイヌ語能力のないわたしには実証できないが）、それぞれ別個のものとして存在しているとみることができる。その意味で、「調査」「被調査」という関係からはぬけだしたようにみえるのである。もちろん、資料の性格の違いだ、とすればそれまでの話になるのだが。

『原語による台湾高砂族伝説集』には言語学者としての小川・浅井の意図が明白にあらわれているといえるが、『アイヌ神謡集』に、同様の言語学的な志向はみいだせない。その点で、文学たりえたのであり、いま現在でも日本語で読みつがれている理由もそこにあるのだろう。

このように、知里幸恵にとっては、自ら翻訳し表現していくことが、意識しなかったにせよ「日本帝国大学言語学」のくびきから逃れる唯一の手段、そして金田一の帝都言語学のインフォーマントとしての位置から解放される手段だったのである。

そしてその手段を獲得するには「国語」の読み書きに深く通じるほかに途がなかった。しかしながら、「国語」の読み書きに深く通じた先にあるものに、知里幸恵は永遠に到達することはなかった。「異郷の死」に日本の近代言語学が荷担したことは否定しうべくもないのである。

注

(1) 新村出筆録・柴田武校訂『上田万年　言語学』教育出版、一九七五年、三八頁。
(2) 金田一京助『私の歩いてきた道』日本図書センター、一九九七年、四四頁（講談社、一九六八年の復刊）。
(3) 同書、四三―四四頁。
(4) この点については、小倉進平の朝鮮語研究にも同様の志向をみいだすことができる。詳細は安田敏朗『「言語」の構築――小倉進平と植民地朝鮮』三元社、一九九九年を参照。
(5) 村井紀『南島イデオロギーの発生――柳田国男と植民地主義』福武書店、一九九二年（増補改訂版、太田出版、一九九五年、新版、岩波現代文庫、二〇〇四年）。
(6) 安田敏朗「『帝国大学言語学』の射程――上田万年から金田一京助へ」『立命館言語文化研究』一六巻三号、二〇〇五年二月。『日本語学は科学か――佐久間鼎とその時代』（三元社、二〇〇四年）の第一章に収録。
(7) 服部四郎「東洋語の研究」『学術月報』七巻八号、一九五四年一月二〇日。引用は服部四郎『一言語学者の随想』汲古書院、一九九二年、一〇九―一一〇頁。
(8) 馬淵東一「故小川尚義先生とインドネシア語研究」『民族学研究』一三巻二号、一九四八年、一六一頁。
(9) 同書、一六二―一六三頁。
(10) 同書、一六一頁。
(11) 小倉進平「済州島方言（一）～（三）」『朝鮮及満洲』六八号―七〇号、一九一三年三月―五月。
(12) 小倉進平「対馬方言　上・下」『国学院雑誌』二〇巻一一号・二一巻三号、一九一四年一一月・一九一五年三月。

(13)「京城帝大方言会」『青丘学叢』六号、一九三一年一一月、一八八頁。小倉進平の朝鮮語研究のもつ意味については、安田前掲書『「言語」の構築』を参照。

(14) 金田一京助「アイヌの談――心の小道余話」、『言語学五十年』宝文館、一九五五年、二〇一―二〇三頁。

(15) こうしたアイヌへの学的視点を、『現在』の『過去』化」としてまとめることもできる。詳細は木名瀬高嗣「表象と政治性――アイヌをめぐる文化人類学的言説に関する素描」(『民族学研究』六二巻一号、一九九七年六月)を参照。

(16) 金田一京助「アイヌの談」二〇三頁。

(17) 同書、二〇四頁。なお、樺太アイヌに一律に日本国籍が与えられたのは一九三三年の「樺太施行法律特例改正」でのことであって、この時点での山辺安之助は「帰化」による日本国籍保持者である。

(18) この拓殖博覧会と金田一については、安田前掲書『日本語学は科学か』の第一章で論じた。この拓殖博覧会についての詳細は、拓殖博覧会残務取扱所『拓殖博覧会事務報告』一九一三年二月を参照。

(19) 金田一京助「アイヌの談」二〇七―二〇八頁。

(20) 金田一京助「安之助」、『北の人』梓書房、一九三四年。引用は『金田一京助全集』一四巻、三省堂、一九九三年、九八頁。

(21) 金田一京助「『心の小道』をめぐって」、『心の小道をめぐって　金田一京助随筆選集1』三省堂、一九六四年、一八五頁。

(22) このときの講習会の内容は、柳田国男編『日本民俗学研究』(岩波書店、一九三五年)として刊行されている。この分析は、菊地暁「八月のゼミナール――柳田国男編『日本民俗学研究』の解剖学」(上野成利・森本淳生編『テクストの政治学』人文書院、近刊予定)にくわしい。次注の金田一の講演に関しても菊地論文参照。

(23) 金田一京助「アイヌ部落採訪談」、柳田国男編『日本民俗学研究』岩波書店、一九三五年、八一―八二頁。
(24) 同書、八二頁。
(25) 金田一京助「アイヌ語ノート」、『言語学五十年』二一三頁。
(26) 金田一京助「故知里幸恵さんの追憶」『北の人』梓書房、一九三四年。引用は『金田一京助全集』一四巻、三省堂、一九九三年、六二頁。
(27) 藤本英夫『知里幸恵　十七歳のウエペケレ』草風館、二〇〇二年、一五二頁。
(28) 朝鮮語の場合について、異論が出るだろうが、小倉進平以前に朝鮮語「方言」を記述的に研究した朝鮮人研究者は皆無とみてよいだろう。小倉のあとにしても、決して主流であったとはいえない。

口承から表記へ、表記から「文学」へ
――知里幸恵と知里真志保の「日本語テクスト」とその周辺

崎山政毅

はじめに

アイヌのコタン（共同体村落）のひとつ平取村（現平取町）二風谷に生まれ育ち、後に北海道ウタリ協会副理事長をつとめた貝澤正（一九一二―九二年）が自らの来し方を回想したエッセイ「老アイヌの歩んだ小道」（初出は一九七二年）に、次のような一節がある。

シサムは白い米を常食とし柾家の住宅に住み身なりもキレイだ。アイヌはヒエ・アワの常食、茅葺の小さな小屋、焚火で煤くさいきたないなりだった。祖父は長い鬚を生やし祖母は口のまわりに入れ墨をして、父はいつも酒を飲んでは母と口論をし、家庭内は常にゴタゴタがたえない。こんななかでの生活は、私に〝シサムは良いものだ〟と思わせ、私は〝シサムになりたい〟、そのことだけを思い続けて成長し大人になった。(1)

「シサム」とは隣人の意であり、貝澤はこの穏やかな語を用いているが、それはひとつの政治的選択のすえのことであっただろう。なぜならば、貝澤のこのエッセイは全体を通読すれば明らかだが、同化主義と皇民化教育をきびしく批判し告発する内容となっているからである。シサムということばは彼の経験と政治判断をとおして選び取られたものであり、「中立的」な歴史用語を用いるとしたら「和人」ということになる。海保嶺夫によれば、「和人」なる用語の明確な初出は寛政一一（一七九九）年であり、アイヌ民族に対する「同化」主義的発想が政策レヴェルに登場し、「同化」の到達目標として「和人」が位置づけられている。[2]「和人」という語の設定そのものにすでに人種主義的な分類が入り込んでいたのだ。「和人」と「シサム」というふたつのことばのあいだに厳然と存在する権力関係の懸隔、それを貝澤は熟知していたことだろう。

だがここでは、こうした批判とは異なる次元で、貝澤が「シサムは良いものだ」と思わせられたこと、そして「シサムになりたい」と思い続けたことがつづられている点に注目をしておきたい。

彼は後年アイヌの社会運動にとってかけがえのない一人となり、アイヌの民族的アイデンティティについてもさまざまな発言を行った。その貝澤が生きてきた過程には、客体的／主体的あるいは受動的／能動的に、「良いものであるシサムになりたい」という力をくぐってきたことが刻印されている。そのことが上のわずかな引用からも見て取ることができるだろう。

もちろん、貝澤をもってアイヌを代表させることには無理がある。貝澤が当時のアイヌとしてはまれな高等小学校卒業という「高学歴」を有していたという事実が、その理由の第一にあげられる。また、当時のアイヌに共通の問題だった貧困を背景にしていても、つねに葛藤がたえなかったという家庭事情は、どれほどまで彼の同時代のアイヌに共通だったのか、この疑問が第二の理由である。

しかしそれにもかかわらず、「シサム」（＝「和人」）に対する憧れと違和・反発、つまりはアイヌと近代日本の国家・社会とのあいだに生み出された求心力と遠心力は、アイヌが個々人としてもエスニック・マイノリティ集団としても近代以降の日本の国家と社会のなかで生き延びてきた「存在の過程」に深くかかわっている。

そして、ここでいう求心力と遠心力とは同じ次元に属していないことに注意を払っておかなければならない。求心力が支配モデルとしてのマジョリティに向けられたマイノリティの自己束縛につながる機制の効果だとすれば、遠心力は自らをマイノリティたらしめる創造的なダイナミズムの萌芽であり、それらは同一次元で併存するものではないからである。(3)

次元を異にしながらも併存する、こうした求心力と遠心力とを念頭におきながら、この小文では、知里幸恵（一九〇三―二二）と知里真志保（一九〇九―六一）の姉弟二人がのこしたテクストのうちから代表的ないくつかをとりあげて、それらがかかえもつ問題にせまってみたい。

貝澤に見てとった近代日本をめぐる求心力と遠心力を知里姉弟にもつなげているのは、彼らの生没年をふまえて言えば、彼らをとりまくマクロな力は貝澤と同時代性を有していたという観点からである。そのさいに論じられるべきは、二人の作業をつうじてユーカラが「日本語テクスト」として現れてきたことをめぐる諸問題となるだろう。

ただし貝澤と同様に、知里姉弟をアイヌの代表格としてあつかったり、アイヌの集合的人格の表現のようにあつかうことには慎重でなければならない。

幸恵は祖母モナシノウク・伯母金成マツとともに暮らした旭川で、アイヌ児童を主対象とする「旧土人学校」で初等教育を経てはいるが、その後中等教育を旭川区立女子職業学校において受けている。また周知のように、真志保は室蘭中学校を卒業、金田一の支援の下で東京帝国大学に入学し、大学院を修了してもいる。

近代日本社会におけることばを問題の焦点として取りあつかうならば、そこには不可避的に教育の問題が組み入れられなければならない。教育を介して「共通語」としての日本語の「近代化」を普及することが、帝国形成の基軸のひとつとなっていたからである。その点からしても、この姉弟は当時のアイヌに一般的だった条件から抜け出ているといわざるをえない。

さらに『アイヌ神謡集』やさまざまなアイヌ語研究の著作を加味すれば、時代のさなかをアイヌ語にかかわる単独者として生きた二人として知里姉弟を考えることが求められているのではないだろうか。

1 時代のなかの「国語」と知里姉弟

知里幸恵が生を享ける四年前に帝国議会の満場一致をもって制定された「北海道旧土人保護法」は、その第九条にアイヌのコタンごとに「国庫費用ヲ以テ小学校ヲ設クルコトヲ得」と述べている。これは一九〇一年三月三一日付の北海道庁令第四二号「旧土人児童教育規定」とあいまって力を発揮し、知里幸恵たち以降の世代のアイヌの子どもたちを対象とした初等学校の設立と普及は着々とすすめられていた。小川正人がまとめたところによれば、「旧土人保護法」が制定された一八九九年に二二・五％だったアイヌ児童の就学率は、幸恵が初等教育にすすむ一九〇九年に八九・八%、真志保の場合の一九一五年にあっては九五・九%の高きに達している。[4] 恐るべき浸透度といわざるをえない。

そしてアイヌ児童を対象とした初等学校教育で用いられていた言語は、いうまでもなく日本語であった。小川は、彼のいう「近代アイヌ教育制度」における日本語の問題について、次のように述べている。

アイヌ民族に対するアイヌ語の剝奪・日本語の強制という問題を例に見ても、一九一六年の北海道庁による調査は、「大体に於て同種族間の通話にはアイヌ語を用ひ和人に対しては和語を使用す」と報じているが、一九二〇年代末には「現在に於て殆どアイヌ語を用ふる者なく、青年等は大体之を知らぬ」と記している。これらもあくまで官公庁報告であるけれども、学校教育の「普及」とアイヌ政策との強い相関をうかがうことができる。[5]

アイヌ語使用がかくも迅速に奪われていった過程はまた、日露戦争勝利によって「大国」の自己意識を獲得した帝国日本の「内面」にかかわる問題が教育の場において如実に表出された時期でもあった。日露戦争直後の一九〇六年二月に実施された世論調査報告書『明治三十八年二月仮名遣改定案ニ対スル世論調査報告』では、「国語」すなわち「大国」のことばである日本語の表音表記法をめぐる二つの立場が設定されている。

安田敏朗の分析によれば、植民地への普及までも射程におさめ、「普通教育で多くの人々がより簡便に習得できるものをめざすという大衆性に訴え」る「同時代的な普遍性・効率をもとめる、共時的な立場」と、天皇の万世一系神話によりかかる観点から「国語」の「純正さ」の保持を主張する「『伝統』との連関をことさらに唱える、通時的な」立場とが、対立しながら設定されていたという[6]。

しかしながら、後の「東亜共通語」概念につながる立場である、「普遍性」を強調する共時的な前者の立場は、一九三〇年代以降の「復権」をまたざるをえなかった。まずは近代天皇制がその国家宗教的・イデオロギー的側面で依拠した「伝統」を理由とする歴史的仮名遣いが、内向きの同化・統合の一装置として用いられることとなる。

知里幸恵が没した翌年に、師・金田一京助をつうじて彼女の成果として刊行された『アイヌ神謡集』をとりまいていた日本語環境は、上記の推移を見ると、「国語」の通時的な「歴史性」を重視する表記であったといえる。それも、アイヌ同士の間ではそれぞれが住む地域の固有性を色濃く表した「方言」としてのアイヌ語が日常的に用いられ、「和人」との間では「和語」が用いられるという、日本語支配へのバイアスをともなった二言語併存状況から、アイヌの青年層一般が「大体之ヲ知ラヌ」状況への転換期において、幸恵の作業がはたされたことに注目しておく必要があろう。

とはいえ、そうしたマクロな状況が知里幸恵の作業をすみずみまで規定したわけではない。このマクロな状況はたしかに帝国のもとでの植民地主義と人種主義にみちてはいるが、あくまで、歴史的・社会的コンテクストにおけるヘゲモニーを有する力として考えられなければならない。かりに知里幸恵がのこした『アイヌ神謡集』を植民地主義や人種主義というコンテクストに還元してしまうならば、『アイヌ神謡集』は作品そのものの生——そこにはいま-ここでわれわれがこのテクストを読むという「死後の生」の一形態もふくまれている——をコンテクストの中に奪い去られてしまうだろう。

そして一方、知里真志保が幸恵の作業をふまえてアイヌ語から「日本語テクスト」への「翻訳」に取り組みはじめたのは、日本人という国民＝民族の内側に差し向けられた「通時的」表記の立場から「東亜共通語」を参照項においた「共時的」表記の立場への転換がなされた時期である。彼の作業は近代の学としての言語学・人類学等々が日本において確立した後に登場したものでもある。そしてさらに戦後の「国民国家」再建の過程にあっても続けられることとなった。

しかし知里真志保の場合においても幸恵と同様に、それらのマクロな状況をもって説明原理とするわけにはいかない。彼が幸恵の遺した仕事をいかに継承し展開したのか、その具体的な経験のつらなりの中から生まれたテクストをわれわれが読むということは、マクロな説明原理によって遂行されるものではないのである。

知里姉弟それぞれの日本語へのユーカラ「翻訳」を、まずは彼女らの生きた状況のなかで位置づけ、次にわれわれの現在性とつながる回路をさがしながら受けとめ考察する――これらの作業が重要なのである。

2　ひそかで強靭な批判、編者という名の牢獄――『アイヌ神謡集』をめぐって

何度となく取りあげられてきたテクストだが、知里幸恵と彼女の「翻訳」の問題の入口として、『アイヌ神謡集』の序文を避けることはできない。

〔……〕平和の境、それも今は昔、夢は破れて幾十年、此の地は急速な変転をなし、山野は村に、村は町にと次第々々に開けてゆく。

太古ながらの自然の姿も何時の間にか影薄れて野辺に嬉々として暮してゐた多くの民の行方も又何処。僅かに残る私たち同族は、進みゆく世のさまにたゞ驚きの眼をみはるばかり。而も其の眼からは一挙一動宗教的感念に支配されてゐた昔の人の美しい魂の輝きは失はれて、不安に充ち不平に燃え、鈍りくらんで行手も見わかず、よその御慈悲にすがらねばならぬ、あさましい姿、おゝ亡びゆくもの……それは今の私たちの名、何といふ悲しい名前を私たちは持つてゐるのでせう。

其の昔、幸福な私たちの先祖は、自分の此の郷土が末にかうした惨めなありさまに変らうなどとは、露ほども想像し得なかつたのでありませう。

時は絶えず流れる、世は限りなく進展してゆく。激しい競争場裡に敗残の醜をさらしてゐる今の私たちの中からも、いつかは、二人三人でも強いものが出て来たら、進みゆく世と歩をならべる日も、やがては来ませう。それはほんとうに私たちの切なる望み、明暮祈つている事で御座います。けれど……愛する私たちの先祖が起伏す日頃互に意を通ずる為に用ひた多くの言語、言ひ古し、残し伝へた多くの美しい言葉、それらのものもみんな果敢なく、亡びゆく弱きものと共に消失せてしまふのでせうか。おゝそれはあまりにいたましい名残惜しい事で御座います。

アイヌに生れアイヌ語の中に生ひたつた私は、雨の宵雪の夜、暇ある毎に打集ふて私たちの先祖が語り興じたいろいろな物語の中極く小さな話の一つ二つを拙ない筆に書連ねました。(7)

感嘆詞や「……」の効果を熟知した用法、めりはりの利いたリズムなど、技法上でも高い密度をもった文章であるばかりではない。押し寄せる怒涛のごとき力のもとで主体性を奪われるのみならず、ルサンチマンのただなかに自らを閉じ込めている彼女の同胞たちが生きる状況への激烈な批判が、ここには同時に存在している。

たしかによく指摘されるように、自民族の過去を幸福なものと措くロマンティシズムを見て取ることも可能だろう。しかしそれは「亡びゆくもの」といったノスタルジーにすべてを回収できるような質のものではない。「激しい競争場裡に敗残の醜をさらしてゐる今の私たちの中からも、いつかは、二人三人でも強いものが出て来たら、進みゆく世と歩をならべる日も、やがては来ませう」という一文を読めば、そのことは明らかだろう。

「極く小さな話の一つ二つ」という謙遜のよそおいのもとで、東京という異郷から後の世代の同胞と故郷に向かって残し伝える意志をともないつつ発されたテクストとして、『アイヌ神謡集』の原稿はまとめられていったととらえることができる。

その意味で知里幸恵のロマンティシズムは、アイヌ民族の一員であることに意識的な彼女が、彼女にとっての現在をきわだたせ、未来の可能性を呼び込むために選び抜いた修辞として受けとめることができるものである。

ところで、郷土研究社版のこのテクストを読むと、ある奇妙さに気がつく。奇妙さとは、テクストのどこにも訳あるいは翻訳ということばがないという事実にほかならない。初版が出版された一九二三（大正一二）年といえば、「翻訳大国ニッポン」の基盤はほぼ固まってきている。多くの翻訳書も世に出ていた時期である。それらのほとんどの表紙に訳者の名前がはっきり印刷されていることは言うまでもない。

ところで郷土研究社から出版された『アイヌ神謡集』は、左側ページにローマ字表記のアイヌ語、右側に日本語が対訳形式で載せられている。こうした形式のテクストは——当時すでに東京帝大図書館に備えられていたオックスフォード大出版局のギリシア・ローマ古典叢書とまったく同様に——翻訳者なしでは存在しえないものである。さらに口承伝承であるユーカラを記録・編纂した困難にみちた過程を考えれば、初版の奥書にあるように著作者として知里幸恵をとらえることさえできるだろう[8]。

知里幸恵がまぎれもなくアイヌ語の世界を生きた一人であったとはいえ、それが彼女を存在感の希薄な「編者」という名の牢獄に閉じ込める合理的な根拠になるはずもない。死の四日前に彼女が両親にあてた最後の手紙（一九二二年九月一四日付）には、「私のカムイユカラの本も直きに出来るやうです[9]」という一文がある。「私の」の「の」を言語学者である金田一は、それは所有格ではない、とは言うまい。知里幸恵にとって『アイヌ神謡集』はまさしく彼女自身がつくりあげた著作だったのである。

だが、彼女をたんなる「編者」にとどめおこうとした力は、『アイヌ神謡集』を自らの本ととらえていた彼女の夭折を天与の助力としながら、今なお生き延びてもいる。

3　口承の固有性の消失とローマ字表記の政治

知里幸恵がユーカラを聞いたのが彼女の祖母・金成モナシノウクからであることはよく知られた事実

である。金田一京助はモナシノウクを「アイヌの最後の最大の叙事詩人」と絶賛したというが、それは伝承の様態の変化が可能にした賛辞だった。知里幸恵が遺したノートの整理翻訳の中心人物である萩中美枝（知里真志保の未亡人）は、次のように述べている。

> 旭川の近文では、ユーカラは男性が伝承すべきものとされていたが、モナシノウクが、娘の金成マツと近文に同居していた時に、毎晩のようにユーカラを語り、それを聞きに集ってきた女たちの中から、次第にユーカラを語る者がでてきた、と今年〔一九八二年〕84才になる砂沢クラさんが言う。このことは重要な意味を持つ。いま旭川に伝承されているユーカラの中に、胆振で伝えられていた詞曲の影が色濃く残っていることに気付くことがある。それは、胆振国幌別郡幌別村（現登別市）出身のモナシノウクの影響であった。それでも旭川出身の伝承者が旭川で語り「これは旭川のユーカラだ」と言えば、そのまま通用される。[10]

ユーカラの地域的な固有性と差異をめぐって、十把一絡げの取りあつかいへの違和感と伝承者の当事者性の問題が述べられている点もたしかに重要であろう。だが、ここでは旭川の近文では男性が伝承すべきものであったユーカラが、モナシノウクを強力な媒介者として、伝承者たちを新たに生み出しながら女性に移っていったことを重視しておきたい。

ノートの第一冊目冒頭におかれた、訳文では「1　シノッチャ（shinotcha 歌）」と題されている節のローマ字による語りの記録の最後に、幸恵自身の短い注がついている。それにはこうある。「これはフチがよく歌って聞かせてくれますが、大変その節廻しが複雑で私等には仲々真似が出来ません。私は今けいこをしてゐます」[11]。

フチ（お婆さん）とは彼女の祖母モナシノウクをさしている。なかなか真似のできない複雑な節回しを語るモナシノウクの身体、その語り方を習得しようとけいこを重ねる幸恵の身体、それらをつくりだす口承という彼女らの身体技法は記録自体からは浮かび上がってはこない。

さらに『アイヌ神謡集』の有名な「銀の滴」に付された注の（7）で、知里幸恵は家の囲炉裏をかこむ座席の社会的序列について「上座に坐るのは男子に限ります、お客様などで、家の主人よりも身分の卑しい人は上座につく事を遠慮します」[12]と述べている。

彼女が生きた当時に具体的に知っていたアイヌ民族内部の日常におけるヒエラルヒーにかかわる記述でもあるが、男性中心的なきびしい社会性がうかがわれる。そうであるならば、旭川・近文で男性が当然の主体とされたユーカラが女性へとその主体の場（＝口承する身体）を移行させたことには、規模としては些細であっても重要な転換があったと考えるべきではないか[13]。しかし、この移行も、また萩中が指摘したユーカラの地域的な差異や固有性も、『アイヌ神謡集』の出版の過程で消え失せてしまったのだった。

こうした差異の「消失」の一方で、ノートから『神謡集』へのローマ字表記のつながりの中に問題が存在する。

現在、北海道立中央図書館に収蔵されているノートでは、最初のうちは句点をコンマで表し名詞は頭文字を大文字にするといった形式をとっている。だがそのうちに句点のかわりに改行の効果を用い、固有名詞のみが頭文字を大文字で書かれるかたちにおさまっていっている[14]。
ノートが北海道教育委員会によって印刷・刊行されるさい、ローマ字記録にカタカナの振り仮名で発音表記が付され、さらに日本語訳がつけられた。そしてその「凡例」が音声学的な注意書きからなっている事実は、口承されるユーカラをローマ字に転換し記録に残す作業に音声的な面での取捨選択がはたらいていたことを示して余りある。

さらにアルファベット表記ではなくローマ字表記だということが重要である。幸恵の記録から『アイヌ神謡集』出版にいたる当時にあって、制度的に確定されてはいなかったもののヘボン式ローマ字表記が持ち込まれた。その理由は、ヘボン式での母音が日本語のアイウエオに似てAEIOUであるため、日本語との一対一対応がきわめて容易だったためだと考えることがもっとも合理的だろう。つまり、取捨選択の不可避性は、日本語へのつよい指向性をプロトコルとしてあらかじめそなえたローマ字表記の必然的な帰結であったといえる。

取捨選択の一例として、ノートでの記録から『アイヌ神謡集』につながった、日本語訳では「小狼の神が自ら歌った謡『ホテナオ』」をとりあげてみよう。このカムイユーカラのローマ字表記部分では、場景説明の部分から台詞にうつるさいにコロン(:)とハイフン(-)が連続で表記されており(つまり:-)、台詞は改行の後にクォーテーション・マーク(" ")で区切られている。句点に相応しているのはピリオドである。さらに口承でのリズムを記号表現に忠実に変換しようとしたためか、エクスクラメーション・マーク(!)が反復されている。つまりローマ字表記という日本語的な音声要素の限定のうえに、きわめて英語的な用法での表記が重ねられているのである。

だが読み手にそうした分節化の技法をつうじて表現された口承の力はどこまで届いたのだろうか。「!」がどのような息遣いや間をとって強調されたのか、「⁝ ⁝」で表されている台詞に移るさいに語り手はいかに口調や声音を変化させたのか。

これはあたかも裁判記録の行間から稀に浮かび上がってくる沈黙のようなものだ。その沈黙は、証拠を前にして口ごもったものなのか、真実を前にして息を呑んだ結果なのか、それとも伝えるべきものごとをいかに表現したらよいのかわからずに立ちすくんでしまったためなのか。そうした沈黙の質がほとんどわからないように、表記された文字からユーカラが口承された場の迫真力に遡行することはほとんど不可能である。

たしかにノートの記録は、知里幸恵がいかに心を砕いて、口承の場で実現される生きた表現をその活力を失わせずに文字化しようとしたのかをわれわれに教えてくれる。その模索の過程が表記の形式に現れ出ているといっても過言ではない。しかし同時にその過程は、残され伝えられなければならないことばが表記された文字の支配のもとに置かれ、口承のもつ生命力が吸い取られていく残酷な逆説をもたらすものでもあったのだ。

4　知里真志保と「ユーカラ」——口承表現の「文学」化

知里幸恵が口承から文字表記への問題の重力圏に置かれていたとすれば、その弟・真志保は、文字表記を決定的な媒介の回路としてアイヌ語口承表現を「文学」へと転換しようとする試みがもたらす問題の最中を生きたといえる。

彼が詩人の小田邦雄との「共著」で一九五六年に元々社から上梓した『ユーカラ鑑賞』では、有名な「銀の滴」について次のような解説が付されている(15)。

〔……〕この作品には、貧しい者と長者との対立感のなかに読者は、コタン社会の階級の分化のきざしをそれとなく知ることが出来るであろう。アイヌ民族の人間性への目覚めは、この作品の製作意図のなかに、きわめてしぜんに把握されているとみなければならない。しかも、こういう社会の分化の状態から推して、この詩篇の完成期は、よほど近代に近いことがうかがわれる(16)。

「この作品」という言い方には文字表記の力が貼り付いている。読者がその作品から「それとなく知る」ためには読解が必要であるという明らかな理由を内化しているからである。そしてすぐ後の「この詩篇」という表現で反復強化されているが、知里真志保にとってユーカラはすでに文学、それも固有のジャンルとして成立している「アイヌ文学」なのである。

真志保は、「この詩篇の完成期」をはっきりと見て取っている。それは、すでに和人の支配的ヘゲモニー＝近代にアイヌ共同体（コタン社会）がむすびつけられ階級分化をとげていた時期だというのである。

だが「アイヌ文学」にいたる道の起点は、彼が繰り返し研究論文の対象とした口承された神謡以外にありえない。神謡をめぐる諸文脈のなかで、彼のよりどころとなったのは、姉・幸恵の「翻訳」だった。

そして、それが知里真志保にとってのよりどころたりえたのは、姉を受け継ぎ批判し超克しようとする作業をつうじてである。そのことは一九五一年に彼が「補注者」として北海道郷土研究会から刊行した、「銀の滴」一編のみを取りあげた小冊子の序文からも浮かび上ってくる。

亡姉知里幸恵の遺著アイヌ神謡集は、胆振国幌別町の古老に伝えられていた神謡十三編を集め、ローマナイズした原文に日本語の対訳をつけたもので、当時名著のほまれ高かつたものである。しかし、発行部数の少かつたためもあつて、今は稀覯本になつてしまい、一般の人の目にふれる機会は殆どなくなつてしまつた。ここに収めたものはその冒頭を飾る一篇であつて、原著の原文に存在した若干の誤を訂正し、特に訳文はなるべく原意を生かす様に改めた所が多いので、ある意味では全く私自身の著作になつてしまつた。その意味に於て、これは註の部に示した幾つかの私見と併せて、亡姉の遺作とはまた別個の価値を持つものであると信ずる。今回これを郷土研究社から発行するに当り、『野性』編集部の更科源蔵、富樫酋一郎両氏、及び進んで校正その他の厄介な仕事を引受けて下さつた永田栄氏の厚意を深く感謝するものである。一九五一・六・一七　知里真志保(17)

「亡姉の遺作とはまた別個の価値を持つもの」という表現に、面映ゆいほどの自負を感じはしないだろうか。この自負はもちろん、「原著の原文に存在した若干の誤を訂正し、特に訳文はなるべく原意を生かす様に改めた所が多い」という学的批判による姉の「乗り越え」に支えられている。

この「乗り越え」は何をもたらしたのか。真志保にとってそれは、文字表記にあって——文字表記をつうじてこそ――日本語や諸書記言語の表現作品に比肩しうる、アイヌの誇りへとつうじる自立的なユーカラ＝「アイヌ文学」という観点だったのではないか。そして、この観点がもたらした対価は声による口承の後景化だろう。

注意深く真志保（および小田の）解説を読めば、声から文字への転換についてほとんど触れられていないことに気がつく。口承社会であったアイヌ社会と文字表記が支配的な和人社会（とりわけ近代日本社会）とが、はじめて接触した状況から「銀の滴」が生まれてきたわけではないことはたしかなことだろう。しかしそのことをふまえても、文字表記の支配的ヘゲモニーのさなかにおける声から文字への転換は、充分一個の問題たりうるのではないか。

では知里真志保が言う「よほど近代に近い」状況において、真志保が取りあげなかった口承の声はどのようなものなのかという問いをここで立ててみよう。

口承伝承をその主要な研究対象のひとつとしてきた文化人類学者・川田順造は、民俗学者・福田晃の「昔話」にかんする論文[18]を参照しつつ、声の語りについてこう述べている。このさいに注目すべきは、「ムカシ（あるいは昔々）」という冒頭の一節をもつことで「大きな過去」へと切り離された物語ではなく、その一節を欠いているがために読み手・聞き手の「現在」において解釈・解読しなおされる語りの問題である。

> 〔……〕「ムカシ」という語を発端としない神語は、語り手からみた三人称も混融させながら、神みずから一人称で語るのであり、それは祭祀の場において語られるとき、時間的空間的隔りを超えて、

神々を現在の共同体に再生せしめるのである。[19]

福田の分析をふまえて川田が示しているのは、「現在」の共同性への反復再帰としての神語、ということにほかならない。この指摘は、口承言語での声をつうじた語りの伝達と継承が、それぞれの語り手‐聞き手の生きる「現在」において、彼らの主観の特定なあり方をつうじて、繰り返し解釈され彫琢された言説の史料体として存在してきたことにつながるものだろう。[20]

しかし、幸恵の生きた具体的状況にあっては、語り手‐聞き手の関係とその展開が彼ら／彼女らの共同性へとひとしい強度を保ちながら再帰するような状況はすでに存在しなかった。先に触れた男性から女性への伝承者の移行が可能になったのは、アイヌ民族の共同性の解体‐再編‐温存という矛盾にみちた過程によるものと考えてもよいだろう。そして真志保が彼女の「遺作」を取りあげる時代はそれをさらに越してしまい、文字こそが状況に対抗しうる有力な武器となっていたのである。

こうした時代においては、世代を越えて伝承されてきた叙事詩のような声の語りがもちえた力、言い換えれば、音の高低や緩急そして呼吸や間の微妙な差異などがもたらす、共同体に固有に形成され維持されてきた心情や感性にとどく力は、そのものとしては保持しえない。確定され批判的に再考される「読み」の対象として、その出自から（完全にとはいえないまでも相当程度）脱文脈化された、記された文字表記が残るばかりである。

この取り戻しのきかない歴史的変容の尖端にいることを真志保ははっきりと自覚していた。そのことは、先の引用と同様に、神謡を読解するさいの位置づけがすぐれて「近代」を意識しているものとなっていることから理解できる。

フクロー神は、しかしこの作品では、個人を対象にした福音の意味を、それほど強調してはいない。むしろコタン社会の民衆の声に接近しようと意図していることがうかがわれる。この意味で、フクロー神の思想が、きわめて近代思想のそれに近づいていることが知られる。

〔……〕

このフクロー神の自叙の歌は、一貫して彼のヒューマニズムがよく透徹して心をうつ。これは、フクロー神の美と義とが開示的であるからだ。しかし、この説話的意図は、アイヌ文学特有の伝統にしたがって、説話的テクニックがみられている。だが、口誦詩人たちが幾世代ともなく口誦に口誦を重ね、さらに洗煉に洗煉を加えてきたのであるから詩篇として醇化された充分なる条件をもつ。

〔……〕

しかも、ここで注目されることは、この作品が、祭儀の隷属から完全に脱却して、ユーカラに新しい人間像を注入し、なおこれを様式の上でも完成させたことである。この意味で、この作品は、その思想をたとえ動物神であるフクロー神に仮託していると云っても、完全な人間主体の文学であると云うことができよう。(21)

神を擬人化して口承神謡の主人公にしてきた、無数の反復と彫琢としての共同体での語りが、近代においてようやく成立した「文学」それも「アイヌ文学」という小ジャンルのなかに組み込まれ、「口誦詩人たちが幾世代ともなく口誦に口誦を重ね、さらに洗煉に洗煉を加えてきた」ものの「完成形態」とされるのである。そして、その神謡の主要な意図が、まさしく近代的普遍性の一表現である「ヒューマニズム」へとずらされ読み換えられている。

この解釈内容が、異なるかたちで表現された普遍的人間性にかかわる志向性であったという相対主義に結びつくならばまだしも、「ヒューマニズム」へのずらしと読み換えは、支配的近代文化への回収という側面を否定できない。そのずらしと読み換えにさいして、アイヌの社会的な位置性にまとわりつく抑圧・排除・差別への批判を、「ヒューマニズム」の政治的効果を期待して普遍主義に託してしまうことはあまりに楽観的であろう。

支配のさなかを生き延びる術としてマジョリティのモデルとしての「ヒューマニズム」を知里真志保は選んだのだろう。だが、それは彼がもとめた「アイヌ文学」の自立を支えるよりも、むしろ支配の普遍主義のなかで「アイヌ文学」の成り立ちを瓦解させる力として働きかねないものなのである。

おわりに

最後に、知里幸恵と知里真志保の「翻訳」をわれわれが読む、という問題を考えてみたい。あたりまえのことだが、ここまでの批判も二人のテクストをめぐる読みをつうじてなりたってきた。ならば、その読みはいったいどのようなものなのかを問い返さずに投げ出してしまうわけにはいかないだろう。

人類学者の真島一郎は、「だれが世界を翻訳するのか」という問いの両義性をふまえつつ、「翻訳」が広義に示す「喩」まで射程をひろげて、次のように新たな（あるいは、あらためての）問いを立てている。

〔……〕こう問いなおしてみたらどうだろうか。自然言語の単一性や可算性そのものに疑義が添えられる一方で、歴史や文化といった大文字の概念にひそむ――それ自体が歴史＝文化的な――表象の歪みまでもが深刻に問いなおされつつある今日、「翻訳」は、そしておそらくは「テクスト」や「読むこと」、「世界」といったことばさえもがかつてなく喩であり、また喩でしかありえず、しかもみずからの没歴史性をみずからの手で内側から切り開くような喩となる時をむかえているのではないかと。逆に喩としての翻訳から、いうところの歴史や実践の対極にあたる一種の不動性、たとえば文字の記された紙片をすぐさま連想してしまう思考こそ、今日の喩法にたいするはなはだしき無知、あるいは「作品」と「テクスト」の旧態依然たる同一視を証してはいないのかと。[22]

ここで問われているのは、具体的な事物である翻訳作品そのものを含み込む、文化翻訳の問題である。カムイユーカラの修辞が独自の表現にみちていることは、『アイヌ神謡集』を少しでも読んだことがある者なら、そのすぐれた日本語訳からもすぐに理解できよう。この小さな本は、教育をつうじての言語喪失であるとともに言語の剝奪でもある支配文化の浸透に対する、自らの民族の文化を防衛するために築かれた最前線の防塁でもあった。この書物は文化相対主義によるパターナリスティックな「庇護」さえ存在しない中で、のしかかる力に屹然と立ち向かう文化翻訳の結晶といえる。では『アイヌ神謡集』の修辞をはじめとする表現の宇宙に向きあうわれわれの読みは、旧態依然たる視野や思考方式から自由なものたりえているだろうか。

自由であろうと試みている、と言うことはできるだろう。だがその試みがたしかな基盤を獲得するには、知里幸恵と知里真志保を「翻訳」のさなかで苦闘させた求心力を批判し、「翻訳」がめざそうとした遠心力を共有していくことが不可欠である。

そして、避けることのできないその取り組みは、知里幸恵を「あえかなる生」の美談に押し込めるようなものではなく、『アイヌ神謡集』へいたった彼女の作業過程を無条件で全肯定するものでもないだろう。また、知里真志保の「翻訳」を学的制度の普遍主義をふりかざして批判するものではなく、アイヌ出身の偉大な知識人として祀りあげてしまうことでもないだろう。

二人の強さと弱さ、大きな状況の受容と対抗、その「翻訳」の素晴らしさと問題点……。そうしたもろもろの相反する力を、具体的な二人の、そして具体的なアイヌ民族の存在をつうじて、支配の側に起源・模範・形式といった表現のすべてが求められるような「翻訳」への批判に転化させ現実のものとすること。いまだ十分に果たされていないこの課題こそが、われわれの取り組みの核をなすものであるにちがいない。

注

（1） 貝澤正「老アイヌの歩んだ小道」『アイヌ　わが人生』岩波書店、一九九三年、七頁。また、小川正人『近代アイヌ教育制度史研究』（北海道大学図書刊行会、一九九七年）三―四頁の指摘を参照のこと。

（2）海保嶺夫「和人地権力の形成——渡党の性格をめぐって」、加藤・北島・深谷編『幕藩制国家と異域・異国』校倉書房、一九八九年、四九頁以下を参照のこと。

（3）ジル・ドゥルーズがアントニオ・ネグリとのインタヴューで述べた次のようなことばは参照に値する。「マイノリティがみずからのモデルを作るとしたら、それはマイノリティがマジョリティになりたいという願望をいだくからにほかならない。たぶん、生き延びたり、救済を見出したりするためには、そうするしかないのでしょう（たとえば国家を構えたり、認知してもらったり、あるいはみずからの権限を押しつける場合がそうです）。けれどもマイノリティの力はマイノリティがつくりだしたものから生まれるのであり、たとえこれが少しばかりモデルのなかに流れ込んだとしても、マイノリティがモデルに依存することにはならない。…こうしたマイノリティとマジョリティが併存しうるのは、両者が同一平面上で生きられるのではないからです」（Gilles Deleuze, *Pourparlers*, Paris: Minuit, 1990, p. 231.宮林寛訳『記号と事件』河出書房新社、一九九二年、二八一—二頁。ただし適宜改訳した）。

（4）小川前掲書、一〇頁の表を参照。

（5）同書、一一頁。

（6）安田敏朗『帝国日本の言語編成』世織書房、一九九七年、一〇—一一頁。

（7）知里幸恵編、郷土研究社版復刻版『アイヌ神謡集』（第二刷）、知里真志保を語る会、二〇〇二年、一一—三頁。

（8）北道邦彦「『アイヌ神謡集』諸版本の本文について」、同右書、付録七—八頁。

（9）同論文三頁より重引。

（10）北海道教育庁社会教育部文化課編『昭和56年度　アイヌ民俗文化財調査報告書（口承文芸シリーズⅠ）知里幸恵ノート』北海道教育委員会、一九八二年、三頁。

(11) 同書、三六頁。
(12) 『アイヌ神謡集』前掲書、一〇―一一頁。
(13) 萩中は、『アイヌ神謡集』に収められた類のユーカラは、「釧路では〔……〕女が伝承するものとされていた」と述べる(『知里幸恵ノート』前掲、一頁)。だが本稿において重要な問題は、知里幸恵が付した注に見られるような、彼女にとっての具体的な固有性としては、ユーカラを聞いた旭川・近文での男性から女性への移行にこそあり、釧路の事例で相対化できるものではない。
(14) 北海道教育庁社会教育部文化課編『知里幸恵ノート』全五冊(口承文芸シリーズI―V)、北海道教育委員会、一九八二―八六年。
(15) 真志保は「まえがき」で、「この著において、神謡の訳業と解説の中の学説的な部分に対しては私が責任をもち、鑑賞の立場からの解説はすべて小田君に負うものである」と言明している(知里真志保・小田邦雄『ユーカラ鑑賞』元々社、一九五六年、二頁)。この意味で、「翻訳」とその学位置づけの主導権が真志保におかれた分業のもとでの「共著」である。この「共著」のあり方については、佐藤=ロスベアグ・ナナ「知里真志保と詩人たち――(1)『ユーカラ鑑賞』の共著者小田邦雄」(『コアエシックス』三号、二〇〇七年)に詳しい。佐藤=ロスベアグは同論文で具体的な執筆分担の問題に触れており、本稿で引用した部分は小田の執筆とする。分担にあっての佐藤の指摘に筆者は賛同する一方で、「アイヌ文学」という学的言説のカテゴリーが示す内容においては知里真志保と小田邦雄との認識が共有されていること、さらにその政治的効果が向かう状態の問題として、引用部を「共著者」知里の言説として本稿では読み解いた。また知里真志保の「翻訳」総体をめぐっては、同じく佐藤=ロスベアグの『知里真志保のアイヌ神謡訳における創造――文化とパフォーマンスを翻訳する』(立命館大学大学院先端総合学術研究科二〇〇七年度博士論文)を見よ。
(16) 同書、三二頁。

(17) 知里ゆきえ《〔ママ〕》原訳・知里真志保補注『アイヌ神謡　銀のしずく降れ降れまわりに――ふくろう神が自分を演じた歌』郷土研究資料シリーズNo.1、北海道郷土研究会、一九五一年、一頁。撥音の表記（「っ」を「つ」で表記）は原文のまま。

(18) 福田晃「日本昔話の成立――叙述形式「ムカシ」の生成をめぐって」、小松和彦編『昔話研究の課題』名著出版、一九八五年、二〇一―二五一頁。

(19) 川田順造『聲』ちくま学芸文庫、一九九八年、二五〇―二五一頁。

(20) 川田順造『サバンナ・ミステリー――真実を知るのは王か人類学者か』ＮＴＴ出版、一九九九年、一五八―一六〇頁を参照。

(21) 知里真志保・小田邦雄、前掲書、三〇―一頁。

(22) 真島一郎「翻訳論――喩の権利づけをめぐって」、同編『だれが世界を翻訳するのか』人文書院、二〇〇五年、一〇―一一頁。

【エッセイ】

知里幸恵との、遅すぎた出会いをめぐって

太田昌国

一

捨てるに捨てられず、何度かの引越しも経験してきた、ほぼ四十年前のスクラップ帖や未整理の切り抜きを入れた紙袋が七、八点ある。一九六〇年代半ばから七〇年代初頭にかけてのものである。切り抜きの多くは『北海道新聞』と『釧路新聞』であり、稀に全国紙が混じっている。

私が生まれ育った北海道・釧路の高校を卒業し、そこを離れたのは一九六二年のことであった。したがって、切り抜きになっているふたつの地方紙は、当時は私の生まれ故郷に健在であった両親が、私の関心のありかを聞いて、該当する紙面をときどきまとめて送ってくれたもので、私が十代後半から二十代後半にかけての十年間ほどのものである。内容はいずれも、北海道に縁のある文化・文学に関するもの、とりわけアイヌの文化と歴史に

関わるものだ。私は、釧路での小学校、中学校生活を、「考古学愛好少年」として過ごした。海を臨む山野、湖に面した小山、貝塚、アイヌのチャシ（砦）――それらの場所を、飽きもせずに歩き回っては矢尻や化石を掘り出し、博物館では展示物に見入っていた。

その関心を持続するうえでのスクラップ帖なのだが、それをいま見ると、何とも苦い思いがこみ上げてくる。釧路で過ごした時期の私にとって、アイヌ史と和人史は、何らの明確な境界線もなく、のっぺらぼうに繋がっていた。「侵略」や「植民地支配」という用語とも、「先住民族」とか「コロン（植民者）」という位置づけとも無縁な地点での好奇心を、考古学的なるものに抱いていたようなのだ。もちろん、若さゆえに、むしろ幼さゆえに、そのような表現（言い当て）とはそもそも縁のない時期のことであった、との慰め的な物言いは不可能ではないだろう。だが、それにしても――との思いは消えない。

これらの切り抜きの中に、知里幸恵に関するものは数点ある。『アイヌ神謡集』が札幌の弘南堂書店から小冊子で復刻出版されたことを伝える一九七〇年の記事。金田一京助家から発見された幸恵の原稿ノートに即して言えば、歌いだしの部分は「あたりに降る降る銀の水、あたりに降る降る金の水」となっており、これは、流布している表現とは異なるのだが、この異同はいったいどこから生じたのかを考察した一九七三年の連載記事――などである（連載記事を書いたのはアイヌ史研究者、藤本英夫である。彼は同時期に、幸恵の評伝『銀のしずく降る降る』を著わし（新潮社、一九七三年）、そこでもこの問題を論じている）。もちろん、そこでは、幸恵の実弟、知里真志保がその部分の翻訳は「…降れ降れ…」でなければいけないと強硬に主張したという、有名な逸話にも触れられている。だが、私は、この段階では『アイヌ神謡集』に出会ってはいない。地域限定の出版物ゆえ入手が困難ではあったろうが、それにしても——との思いが生まれるひとつの理由である。

私の子ども時代に、アイヌの人びととの出会いの機会は何度かあった。小学校低学年のときから、町の小高い地点にある松浦武四郎の銅像は見慣れており、「江戸幕末期の大旅行家としてのその偉業」は学校の授業でも聞かされて育った。後年になって、松浦が、実は、自らが見聞した和人によるアイヌへの虐待を厳しく批判する日誌を大量に残していた人だと知って、子どものときに抱いていた、単なる旅行者としてのイメージとの、あまりに大きな落差に驚いた。低学年のとき、釧路市にあった学芸大学から教生先生として私のクラスの担当となり、私が子ども心に慕った男性は、金成《かんなり》という苗字だった。風貌からはわからなかったが、金成姓は、幸恵の伯母、ユーカラ伝承者として高名な金成マツにどこかで繋がっていたのだろうか。長じてから抱いた疑問は、まだ抱え込んだままだ。小学校六年のとき、新しい小学校の設立で学区の変更があり、そこの五十人学級には（容貌からみて）数人のアイヌの子どもが在籍していた。大人になってからあらためて知り合ってみると、自意識の問題としてアイヌであると自らを考えていた人はもっと多かったことを知った。差別の問題は、私が記憶している限り顕在化していなかったが、こればかりは、もう一方の当事者に聞かなければ、本当のところはわからない。

父は、私が物心ついたころから、地方議会の議員をしていた。北海道が革新王国と言われていた時代である。自宅には取材で新聞記者の出入りが多かった。なかに、高橋真という名の、見るからにアイヌの記者がいた。私を可愛がってくれた。この人物が、日本の敗戦直後から四八年まで、アイヌ民族独立自治を掲げて『アイヌ新聞』を創刊したが、やがて「アイヌの覚醒は未だし」と絶望感を吐露して、他の仕事に転身した人物であったことは、新谷行の『アイヌ民族抵抗史』（三一書房、一九七二年）ではじめて知った。子どもの私は、高橋真が傷ついた心を秘めながら『北海タイムス』の新聞記者をしていた時期に、遊び相手をしてもらっていたのだと思う。

このように、「気づき」はいつも遅れてやってくる。今回も、『アイヌ神謡集』以外にも知里幸恵に関わる文献を読み返しながら、幸恵と私の父母との同時代性をはじめて思った。幸恵は一九〇三年、登別に生まれた。私の父は一九〇四年、宮城県に生まれた。母は一九〇八年、北海道の栗山町に生まれた。農家の十一人兄弟姉妹の四男であった父は、宮城県の旧制中学を卒業後、代用教員として、単身釧路に赴任した。幸恵が金田一京助に呼び寄せられた東京で心臓麻痺で亡くなったのは一九二二年だったが、父の釧路赴任はそれと同じ年のことだった。母の、富山県出身の父親は、教育の運営状況を監督管理する役目である視学として、蝦夷地ならぬ北海道に赴任していた。新教育制度の下で、アイヌの「同化」のためにも重要な役割を担ったのでもあろうか。先住民族と植民者の末裔との、「無関係の関係性」を明らかにすること、それが、今を生きる私たちの課題であるとする思いは、こんな年表風のものを綴りながら、生まれてくる。

金田一京助が『アイヌ神謡集』初版（郷土研究社、一九二三年）に寄せた跋文「知里幸恵さんのこと」には、次の一節がある。「〔幸恵の〕お父さんの知里高吉さんは発明な進歩的な人だったので、早く時勢を洞察し、率先して旧習を改め、鋭意新文明の吸収に力められましたから、幸恵さんは幼い時から、そう云う空気の中に育ちました。」

幸恵と父母たちの同時代性を思って以降、金田一の、この「率先して旧習を改め、鋭意新文明の吸収に力められました」などの、何気なくなしたであろう表現が、いつも思い起こされる。一九六〇年、フランツ・ファノンがアルジェリアの現実に即して分析した考察に拠れば、被植民者（原住民）と植民者（コロン）の間には非和解的な関係がある。それを自覚的に乗り越えてはじめて成立しうる新しい関係のあり方がある。それは、近代日本が近隣の諸民族・地域ともってきた関係を顧みるとき、私から見て納得のいく分析である。近代国家＝日本は、「明治維新」の翌年、一八六九年に、蝦夷地改め北海道としての囲い込みを行ったが、これこそが日本初の植民地の「獲得」であったと、私は今でこそ考えている。そのときから八十〜九十年後には、先住民族と植民者の末裔との関係を、ここまで見えなくさせていた日本的植民地支配の「徹底性」とは何なのか。それを考えることもまた、私たちにとっての現在と未来の課題であると思える。

二

知里幸恵編『アイヌ神謡集』は、一九七八年八月、岩波文庫に収められた。そのときはじめて、私はこの作品に出会った。赤帯が付いていた。岩波文庫の赤帯とは、それが「外国文学」の範疇に属するものであることを意味している。すでに「一」で述べたような捉え方に行き着いていた私に、そのこと自体が鮮烈な印象を与えた。知里幸恵が、音をローマ字で書き記し、それに流麗な日本語訳を添えて『アイヌ神謡集』に収めた十三篇の詩篇が、いつの時代からの語り伝えなのかは、わかっていないようだ。冒頭の「銀のしずく」と「金のしずく」は、幸恵によるローマ字表記では「Shirokanipe」「konkanipe」となっており、「銀」という訳語は「白金」(shirokane)、「金」という訳語は「黄金」(kon-kane)という日本語から採られていることは否定しがたいようであるから、和人との接触の過程がどこかの地点で介在し、口承文学に避けがたい変容が現われていることは確かではあるだろう。

だが、そこに謡われている、人間(アイヌ)と動物・鳥・魚たちとの親和性から考えて、原形が創られたのが、幸恵が「序」でいうごとく、「その昔この広い北海道は、私たちの先祖の自由の天地でありました。天真爛漫な稚児の様に、美しい大自然に抱擁されてのんびりと楽しく生活していた彼等は、真に自然の寵児、なんと幸福な人たちであったでしょう」に該当する時代であったろうことに、疑いはないと思える。つまり、蝦夷地に松前藩の支配が及ぶ以前、ましてやそこが明治国家の版図に組み込まれる以前に、アイヌの人々のあいだで語り継がれていた物語が原形であることは、正当に推定できるといえる。その後の歴史の展開によって、蝦夷地が事後的に近代日本国家に包摂されることになったからといって、それ以前の時代から伝えられてきた口承文学が「日本文学」の範疇に入れられる謂れは、ない。岩波文庫編集部の解釈では、アイヌ語は日本語との類縁性がないために、言語上の区別で「外国語の文学」に入れざるをえないというものらしい。どの理由に依拠するにせよ、『アイヌ神謡集』が外国文学に分類されていることから、問題の本質に近づく道は用意されているのだと私には思える。

何事かをなして夭折した人には、いつも、どこか及びがたいものを感じる。わずか一九歳で亡くなった知里幸恵の場合、私がすぐ理解できる範囲でいえば、神謡の日本語訳の見事さに心底驚く。アイヌ語との対比は私には不可能だが、日本語の選び抜かれたことばの的確さ、リズム感は、人を酔わせる。この点については、流行の「声に出して読みたい日本語」の推奨者とは異なる立場ながら、できることなら声に出して『神謡集』を読むと（対象は、「口承の」物語なのだ）多くの人びとが理解できることだと思われるので、私が多くのことばをここで費やすことはしまい。

先住民族が自称する民族名が、世界的にみても、「にんげん」とか「その土地」を意味する場合が多いことは、彼（女）らの文化的基盤を物語る重要な要素だと思う。『アイヌ神謡集』で謡われている物語は、「その土地」に住む「にんげん」が、同じく森、林、野原、海、河など「その土地」に住む生き物たちと、いかに交流し、追われ追いかけ、殺し、祀ったかを明かしていくのだが、語り部は、常に、「にんげん」から感情を移入させられた動物たちである。この客観的な叙述が、実に巧みに、人間社会の実相を、人間と自然との関わり合いを含めて描き出しているところが、妙味だと思える。このような趣向もまた、世界の先住民族の神話的世界や文化人類学的研究が明かしているように、彼（女）らの社会にあっては、ごく自然な共通点である。そこには、人間社会の初源的なあり方を指し示す指標のひとつがあると思われ、その点が私には興味深いところである。

幸恵は、旭川近文や東京にいたとき、数多くの手紙を登別に住む両親宛に書き送っている。前掲、藤本英夫の『銀のしずく降る降る』では、それらの手紙のうち重要なものが引用されているが、手紙文もまた、きわめて流麗な文章であり、ユーカラを聞きとるうえで鍛えた文章力がそのまま生かされていることが窺える。内容的にいうなら、年齢を思えば、相手に対する気配りが心憎い。印象的な手紙文はいくつもあるが、もっとも心に残るものを、藤本の本から以下に孫引きする。一九二二年九月四日、両親宛に記したものである。

それからわずか二週間後に幸恵は死ぬから、「絶筆とも思われる」と藤本は付記している。

――かはいさうに胃吉さんが暑さに弱ってる所へ毎日々々つめこまれるし、腸吉さんも倉に一ぱい物がたまって毒瓦斯《ガス》が発生するし、しんぞうさんは両方からおされるので夜もひるも苦しがってもがいてゐたのが、やりきれなくて、死物狂ひにあばれ出したものとは見えます――〔傍点は藤本による〕

自分が苦しむ病の様子を語っているのだが、「苦痛を自分とは別のところにおくことにより、これを読む両親の心をやわらげる効果をもつ」とは、藤本が記すとおりであろう。この方法も、幸恵は『アイヌ神謡集』に盛り込まれた、客観化の表現から学びとったのだと思える。すなわち、ここに収められたユーカラには、人間の弓に射られて気を失った動物（鳥）が死の境界にいるときの様子を、死せるもの自らが客観化して語る表現が頻出する。逆にいえば、語り部は、人間である自分が放った弓によって傷つき、場合によっては死んだはずの動物（鳥）が、あたかも生きているかのようにふるまう形で物語を展開することによって、「生」と「死」の世界の相互互換性、「生」と「死」の輪廻、対象を死に至らしめたことの償い――などの表現を込めたのだと思える。

対訳文庫本でわずか二百頁にも満たない『アイヌ神謡集』は、こうして、さまざまな方向へ私たちの思考を誘ってくれる稀有な本である。形式としては、アイヌ（知里幸恵）と和人研究者（金田一京助）の類稀な協働《コラボレーション》が可能にした仕事にもみえる。だが、幸恵の「序」と金田一の跋文を読み比べるだけでも、両者の位置の差異と、そのことについての金田一側の無自覚さは歴然としている。自らの経験に照らしても、この落差が孕む問題性を自覚する私は、この先に待ちうける課題に肉薄したいと思うばかりである。

宮沢賢治とアイヌ文学

秋枝美保

1　宮沢賢治とアイヌ文化との関係

宮沢賢治の作品の中に、「アイヌ」という言葉自体は数えるほどしか出てこない。数少ない関連の語を探してみると、『春と修羅』第一集の詩「樺太鉄道」に「すなおなコロボックル」という表現が登場する。第二集の詩「日はトパーズのかけらをそそぎ」に「沼の面にはひとりのアイヌものぞいてゐる」という一節がある。ちなみに、『宮沢賢治語彙辞典』(1)においては、「アイヌ風の木柵」(詩「これらは素撲なアイヌ風の木柵であります」)という一語が立項されている。

賢治のアイヌ文化との直接の出会いは、盛岡中学五年(一九一三〔大正二〕年)のときの修学旅行の際であろう。全集の年譜によれば白老のアイヌ部落を見学している。ただし、賢治作の編年式短歌集には「大正二年」の立項がないので、これについての記述はない。さらに、花巻農高の教師時代(一九二四〔大正一三〕年五月一八日出発)に、修学旅行の引率でやはり白老のアイヌ部落を訪ねており、前述の詩「日はトパーズのかけらをそそぎ」（五月一八日の日付あり）はこれとの関連が考えられる。いずれにしろ、賢治が出会ったアイヌの状況は「保護民」としてのそれで、しかも彼らのそういう状態を、観光客として見学するという設定が、賢治にとってのアイヌ文化との出会いであったことは記憶しておかなければならないところである。

その他の、賢治の年譜的な記載事項や作品からは、賢治とアイヌ文化との特別なつながりはみることができない。だが、賢治と知里幸恵の『アイヌ神謡集』との関係を私が指摘した二〇〇五年以後、賢治と金田一京助との関係に注目が集まるようになった。[2]金田一京助は周知のように盛岡生まれで、賢治よりは一四歳年上の盛岡中学の先輩にあたる。石川啄木も同窓生で、金田一京助は啄木が上京した折には、その面倒もみている。

金田一京助の随想の中に「啄木と賢治」という文章があるが、賢治と金田一京助とのそれとない関係を物語る重要な文章である。[3]そこには、金田一京助の四番目の弟が賢治と同級生で、金田一は、弟と賢治が一緒にとった写真を見ており、以前から賢治のことを知っていたことが述べられている。

さらに、賢治の大正一〇年の上京の際、金田一の家を訪ねたことが紹介されている。その際賢治の訪問の意図が金田一にはよくつかめず、亡くなった弟の弔問か、「直接に私自身」を訪ねてきたのか、金田一が東大にいたため「東大の入学」の意志があるのか、下宿探しのために訪ねてきたのかなどといろいろな想定をしながらも推測しがたかったことを述べている。そのとき啄木について多少言葉をかわしたことなどを回想し、そのときの賢治の印象について次のようにいう。

結局、田中智学師を慕って上京し、その大道説教団の中にいる、と話された時には、さだめし私の顔がけげんな表情をしたことだったでしょうと思います。その数日前に、私は上野の清水堂の下の大道に、田中さんの大道獅子吼の姿をみうけて帰ったことだったのですから。(4)(強調引用者)

この文章の感じからすれば、啄木についてはは親切に面倒をみた金田一も、賢治についてはは年齢も一回り以上離れており、宗教活動に傾倒している様子に多少違和感を感じたのではなかろうかと思われる。

ところが、賢治の側からの金田一へのアプローチは特別なものがあったようで、この文章によれば、賢治は『春と修羅』出版の際にもこれを金田一に寄贈しており、死後「国訳妙法蓮華経」も寄贈しているのである。これに対して、金田一は賢治に対してそれほどの評価をしていたようにはみえない。詩集『春と修羅』について、啄木の『あこがれ』と比較しながら「これはまた『あこがれ』以上に高踏的なもので、当時の私には奇人の奇書以上にはふめなかったのであります。十年ほどもたって、高村光太郎さんが日本一の折紙をつけられるまで、いや『雨ニモ負ケズ』の一編が出てきて、その半生の奇行がおのずからすっかり説明されたのをみるまで。」(強調引用者)とあるところからも、金田一の賢治評価の実態を知ることができる。

このとき賢治からアイヌに関する話題が出ていれば、金田一の記憶にも残っていたであろうから、二人の間にアイヌに関する話題がかわされた可能性は低い。たしかに東京に金田一を訪ねた大正一〇年は、金田一が知里幸恵を東京に呼びよせる一年前で、そのときには知里幸恵から「神謡」を書き綴ったノートが送られてきていたかもしれないという推測はできるにしても。

ただ重要なのは、賢治にとっての金田一が上京した際必ず会っておきたかった同郷の文化人であったことである。それは、賢治が金田一の業績にある程度注目していたことを示している。金田一が大正一〇年までに出版した編著書は、博文館出版の山辺安之助著・金田一京助編『あいぬ物語　附樺太アイヌ語大要　樺太アイヌ語彙』（一九一三年一一月）と『北蝦夷古謡遺篇』（甲寅叢書刊行所、一九一四年三月）の二冊である。これは、いずれも樺太アイヌの調査活動に関連するものである。

特に第一冊目が純粋の研究書ではなく、アイヌ人山辺安之助の自叙伝の編集であることに、当時の一般の関心のありどころを知ることができる。山辺安之助は、一九一〇（明治四三）年に東京芝浦港を出発した白瀬矗中尉の南極探検隊に犬ぞりを連れて参加したアイヌ人であり、金田一は一九〇七（明治四〇）年、樺太に渡って樺太アイヌ語の調査をした際に彼と親交を結んでいた（金田一京助『思い出の人々』[5]に収録されている「山辺安之助」にくわしい。）。白瀬の南極探検については、一九一〇年に白瀬が、帝国議会に「南極探検に関する経費下付請願」（一〇万円）を提出して以来世論の関心を集めるようになり、その後援活動が全国的に広がって話題を集めていたようである。また、白瀬は、秋田の浄土真宗の寺の出身で、僧侶から転身して探険家となった異色の探険家である。千島探険から北極探険をめざし、さらに南極探検を決行するというまさしく極北を目指す探険家であった。彼らの活躍は、ちょうど賢治が盛岡中学在学中のことで、賢治には金田一の業績とともに、樺太アイヌに関するあるイメージが形成されていたと考えてよいのではなかろうか。特に、『あいぬ物語』が出版された一九一三（大正二）年は、賢治が北海道修学旅行でアイヌ部落を訪れた年にあたる。

世論の関心を捉えた第一冊目の出版から一年後、初めての研究書として『北蝦夷古謡遺篇』が出版された。これは、一九〇七（明治四〇）年の樺太調査で、東海岸トンナイチャ（富内村）のアイヌ東内忠蔵（アイヌ名、ラマンテ）から聞き書きし、大正元年に開催された上野公園拓殖博覧会でギリヤーク、オロッコ、アイヌがその生活ぶりを展示させられた際、参加したアイヌからその意味を聞き書きしてその訳注がなったというものである。これは、同書の解説によれば「年少なるオタシュト人」（オタシュトは「砂浜」の義）という少年英雄神の伝記的な物語りで、アイヌ特有の長大な叙事詩である。これについては、樺太を舞台とした賢治の童話「サガレンと八月」に影響がみられる。

ただ、当時学術的にはアイヌ文化研究は緒についたばかりで、実際にはその研究では大学にポストがないのが実情であった。そんな金田一に一九一三年、恩師上田万年が東大講師の口を斡旋したのだが、実際には彼の講義は開講されなかった。ただ働きを申し訳なく思った金田一が開講を申し出ると、上田は「開いてもよいが、聞き手があるかね」と笑ったといい[6]、実際には受講者は二、三人であったという。

そのころの金田一についての風評を知るうえで興味深いのは、一九一八（大正七）年のこととして紹介されている金田一自身の文章「中条百合子さんの片影」[7]である。一九一八年は北海道開道五十周年の年で、金田一は旭川・名寄・余市などを調査した後、札幌のジョン・バチェラー宅を訪問した。この調査旅行の際に知里幸恵宅に泊まり、彼女を知ったのである。そしてこのとき、バチェラー宅には、独身時代の宮本百合子が寄寓し、渡米前の準備で外国生活の手ほどきを受けていた。宮本百合子はそこでアイヌ人の窮状を知り、その救済活動に心を配るようになるのであるが。その際、バチェラーの養女でアイヌ人の八重子と百合子から興味津々の質問を受けたと、金田一は述べている。それは、金田一がアイヌ人かという疑問であった。その噂については、すでに柳田国男から聞いており、この旅行中にも、函館に向かう汽車内で聞いたという。その噂の出所について、金田一は雑誌『太陽』における大庭柯公著「現代の語学者」という文章を挙げている。その文章の中で金田一は「アイヌ出身で、東大にアイヌ語を講ずる」と紹介され、「金田一だの、新渡戸だのという姓は、アイヌ語地名にでた姓だから、祖先がアイヌだったことが明らかだ」とされているという（金田一は、これと同趣旨の文章を、一九二四年三月発行『岩手の友』掲載の「私とアイヌ研究」にも載せている）。彼女たちの質問に、金田一は「そうです。すべての東北人がそうであるという程度にならば、私も東北は岩手の産ですから」と答えたと述べている。岩手出身の原敬が総理大臣に就任するのが一九一八年九月のことである。岩手県人の活躍とその祖先観が結びつき、独特の見方が暗に成立していたことを知ることができよう。

このように、賢治が金田一を訪ねた一九二一年までに、金田一は一九〇七年の樺太調査の成果を世に問う著書を発表しており、世間に一定の評価を得ていたといってよい。そして、その一年後、一九二二年五月には知里幸恵が上京して金田一宅に寄寓し、『アイヌ神謡集』の出版準備が始まり、同年九月一八日に幸恵が突如亡くなるのだが、その二カ月後の一一月二七日には賢治の妹トシが亡くなった。翌一九二三年一月に金田一著『アイヌ聖典』が刊行され、八月に知里幸恵著『アイヌ神謡集』が出版される。そして、賢治は、同年八月に、樺太旅行に出かけるが、やはりその年の八月に、金田一もその年譜に「北海道宗谷に至り、日高に帰って、〔……〕貫気別に黒川トレナを訪なう」とあり、ほぼ同時期に北へ旅立っていることがわかる。このように、この間の金田一、知里幸恵と賢治の人生の軌跡は、別次元にありながら奇妙な符合をみせつつ動いていることがわかる。

さらに、その後、金田一は、一九二四（大正一三）年一〇月に『アイヌ神話アイヌラックルの伝説』

を出版、同年、賢治は四月に『春と修羅』を、一二月に『注文の多い料理店』を自費出版している。

2　宮沢賢治「土神ときつね」と知里幸恵の「谷地の魔神」

賢治が『アイヌ神謡集』を読んでいたことは、寓話「土神ときつね」[8]における「土神」の描かれ方と『アイヌ神謡集』の中の「谷地の魔神が自ら歌った謡　ハリツクンナ」[9]における「谷地の魔神」の描写の類似性に明らかである。この二つの魔神の姿は、また詩篇「春と修羅」における「修羅」の描かれ方にも共通するものである。[10]そのことは、賢治の「おれはひとりの修羅なのだ」という自己規定において、アイヌ文化の受容が重要な働きをしたことを推測させる。

「土神ときつね」は、美しい女の樺の木（樺桜のこと）に恋する土神と狐の三角関係の恋愛物語である。土神は、人間から忘れ去られた、湿地に住む古い神で、「神といふ名こそついてはゐましたがごく乱暴で髪もぼろぼろの木綿糸の〔束〕のやう眼も赤くきものだってまるでわかめに似、いつもはだしで爪も黒く長い」という魔神である。狐は「大へんに上品な風で滅多に人を怒らせたり気にさわるやうなことをしな」い紳士で、「仕立おろしの紺の背広を着、赤革の靴」をはき、ハイネの詩を語り、ツァイスの望遠鏡を注文するというハイカラな青年である。樺の木は「土神」を疎ましく思い、狐に好意を持つ。狐に嫉妬する土神は、ある日激情にかられて、狐を巣穴まで追い詰め、その前でひねり殺してしまう。

『アイヌ神謡集』における「谷地の魔神」は、ある日祠の前を通った男に侮辱されたことに怒り、その男たちを追いかけて殺そうとするが、そのなかの一人はオキキリムイという勇者で、反対に殺されてしまう。[10]

詩篇「春と修羅」は、春の光の中、「四月の気層のひかりの底」を「いかり」に「はぎしり燃えてゆききする」「おれはひとりの修羅なのだ」と叫ぶ「おれ」の心象を描いている。[11] 詩集全体の表題を題に掲げた作品で、詩集全体のテーマの核にあると思われる重要な詩である。

三者の共通点を挙げると、次のようである。

① **「いかり」の表現**

私はただ聞いたばかりだけれど自分の居るか居ないかもわからぬほど腹が立った。（「谷地の魔神が自ら歌った謡　ハリツクンナ」）

土神はむらむらっと怒りました。顔も物凄くまっ黒に変ったのです。（「土神ときつね」）

いかりのにがさまた青さ（「春と修羅」）

② **「いかり」の動作——「牙を鳴らす」・「歯ぎしり」「追跡」・「ゆきき」**

牙を鳴らしながら、彼等を強く追っかけたところが、（「谷地の魔神が自ら歌った謡　ハリツクンナ」）

土神は日光を受けてまるで燃えるようになりながら高く腕を組みキリキリ歯嚙みをしてその辺をう

ろうろしてゐましたが考へれば考へるほど何もかもしゃくにさわって来るらしいのでした。
美学の本だの望遠鏡だのと、畜生、さあ、どうするか見ろ、といきなり狐のあとを追ひかけました。
（「土神ときつね」）

四月の気層のひかりの底を
唾し　はぎしりゆききする（「春と修羅」）

③「焔」のイメージ

見るとむこうから、
火の老女、神の老女があかい着物、六枚の着物に帯をしめ、六枚の着物を羽織って
あかい杖をついて私の側へ飛んで来た。〔……〕
あかい杖、かねの杖をふり上げて私をたたくと、杖から焔が
私の上へ雨の様に降って来る。（「谷地の魔神が自ら歌った謡　ハリツクンナ」）

土神はまるでそこ〔ら〕中の草がまっ白な火になって燃えてゐるやうに思ひました。青く光ってゐたそらさへ俄かにガランとまっ暗な穴になってその底では赤い焔がどうどう音を立てて燃えると思ったのです。（「土神ときつね」）

雲の火ばなは降りそそぐ（「春と修羅」）

この三作品の共通点は、怒りと焦燥の強い感情があることと、それによって他者を追いかけたり、歯軋りをして歩きまわったり、破壊的な行動に及ぶこと、その際必ず「火」が周囲に飛び交うことである。賢治は、『アイヌ神謡集』の中で、なぜ「谷地の魔神」に注目したのだろうか。それは、まず第一に人間の崇拝を得られず、蔑まれる神の心理を描いた物語だということである。

突然ですが。私なんかこのごろは毎日ブリブリ憤ってばかりゐます。何もしやくにさわる筈がさっぱりないのですがどうした訳やら人のぼんやりした顔を見ると、「えゝぐづぐづするない。」いかりがかっと燃えて身体は酒精に入った様な気がします。机へ坐って誰かの物を言ふのを思ひだしながら急に身体全体で机をなぐりつけさうになります。いかりは赤く見えます。あまり強いときはいかりの光が滋くなって却て水の様に感ぜられます。遂には真青に見えます。〔……〕私は殆ど狂人にもなりさうなこの発作を機械的にその本当の名称で呼び出し手を合わせます。人間の世界の修羅の成仏。

これは、一九二〇（大正九）年六月〜七月とされる親友保阪嘉内宛ての書簡の一部である。このころの賢治は、一九一八年に盛岡高等農林を卒業した後、徴兵検査に不合格となり、翌一九年には東京での人造宝石店の開業の計画も父の反対でならず、悶々とした日々を送っていた。この怒りの描写は、まさに「谷地の魔神」の怒りそのものである。このどうしようもない神に、賢治は自らの内面を思わず重ねたのではなかったか。

しかも、その神は人間に愚弄されて怒り、人間を殺すが、物語の最後では、人文神に成敗されてその後の自分を「私は恐ろしい魔神であったけれども、一人の人間の計略にまけて、今はもう、つまらない死方、悪い死方をするのです。」と静かに語って終わる。そこに賢治は、「修羅の成仏」の一つの姿を見たのではなかろうか。そして、自らの怒りに「谷地の魔神」を重ね、さらにそこに仏教神話の中の鬼神「阿修羅」を重ねて「おれはひとりの修羅なのだ」という新たな自己規定に到達したと考えられる。それは、アイヌ文化における「谷地の魔神」に根ざしながら、それそのものではなく、仏教神話における「阿修羅」そのものでもない。その二つの重ねあい、捉えなおしの中に、新しい賢治の立場があるといってよい。「おれはひとりの修羅なのだ」という自己規定の下には、一つの思想が秘められている。

3　宮沢賢治の「修羅」の思想と金田一京助のアイヌ神話解説
――「火」のイメージの重なり

賢治の修羅思想の核にあるのは、「修羅」「谷地の魔神」の描写に共通して出てくる「火」の描写である。賢治が「谷地の魔神」の物語に注目したもう一つの理由は、アイヌ神話についての金田一の解説にあると考えられる。それは、アイヌの「火」にまつわる信仰についてである。金田一は、『アイヌ聖典』(一九二三年)の「附録　アイヌ聖典解題」で、人間の始祖である人文神「オイナカムイ」について、次のように述べている。

アイヌの信仰の中心である火の女神とこのオイナカムイとの関係、これが最も疑問のかかるところで、ユカラカムイは真白な美男だが、オイナカムイは真赤な顔だったといい、オイナ神の立っていた所へ行って見ると、あとが地面も草も焦げているのであったといい、オイナカムイの服装上の特徴は、いつでも、定まりて、裾の焦げた春楡の厚司を著て、鞘尻の焦げた刀を佩いている人と述べる。どうしても火神の関係が濃厚に見えているのであったが、このオイナを聞くに及んでその出自が始めて明瞭するのである。国土造り給えて未だ一草一木のなかった所へ、天神相謀りて第一にこの土へ下ろされた神が春楡《ハルニレ》の女神、鑽火樹《チキサニ》であったといい、天の主宰の弟神が相携えて天降るによりてこの土へ火持って降ることを得たと云って、その夫婦神の間に生れた男子が即ちこの国土の第一代の人祖オイナカムイであるというに至ってアイヌの祖先とするオイナカムイと、火の女神の関係、この世の火と天上の日との関係、そしてオイナカムイが雷霆電火の素質を以て陰暗の龍蛇を征し、風雨の魔神を制御する所以みな一度に理解されて来るのである。(13)

このように世界の始まりは、天上の日が地上の火として降りてくることにあるということであり、人間の始祖はその火の女神の子供であって、火の性質をもつという。

これは、「土神」が怒りを発するとき土神の周囲に火のイメージが描かれることや「修羅」が「雲の火ばな」とともに描かれることにそのまま重なっている。それだけではなく、賢治の作品に多く描かれる「火」のイメージがことごとく納得されてくる。早春の風景を描いた「若い木霊」・「タネリはたしかにいちにち噛んでゐたやうだった」に登場する春のエネルギーを表す「鴇の火」や、「若い研師」・「研師と園丁」「チュウリップの幻術」における初夏の陽射しが花のカップの中に入り込んで湧き上がる火などが第一に想起される。これらの作品は、「若い研師」系作品群[14]と称される関連作品である。また、うさぎの少年ホモイが社会との遭遇の始まりに鳥の王から授かる「貝の火[15]」、あるいは『春と修羅』の冒頭の詩篇に雪とともに描かれる早春の風景における「火」のイメージ、さらには『春と修羅』という詩集の題名そのものの意味などが、このアイヌ神話における「火」についての見方と重なっているといえる。アイヌ神話においては、この世界に「火」が降りてくる際にそれを宿らせるのは「木」である。この木が金田一によれば「春楡」とされている。アイヌ神話においては、火は「木」によってこの世界に降り立つが、賢治の作品においては「木」に火をもたらすのが「鳥」となっている。

4　魔神・修羅の悪—破壊と再生のドラマ

こう考えてくると、「土神ときつね」の構造はかなり明確になる。「土神」も「修羅」もオイナカムイの性格をもち、この世の始まりの人というイメージをもつ。「木」は「火」を宿らせる存在で、「樺の木」がこれにあたる。火、土、木の三者の結びつきにおいて、この世は始まると考えられる。ところが、「土神ときつね」においては、その間に「きつね」が入り込み、三者の結びつきはゆがめられる。世界の多くの物語でそうであるように、「きつね」はトリックスターとして物語の要にある。

「きつね」は、『アイヌ神謡集』の「狐が自ら歌った謡」の中では、「眼の曇ったつまらない奴」、「眼の曇った悪い奴」として描かれており、それは、「物の見方」がおかしく、つねに現実を誤って見る者という意味をもっている。例えば「海辺」で鯨が上がり、人々が盛装して「海幸をば謝し拝む」のだと狐は思って喜び、そこで分け前にあずかろうと近づくが、それは実は犬の糞の山にたかっている烏だったという具合である。狐は、このように目を覆うような現実を、良きものと勘違いしてしまうという性質をもつ。また、バチェラー著『アイヌの伝承と民俗(16)』においては、「超自然的な力を持つ」とされ、「自己の目的に合致すると、肉体を他の形に変えることができるといわれるだけでなく、人々に魔法をかけ、それによって人々を病気にし、狂気に追いやり、彼らを死なせることさえできる」とされている。ここに賢治は西洋かぶれの青年紳士を重ねて、アイヌ神話を現代の神話に書き換えたということになろう。「土神ときつね」における狐はハイカラな青年紳士であり、土神はそのハイカラさに嫉妬するし、樺の木は、人当たりがよく優雅な狐に好意をもつ。しかし、狐が身につけているきらびやかな西洋文化の実体は、作品の最後で実は「がらんとした」巣穴とポケットにはいっていた「二本」の「かもがやの穂」でしかなかったことが明かされる。この狐の虚栄は、樺の木と土神のものの見方をゆがめることによって、土神と樺の木との関係に亀裂を与え、本来の火とのつながりをゆがめる。

そして、その虚栄に覆われた真実は現実を解体しなければ見えてこない。賢治の物語においては「火」にはある破壊力があり、その破壊力によってゆがんだ現実が破壊され、その後に新しい世界が再生する。「土神」の怒りは狐の目のゆがみに対して発せられ、そこに真実が姿を現すのである。「土神ときつね」の話を思い合わせれば、賢治はその「火」のイメージに、この世の破壊と再生にまつわる壮絶なドラマを見ているように思われる。狐のもたらす虚栄の世界には大変な魅力があり、その魅力からの脱却は「土神」の怒りによる破壊によってしかなされえず、破壊をもってしなければ真の世界の地平を開くことはできないのだと。

この土俗の力をそなえた「土神」を、賢治は「修羅」という仏教における悪神として置き換え、「おれはひとりの修羅なのだ」と自己規定することによって、自らの生を初めて確認したといえよう。アイヌ神話の場合、金田一も言っているように、この世に存在するすべてのものに神が宿っているのであり、諸々の神はいろいろな状況で悪神になったり、善神になったりする。賢治は、それらの中で神が悪をなさざるをえなくなる状態を特に抽象化して「修羅」と名づけ、問題をそこに特化したと考えられる。そこには、「悪」が生じる起源についての考え方が示されており、悪の哲学ともいうべきものがある。

賢治の物語において描かれた「悪」には、社会的な弱者が追い詰められて必然的に悪に手を染めてしまうという共通の状況設定がある。「土神ときつね」において、「土神」は人間から忘れられ、蔑まれる社会的な弱者であり、「きつね」も、実際は自らの実体をさらけ出すことのできない気弱な人間として描かれていると考えられる。前者は怒りによって暴力と破壊に走るバイオレンス型、後者は権威的なもの、美しいものといった虚飾によって内面の空白を欺く虚言症的なタイプである。また、「土神」は人間から蔑まれることによって悪に走るが、その反対に社会から法外な評価を受けたことによって悪に走るのが童話「貝の火」のホモイである。幼いうさぎの子ホモイは、溺れたひばりの子を救って鳥の王から「貝の火」という自分の力に余る宝珠を授かるが、それによって慢心を起こし、弱い者いじめを始める。これらの物語には、いずれも社会的な弱者が登場し、彼らがみせるさまざまな悪の身ぶりが描かれている。それは、驚くほど人間くさく、リアルである。

しかも、それらの物語には、時代の構造がそれとなく描きこまれており、賢治の時代社会についての把握が示されている。土俗の神「土神」と西洋かぶれの青年紳士「きつね」の対比、子供の名誉が家の名誉を担う「貝の火」などがそれにあたる。

そして、この社会的弱者たちは弱さゆえにやむにやまれず悪に走るが、それによってはからずも現実の秩序を破壊し、社会の矛盾と問題を露呈させる結果となる。そういう意味で、これらの主人公たちはいずれもトリックスター的な存在といえる。しかも、これらの「魔神」たちは単なる弱者ではなく、それぞれに極めて強い力を持って周囲の社会に大きな影響力を与える確固たる存在であることを指摘しておかなくてはならない。「土神ときつね」における土神と狐は、いずれもそのような存在であり、だからこそ彼らの悪はこの世の更新に大きな役割をはたすことになるのである。そのような存在を、賢治は「修羅」と名づけたのだといえよう。そして、詩篇「春と修羅」においては、「おれは一人の修羅なのだ」として、自らをそのような悪なる者の一人として名乗りを上げ、現実と折り合うのではなく、あえて現実との違和に足場を置く自己自身を捉え、そこに自分のポジションを確定したといえるのではなかろうか。

特に「土神」の形象には、当時のアイヌ人の社会的な位置づけにも重なるところがある。『アイヌ神謡集』の序において、知里幸恵は次のように述べている。

太古ながらの自然の姿も何時の間にか影薄れて、野辺に山辺に嬉々として暮していた多くの民の行方も亦いずこ、僅かに残る私たち同族は、進みゆく世のさまにただ驚きの眼をみはるばかり、しかもその眼からは一挙一動宗教的感念に支配されていた昔の人の美しい魂の輝きは失われて、不安に充ち不平に燃え、鈍りくらんで行手も見わかず、よその御慈悲にすがらねばならぬ、あさましい姿、おお亡びゆくもの……それは今の私たちの名、なんという悲しい名前を私たちは持っているのでしょう。

ただし、賢治がアイヌ文化を単なる「亡びゆくもの」としてのみ捉えていたのではないことは、「土神ときつね」から「修羅」にいたる賢治の思想形成の過程を追うことによって明らかになるのではなかろうか。知里幸恵の『アイヌ神謡集』は、金田一のアイヌ神話の解説を通して抽象的なレベルで賢治に受容されていたアイヌ文化の知識の上に、さらに賢治の生きた「修羅」の思想を形作る具体的な形を与えたということになるのではなかろうか。

5　童話集『注文の多い料理店』におけるアイヌ文学の影響

『春と修羅』と同時期に成立した童話集『注文の多い料理店』[17]にもアイヌ神話の影響は指摘できる。「水仙月の四日」における雪の神の性格も、アイヌ神話における「火」のイメージが濃厚である。「火」の神については、金田一の著書においてはくり返しさまざまな箇所で述べられており、「火は老女神で、国土の出来た一等始めに天上から此の世の護りに天降られた神であると考えられ、あらゆる神とあらゆる人との間に立って、人の祈りの言葉を、神へ通訳してくれる」神であるともしている)[18]。それは、童話「水仙月の四日」における老女神としての「雪婆《ゆきば》んご」、女神の連れている「火」として「焔のやうに赤い舌をべろべろ吐」く「雪狼《ゆきおいの》」、人間の子を救う「雪童子《ゆきわらす》」という様に三者に描きわけることで、春の始まりをつかさどる「火の老女神」の役割を描いている。

また、「かしはばやしの夜」は童話集『注文の多い料理店』においてもテーマのよくわからない物語で、あれこれ意味をつけてみるのにしっくりこないが、アイヌの口承文化と並べてみると納得できるところが多い。「かしはばやしの夜」は、農夫清作が柏林の夏の夜の祭りに招待されて、木々の歌祭りに参加するというもので、全編木々たちが入れ替わり立ち代り出てきては「きつね、こんこん、きつねのこ、月よにしつぽが燃えだした」だの、「やまねこ、にやあご、ごろごろ、さとねこ、たつこ、ごろごろ」だのというたわいもない歌のやり取りをするものである。この素朴な歌の祭りについて、筆者は「声の文化」の特徴を指摘したことがあった。[19] まさしくアイヌ文化は口承文化であって、「神謡」は即興の歌によって語り継がれたものである。金田一は、その語りの現場についていろいろな文章で語っている。

アイヌは総じて、歌を嗜む民族だ。絶海の外、窮地の涯、行くとして部落に歌ごえの聞えぬ所は無い。[20]

アイヌの歌には一般のアイヌ人が歌う「哀歌」（ヤイシャマネ）とユーカラクル（詞曲人）と呼ばれる専門の歌人が歌うユーカラ（「古謡」と訳されている）とがあるようである。ユーカラクルは、祭りの際に皆に望まれて、手に持つ棒で炉辺を打ち、あるいは脾腹を打ちながら拍子をとりつつ謡うという。

詞曲の炉傍に始まるやたいていは徹夜の覚悟をする。それほど彼らはこれを嗜むのみならず、たいていの曲は宵に始まって夜明までかかるからだ。〔……〕曲が進んで篇中のヒロインが敵の手にさいなまれなどする条に至るや婦女子の座からはしきりと嘘唏の声が起こる。危機一髪のところへ、ヒロインを援うべく、大わらわになったヒーローが突如として闥を排し、怒髪天を突いてその場に現われる条にでも進むと歓呼の声に満座どよめき渡って、折しも北国の冬の夜が満天の風雪に明け行くのもよそに、榾火を囲んだ歓楽境は春の夜の如くまどかである。(21)

また、一般のアイヌ人の歌のやりとりについて、次のように述べる。「哀歌」は「誰でも歌い、誰でも詠ずる」歌という。

アイヌは、「ヤイシャマネナー」とむだを入れて居る間に、順次に次の句を見付けて、即座に座興を詠じなどする。或時は贈答献酬してさながら上古の歌垣を見るようだ。〔……〕

樺太アイヌは、ユーカラをばハウキと云い、ヤイシャマネの様な小唄をユーカラと呼んで居る。此処のアイヌは哀歌を全く知らぬでは無いが、土着の若者の行るのは一寸真似の出来ないt音とr音とを綜錯せしめた七綴《シラブル》許の喈音を以て起るものだ。之を繰返して調子を取り、それの中へ、文句が出て来る。之が樺太語の所謂「ユーカラ」だ。男女、若いものが相集って、誰か一人が之を始める。其の間は、他の者はじっとして唯手拍子を取って居る。終ると、相手のものが、それに酬をやる。この時はさながら、上古の歌垣だ。(22)

この「小唄」については「芸術として」は「ごく低級の発達段階に止るもの」とされており、素朴なものということであろう。「かしはばやしの夜」における清作と画家が出会いざまにやり取りする「欝《う》金《こん》しやつぽのカンカラカンのカアン」「赤いしやつぽのカンカラカンのカアン」というお互いへの呼びかけも、歌が歌いだされるきっかけとなる掛け声のようなものといってよかろう。

ちなみに、後に金田一は、「万葉時代」の日本人が、「すぐ歌を詠む、句を作る、さながら国をあげての詩人だ」と西洋人のいう日本人像に最もあてはまっているといい、さらに「私は、アイヌの生活の中に割り込んで、部落の人々の、本当に、誰も誰もが、歌いながら作り、作りながら歌う生活に当面して、いまさらに万葉人の昔を想い合わせずにおれなかった[23]」として、声の文化を失った日本人の文化の基層をアイヌ文化に見ている。「かしはばやしの夜」の中で、祭りの司会役である画家は「みんな順々にここに出て歌ふんだ。じぶんの文句でじぶんのふしで歌ふんだ」と開会を宣言し、それに応じて木々はそれぞれ自分の歌を歌うが、その世界はまさしく失われた声の文化の様相を思わせるものである。

それが最も感じられるのは「鹿踊りのはじまり」における鹿たちの和歌の献酬であろう。しかも、「鹿踊り」の起源にアイヌの熊祭りの影響を見る論が当時からあった。これらの物語に限らず、『注文の多い料理店』中の伝統的な文化に関わる物語、「狼森と笊森、盗人森」、「山男の四月」などにはアイヌ文化の片鱗が感じられる。

6 おわりに

さて、童話「土神ときつね」における「火」の描写と同じ描写をもつ作品がある。童話「サガレンと八月」である。これは、賢治が一九二三年八月に樺太を訪れた際の体験に題材をとったものである。前半は賢治の分身と思われる「内地の農林学校の助手」である「私」がオホーツク海の果から吹いてくる風と対話するというもので、後半はギリヤークの少年タネリが主人公で、そのタネリが海岸で体験する異界の物語である。(24) タネリは母から海岸に打ち上げられているくらげで物を透かして見てはならないと禁止されるが、その禁を破ってみてしまう。そのとき見えたものは次のように描かれている。

いままでの明るい青いそらががらんとしたまっくらな穴のやうなものに変ってしまってその底で黄いろな火がどんどん燃えてゐるやうでした。(25)

この表現は、「土神ときつね」において、土神が嫉妬に狂って狐を追いかけるところで、土神が見た心象と同じである。

青く光ってゐたそらさへ俄かにガランとまっ暗な穴になってその底では赤い焔がどうどう音を立て燃えると思ったのです。

このように、「サガレンと八月」をめぐっては、「土神ときつね」とリンクしながらもう一つ別の物語系統が存在することがわかる。それは、やはり賢治における「修羅」についての物語である。

これは、詩集『春と修羅』における樺太旅行を描いた一連の詩と深い関連性がある。これを追っていくと、賢治の樺太旅行のもつ意味に繋がっていく。賢治は、一九二二（大正一一）年一一月に妹トシと死別する。トシは賢治にとって最愛の妹であると同時に、賢治と信仰をともにする「みちづれ」であった。賢治はトシの臨終から死後の妹の魂の行方を求めての樺太旅行の最中にいたるまで、その状況をスケッチしている。それが詩集『春と修羅』における詩章「無聲慟哭」、詩章「オホーツク挽歌」であり、これと関連するのが童話「サガレンと八月」である。

詩集の中でも特に妹の死後の行方について、賢治は執拗に追求していた。死後に人はどこに行くのか、そこに「天上」なるものがあるのか、それは自らの信仰において切実な疑問であったようで、詩集全体のテーマとして一貫して描かれている。前述の二つの詩章に加えて詩章「小岩井農場」がそれにあたり、それらの詩章には、二つの共通のテーマがある。一つは、天上はどこにあるかという宗教上の疑問である。賢治にとって、「小岩井農場」は「der heilige Punkt と呼びたいやうな」、つまり聖地をイメージする場所であり、そこでの聖地体験の意味を追求するのが詩篇「小岩井農場」のテーマである。それにつぐ形で、詩章「オホーツク挽歌」では妹トシの死後の行方が追求される。しかも、それらの「天上」にまつわる体験においては、その体験が客観的かどうかという問題が同時に追求されており、そこに二つ目のテーマ、宗教体験の客観的な認識の問題があるといえる。これはまた、『春と修羅』「序」のテーマでもあり、集全体を覆うテーマでもある。

これら一貫したテーマの結論は、ほかならぬ樺太旅行を描く詩章「オホーツク挽歌」における詩篇「オホーツク挽歌」の中の樺太の海岸での体験にあると考えられる。その問題は、さらに未完の童話「サガレンと八月」で追究されたのではなかろうか。このように考えれば、宮沢賢治のアイヌ文学受容は、賢治の文学の核にかかわる重要な問題ともいえるように思う。(26)

注

(1) 原子朗編『新宮沢賢治語彙辞典』東京書籍、一九九九年。
(2) 牛崎敏哉「宮沢賢治における金田一京助」『北の文学』五〇号、二〇〇五年五月。
(3) 浅野清「金田一京助と知里幸恵と宮沢賢治」(『ざいん』一〇号、二〇〇六年八月)でふれている。
(4) 金田一京助「啄木と賢治」『思い出の人々　金田一京助随筆選集2』三省堂、一九六四年。引用は『金田一京助全集』一三巻(全一五巻、三省堂、一九九二―九三年)より。
(5) 金田一京助『思い出の人々』前掲書。
(6) 金田一京助「アイヌ学究の思い出」『学究生活の思い出』宝文館、一九五四年。『金田一京助全集』一五巻所収。
(7) 金田一京助「中条百合子さんの片影」『多喜二と百合子』一六号、一九五六年六月。『思い出の人々』前掲書後、『金田一京助全集』一五巻所収。
(8) 宮沢賢治「土神ときつね」(生前未発表)、『〈新〉校本宮沢賢治全集』九巻、筑摩書房、一九九五年。以下、宮沢賢治の引用は、すべて『〈新〉校本宮沢賢治全集』(全一六巻、宮沢清六ほか編、筑摩書房、一九九五―二〇〇一年）による。
（9）知里幸恵『アイヌ神謡集』郷土研究社、大正一二（一九二三）年八月。以下、引用は『アイヌ神謡集』（岩波文庫、二〇〇四年）による。
（10）秋枝美保「『アイヌ神謡集』と賢治の童話――鬼神・魔神・修羅の鎮魂」『立命館言語文化研究』一六巻三号、二〇〇五年二月。「土神」についてはこれまで、谷川雁『賢治初期童話考』（潮出版、一九八五年）では製鉄の神であるとされ、小森陽一『最新　宮沢賢治講義』（朝日選書、一九九六年）では、陰陽道における「土公神」であるとされたが、いずれも決め手を欠いていた。
（11）宮沢賢治「春と修羅」『春と修羅』関根書店、大正一三（一九二四）年。『〈新〉校本宮沢賢治全集』二巻所収。
（12）宮沢賢治書簡165、『〈新〉校本宮沢賢治全集』一五巻。
（13）金田一京助『アイヌ聖典』世界文庫刊行会、一九二三年。『金田一京助全集』一一巻所収。
（14）宮沢賢治「若い研師」（生前未発表）、『〈新〉校本宮沢賢治全集』八巻。その校異によれば、「若い研師」の第一章が「若い木霊」（同八巻所収）、「タネリはたしかにいちにち噛んでゐたやうだった」（同一〇巻所収）に改作され、第二章が「研師と園丁」（同八巻所収）、「チューリップの幻術」（同九巻所収）に改作されたという。これらをまとめて「若い研師」系作品群と称している。
（15）宮沢賢治「貝の火」（生前未発表）、『〈新〉校本宮沢賢治全集』八巻。
（16）ジョン・バチラー『アイヌの伝承と民俗』安田一郎訳、青土社、一九九五年。原著は英語で一九〇一（明治三四）年にロンドンで刊行、その翻訳『アイヌ人及其説話』（訳者安田の解説によれば、上巻が一九〇〇年一一月、中巻が一九〇一年八月、いずれも教文館からの刊行、下巻は不明）がある。内容は、本書とほぼ同じとされている。

(17) 宮沢賢治『イーハトーブ童話　注文の多い料理店』杜陵出版部、東京光原社、一九二四年。『〈新〉校本宮沢賢治全集』一二巻所収。
(18) 金田一京助『ユーカラ概説』、東洋文庫論叢第一四『アイヌ叙事詩　ユーカラの研究』第一冊、東洋文庫、一九三一年。『金田一京助全集』八巻所収。
(19) 秋枝美保「『かしはばやしの夜』論――力動的なコミュニケーションの様式」『比治山大学現代文化学部紀要』四号、一九九八年三月。
(20) 金田一京助「アイヌの文学」『中央公論』二三巻一―三号、一九〇八年一―三月。金田一京助全集』七巻所収。
(21) 金田一京助「アイヌの詞曲について」『アララギ』一一巻一号、一九一八年一月。『金田一京助全集』七巻所収。
(22) 注(18)に同じ
(23) 金田一京助「万葉集の歌とアイヌの歌謡」『国文学解釈と鑑賞』二一巻一〇号、一九五六年一〇月。『金田一京助全集』八巻所収。
(24) 「サガレンと八月」は、注(14)で示した「タネリはたしかにいちにち噛んでゐるやうだった」と主人公の名前が同じタネリで、関連の深い物語である。「若い研師」系作品群の改作の契機は、樺太旅行における体験にあったといってよい。
(25) 宮沢賢治「サガレンと八月」(生前未発表)、『〈新〉校本宮沢賢治全集』一〇巻。
(26) 第三回宮沢賢治国際研究大会〈宮沢賢治生誕一一〇年記念〉『宮沢賢治　驚異の想像力――その源泉と多様性』二〇〇六年八月二六日。

好奇心とオリエンタリズム
――北原白秋のアイヌ民族へのまなざしを考える

細見和之

北原白秋に「アイヌの子」と題したつぎのような「童謡」がある。

大豆畠《だいづばたけ》の
露草《つゆくさ》は、
露《つゆ》にぬれぬれ、
かはいいな。

大豆畠《だいづばたけ》の
ほそ道《みち》を、
小《ち》さいアイヌの
子《こ》がひとり。

いろはにほへと
ちりぬるを、
唐黍《たうきび》たべたべ、
おぼえてく。(1)

一九二九(昭和四)年刊の童謡集『月と胡桃』に収録されている一篇だが、初出は一九二五(大正一四)年一二月刊の『赤い鳥』一五巻六号である。白秋はこの年の夏、北海道樺太旅行に出かけていて、その体験は紀行文『フレップ・トリップ』(連載一九二五年一二月から一九二七年三月、単行本一九二八年)に結実する。この一篇もその旅を背景にいち早く書かれ発表された童謡である。たとえば、藤田圭雄編『北原白秋童謡集』(彌生書房、一九七五年)では、五四篇収められた代表的な童謡の、その最後に収録されている。したがってこの作品は、千数百篇あるとも言われる白秋の童謡のなかの埋もれた一篇では決してなく、むしろ代表作の一つとさえ呼んでよいものだ。

いずれにせよ、ここにアイヌ民族に対して日本政府が試みていた当時の同化政策をみごとになぞるような白秋の視線を指摘するのはたやすいだろう。作品の音律のためもあったとはいえ、「いろはにほへと」で意味的には十分なところで、わざわざ「ちりぬるを」まで登場させた白秋に、当時の代表的な「和人《シャモ》」の文人が抱いていた、アイヌ民族に対するサディスティックな無意識を読み取ることさえ可能かもしれない。

ほかにも白秋はこの北海道樺太旅行をもとにして、詩で、短歌で、散文で、さらには「長歌」という形式で、アイヌ民族をテーマにした作品を綴っている。ここでは、それらの作品のいくつかに焦点をあてるとともに、私がこの間関心をもってきた金素雲《キムソウン》と白秋の関係も組み込んで、白秋のアイヌ民族に対するまなざしを批判的に検証したい。

1　近文での熊祭

白秋のこの旅は、彼自身が『フレップ・トリップ』の「巻末に」で記しているように、以下のような旅程で、二週間にわたって続けられた（ただし、白秋が冒頭で「大正十三年」と記しているのは、彼の勘違いである）。

大正十三年〔十四年〕八月、私は鉄道省の主催に成る樺太観光団に加わって、二週間に亘る汽船高麗丸の航海を楽しんだ。横浜から小樽、国境安別、真岡、本斗、豊原、大泊、敷香と巡遊して、最後にその旅行の主要目的であった海豹島の壮観に驚き、更にオホーツク海を南下して北海道の稚内《ワッカナイ》で一同と別れた。そうしてまた旭川でアイヌの熊祭を観、札幌に逗留し、函館より海を越えて当別のトラピスト修道院を訪ねた。ただこのフレップ・トリップは主として樺太に於ける収穫である。観光団解散後の北海所見はいずれ機を得て稿を改めるつもりである。この行は初めより歌友吉植庄亮君と伴であった。(2)

正確には、白秋らを乗せた高麗丸《こままる》が横浜港を出たのは八月七日である。九日の午後、高麗丸は津軽海峡を越え、小樽に寄港。その後観光団は八月二〇日まで南樺太沿岸を巡り、さらに白秋と吉植庄亮は二五日から北海道を旅してまわったのである。その際、ここに記されているとおり、白秋は旭川で「アイヌの熊祭」を見学しているのだが、観光団解散後であるため、その場面は『フレップ・トリップ』には登場しない。しかし、のちに白秋はこのときの見聞をもとにした「あはれ熊祭」というエッセイを、『文学時代』一九三一（昭和六）年八月号に発表している（のちに詩文集『きょろろ鶯』一九三五年に収録）。

全集版で五頁、四百字詰でおそらく一〇枚に満たないエッセイだが、まさしく、当時の白秋のアイヌ民族に対するまなざしが露骨にあらわれた一文である。さきの童謡「アイヌの子」とも、さらには知里幸恵とも関わるので、少々詳しく紹介しておきたい。冒頭はつぎのようにはじまる。

「ほうい。」

「あら、もうお出かけ、わたしもこれから参りますのよ。」

あれは何だと訊くと、アイヌの娘だという。激しい盛夏の外光である。それでも何か薄暗い茅屋の内部である。派手な大柄の浴衣の襟を合して、丁度斜向きにさら〳〵と伊達巻を締めかけているところで、私たちがちらと覗き込んだのだ。

流石に白皙人種だけあって、眉の毛は深いが立派な顔立ちである。だがまるで造りはそこらの安芸者だ。「みんなあゝかい君。」と訊くと「えゝ、このせつのメノコはなか〳〵ですよ。」と案内役のO

君が、先に立った。

処は旭川郊外の近文《ちかぶみ》である。見るかぎりの唐黍《もろこし》畠の青嵐だ。その緑と紅との北海道風景の中に、とてもうち開けた隠元豆の畠がある。季《とき》は隠元の花盛り、白い、白い、白い。それに除虫菊、除虫菊。

道端の露草、ブシの花。

其処へまた、ぞろ〳〵わや〳〵と三百人の観光団が通りかゝる。

「熊祭だよう、熊祭だよう。」

「ほうい、ほうい。(3)」


ここに登場する「唐黍《もろこし》畠の青嵐」という場面は、さきの「アイヌの子」という童謡の具体的な背景をなしているように思われる。「アイヌの子」に登場するのは「大豆畠」「露草」「唐黍」だったが、ここには「隠元豆の畠」「露草」「唐黍」が実際に描写されているからである。だが、それよりも興味深いのは、白秋が見学した熊祭がほかでもない、旭川郊外、近文で行われたものだった、ということだ。

周知のとおり、金田一京助が近文の金成マツの家を訪ねて、そこで知里幸恵と運命的に出会ったのは、一九一八（大正七）年の夏だが、その七年後の一九二五（大正一四）年の夏、やはり同じ近文で白秋は熊祭を見学していたのである。もちろん、その間に、知里幸恵は一九二二（大正一一）年九月に東京で死去している。その翌年、一九二三年八月に知里幸恵訳の『アイヌ神謡集』が刊行されるのだから、この北海道樺太旅行に先立って、白秋が知里訳の『アイヌ神謡集』を読んでいた可能性があることは確かだ。白秋は日本の各地の民謡の収集にも努めていたのであり、金田一京助も白秋に謹呈していておかしくはないだろうから、むしろその可能性は大いにあるとさえ思えるのだが、『フレップ・トリップ』にも、この「あはれ熊祭」という一文にも、その痕跡はうかがえない。

『アイヌ神謡集』が出版された翌月九月一日に関東大震災が起こり、当時、震源地に近い小田原に暮らしていた白秋はそれに直撃された。白秋が一家で暮らしていた山荘は半壊し、弟鉄雄の経営するアルス社の社屋も焼失した。もちろん関東を中心に都市機能が途絶える状態が続いたのだから、その混乱のなかで『アイヌ神謡集』もまた紛れてしまったのかもしれない。(4)

いずれにしろ、「あはれ熊祭」という白秋のこのエッセイは、知里幸恵の文字どおり命を賭した翻訳とも、実直きわまりない金田一の態度とも、およそ縁遠い浮ついた調子、通りすがりの著名な観光客の、はっきり言ってあまりに尊大で侮蔑的な調子に終始しているのである。

その「熊祭」は鉄道省が俄かに設定したものだったのか、広場には日の丸の国旗が高々と掲げられ、正面の祭壇の両脇には長い観覧席までが用意してあったという。「厚司姿の婆《ばばあ》ども」が筵のうえに絵葉書、飯杓子、衣紋掛、アイヌ人形などを並べて、「旦那々々」「いらっしゃい〳〵」と「縁日騒ぎ」で声をかける。すると白いワイシャツを着た「ハイカラアイヌ」が片手をあげて「紳士及び淑女各位」とあいさつをはじめる。祭の後半は用意されていた酒の勢いも手伝って、「安来節」や「ストトン節」の登場する宴会モードとなる。以下はこのエッセイの結びの場面である。

「一寸、北原さん、お並びなさい、撮《と》りますから。」

「馬鹿にするな、御免蒙るよ。おい。」

弱った。アイヌの大婆といっしょにカメラに入れようとするのだ。

ところで悲鳴をあげたのは吉植庄亮である。

「ひやあ、俺の耳に嚙みついたよ、ふ。」

酔っ払いの酋長の娘から、彼氏、へなりとかじりつかれて、驚いて両手を八方に振り廻した。

何ということだ、この白日晴天の下《もと》で、いさゝかの振舞酒に激昂したアイヌの皮肉に逆襲されようとは。

「ほうい、鉄道省のけちんぼう。お酒が足りないようだ。」

焼酎五升では成程、商売物の熊祭にはちと安過ぎた。

白いテントがパタ〳〵と風に煽られると、ラオッ〳〵と飾り物の熊の神様《カムイ》がお唸りになる。そこでまた、赤いお舌で肢脚《てあし》をお嘗めになる。

「ジョン・バチエラさんが泣きますよ。ジョン・バチエラさんが泣きますよ。(5)」

これで終わりである。文末には「註。ジョン・バチエラ氏はアイヌ学者、その救い主。」と小さな文字で自註が付されている。この自註からすると、白秋がジョン・バチェラーの文章に最低限接していたことは明らかなのだが(『フレップ・トリップ』でも一度だけ、バチェラーの言説が引き合いに出されている)、それにしてもこのような尊大でかつ無神経なエッセイをどう受けとめればいいのだろう。「あはれ熊祭」どころか「あはれ白秋」という印象は否みがたいのではないだろうか。あるいは、こういうエッセイに体現された白秋の露骨なまでに侮蔑的な視線が、童謡「アイヌの子」に至ると、その代表選に残るほど一見角のとれた円やかさに仕立て上げられているところに、白秋の「才能」を確認すればいいのだろうか。しかし、それはむしろ（読み手にとっても書き手にとっても）諸刃の技量と言うべきで、じつは根底にあるのは同じまなざしであるという点こそが、重要なのではないか。

2　サファリー・パーク「樺太」

そもそも、とくにその「生き生きとした」文体によって白秋の隠れた名作との評価もある『フレップ・トリップ』自体、紀行文というものの怖さをまざまざと感じさせる、あまりに尊大な独善にまみれた作品なのである。これを読むと、旅するとはじつに恥ずかしいことだ、ましてそれを文章に綴るのはそれに倍して恥ずかしいことだと、繰り返し思い返される。私自身もちろん各地を旅してきたし、それについて紀行文めいたものを記したこともある。まことに僭越な言い方になるが、白秋のこの文面を読むと、自分自身が書いてしまっているかもしれないこの種の傾向をもった文章に対して、あらためて汗顔赤面の反省が促されるのである。

当時ちょうど四十歳になった白秋は、文学者としての名声も生活の安定も得て、だからこそ新境地をもとめて樺太観光団にくわわり、文字どおり好奇心を全開にして旅に臨んだのだった。『フレップ・トリップ』は意気揚々としたつぎのような調子ではじまる。

心は安く、気はかろし、

揺れ揺れ、帆綱よ、空高く……

おそらく心からの微笑が私《わたし》の満面を揺り耀かしていたことと思う。私は私の背後に太いロップや金具の緩く緩くきしめく音を絶えず感じながら、その船首に近い右舷の欄干にゆったりと両の腕をもたせかけている。

見ろ、組み合せた二つのスリッパまでが踊っている。金文字入りの黒い皮緒のスリッパが。

心は安く、気はかろし、
揺れ揺れ、帆綱よ、空高く……(6)

このように、即興的な自分の童謡ないし歌謡の調べに文字どおり揺すられるようにして、白秋の旅ははじまったのだった。『フレップ・トリップ』は全篇にわたって、この冒頭と同様の、改行の多い、詩と散文の中間のような文体を基調にして綴られている。これに先立って白秋は詩集『水墨集』(一九二三年)で、名作として知られる「落葉松」に代表される、むしろこれと対極的な枯淡の境地にいたっていて、そこからの転身という意味合いも大きかっただろう。白秋は実際に意気軒昂としていたのだろうが、同時にそういう状態に自分を置くという意識的な所作もそこにはあっただろうと思われる。

しかし、『フレップ・トリップ』を読むかぎり、その成果は惨憺たるものという印象は拭えない。そこには、全開の好奇心に対応すべきはずの他者経験というものが、本質的に欠落しているとしか言いようがないからだ。「あはれ熊祭」にうかがわれた調子は、『フレップ・トリップ』全篇を満たしているのである。アイヌ民族に関して言うと、たとえば、これに先立つちょうど七年前、一九一八（大正七）年の夏に当時十九歳だった中条百合子（のちの宮本百合子）がバチェラー宅に滞在しつつ、バチェラー八重子をはじめアイヌ民族の集落の人々に取材して綴った小説「風に乗って来るコロポックル」と比較するなら、その思いにおいて、作者の立つ位置において、まさしく雲泥の差があると言わなければならない（ただし、宮本のこの作品が発表されたのは、ようやく戦後になって、しかも作者の死後である）[7]。

以下は『フレップ・トリップ』の、樺太西岸を列車で走りながら、アイヌ民族の集落のある多蘭泊《タラントマリ》にたどり着いた場面である。

ぞろ〳〵と汽車から下りる、またプラットフォームを駈けて来る。茄子とトマトの篭、赤ん坊の目、目、頭、帯、々、足。違う違う、顔色が違う。眉の毛の深い女、娘、廂髪。

「アイヌだ。」

「アイヌだ。」

「や、なるほど。」

「へえ、なある、これはよろしいね、なかなか別嬪やないか。毛深こうおまんな、へへん。」

「Nさん、本斗がありますよ。」

「そやかて、待ちなはれ、へへん。」

〔……〕

汽車が駛る。

あ、紅葵だ、
あ、また。

どうだ、あの色の新鮮なことは、不思議だな。小田原あたりよりもずっと色が純粋で明るいな。

あ、また葵だ。高い高い高い。

「や、アイヌの家だ。」

「出ている、出ている。」

「どれ。」

「ほうら。」

「やあ。」

「あ。(8)」


いまふうに言えば、さしずめサファリー・パークをジープで駆けまわる観光客そのものである。むしろ、そういうものとして意図的に描写されている、と言うべきかもしれない。しかしだからといって、そこにいささかなりと批評的な視点が存するとも思われない。「本斗がありますよ」と言われる際の「本斗」とは、そのまえの場面でアイヌの「芸妓」がいると推定されている場所である。そして「N」は観光団の一員で「神戸富豪」と記されている。ただし、この場面で、白秋はあくまで「N」を中心とした会話の聞き手という書き方である。このいかにも軽薄な場面の描写のあと、白秋は一転して自分の独白を綴る。『フレップ・トリップ』のなかで、白秋のアイヌ民族に対する考察と感慨らしきものが唯一まとまって記された箇所である。これはのちに取りあげる長編詩「老いしアイヌの歌」とも関わるので少々長く引用しておきたい。

アイヌ、まことにアイヌの村にちがいない。彼等はまったくアイヌだと、私は観た。

アイヌは、アエオイナ神、別名アイヌ・ラク・グル（アイヌの臭いある人）に依って創造された祖先の後裔だと自身に彼等を思っている。アイヌは繁蔞《はこべ》で頭を、土で身体を、柳で背骨を創られた。とまたいわれている。アイヌの眼窩は深い。頭髪が深い。神々の髪の毛の人として彼等はその美髪を矜っている。彼等は古伝神《オイナカムイ》オキクルミを矜る、その蝦夷島《アイヌモシリ》の神を。

〔……〕

家は低い草葺である。でなければ鮮人〔ママ〕の小舎のように見ぐるしく、またバラックの網納屋のようである。それらの家屋も絵葉書なぞで見る北海道アイヌの伝統的家屋とは殆ど趣を異にしている。あまりに日本化している。日本化したと云え、それは日本の乞食の住居のような陋屋がいかにも多く見られたのである。

だが、アイヌである。人種は確かにアイヌである。だが彼等の服装は浴衣がけである。シャツにズボンである。浅ましいのはまた乞食同様の風俗もしている。

が、紅葵の傍、向日葵の花叢の中、または戸毎の入口の前、背戸の外に出て、子供まじりに、毛深い男女のぽつんぽつんと佇んでいる姿を見ると、人種の血肉は争われないものだと観た。日本人の私

なぞには通ぜぬ深い何かがある。アイヌのそうした哀愁はまた何から来る。(9)

軽薄きわまりない観光団の傍らで、アイヌ民族と文化について自分の内面で蘊蓄を傾けている白秋――これはこれでいやらしい構図であるが、そもそもこのとってつけたような蘊蓄は他の観光団の態度と異なったどれほどの内実を付与できているだろうか。末尾の「日本人の私なぞには通ぜぬ深い何かがある。アイヌのそうした哀愁はまた何から来る」という問いかけも、私にはやはりとってつけたような感懐としか響かず、この感懐自体に「深い何かがある」とはとうてい思えないのである。このあと、アイヌの長老たちが空を舞う一羽の鷲を見つめているという場面があって、その部分はさすがに当時を代表する文人のものと思えないわけではない。しかし、いま引いた会話や蘊蓄のあとでは、それもまた手慣れた白秋の技量のうちという気がしてしまうのだ。

3 「支那服」を着た「朝鮮の王さま」

ところで、白秋の北海道樺太旅行が、そして『フレップ・トリップ』という作品が、尊大極まりないものになる必然は、当初から胚胎していたと言える。『フレップ・トリップ』の冒頭として引いた場面は、旅の三日目に船の欄干にたたずむ自分の姿を描写したものだが、このときの白秋は「支那服」を身に着けている。しかもそれは、前夜、船内で自然発生的に行われた「童謡音楽会」で、酔っ払った白秋が旅の一員であるお年寄りが着ていたのを、自分の浴衣と無理やり交換させてせしめたものなのである。

その場面のことを『フレップ・トリップ』の冒頭のすこし先で白秋自身こう書いている。

その時、大柄ののっぽうの、それでいていつも棗のような顔をして眼の細い、何か脱俗している好々爺が着て来たのがこれ〔「支那服」〕であった。

「これはいい、僕が貰っとく。」

そこで、私の麻の浴衣と脱ぎ換えさして了った。すると、背の低い小さい小さい実直そうなお爺さんの頭にのっけた鼠の頭巾が目についた。

「お爺さん、その帽子はいただきますよ。」

小さなお爺さんはちょこちょこと私の前に来て、その頭巾を「へい、どうぞ。」と差し出した。

「朝鮮の王さまが出来ました。」と誰やらが頓狂に叫んだ。

一同礼拝、ハハッ、であった。[10]

ここで旅の一同の誰かが「支那服」を着た白秋にわざわざ「朝鮮の王さま」と声をかけたのには、理由がある。ほかでもない、白秋ら樺太旅行団が乗船していた高麗丸は、その直前まで関釜連絡船として使用されていたものであり、しかも白秋はその特等室、かつて朝鮮総督の使用室だった部屋をあてがわれていた身だったからである。その特等室は「談話室と寝室と便器付きの広い浴室と、三室続きの豪奢なもの」だったという。そこの「大きな寝台」で白秋は寝起きし、同行の吉植庄亮は談話室のソファを寝台としたのである。その際に吉植が白秋を「朝鮮の王様」と観光団に披露し、白秋もまた「朝鮮の王さまもおもしろい。万事のんびりやってやろ」とくつろぎを覚えたのだった。

それにしても、これはあまりに当時の状況をアレゴリカルに圧縮したエピソードではないだろうか。ついこのあいだまで「朝鮮総督」が使用していた部屋に白秋が収まり、樺太への観光旅行に向かう。しかも、その白秋は他人から無理やり奪い取ったに等しい「支那服」を着込んでいる。まわりは、名高い童謡作家白秋と同船していることに感激いっぱいで、どんなやんちゃを白秋がやらかしても、拍手してくれこそすれ、非難めいたことは誰も口にしないのである。このような戯画的な状況では、そもそも「朝鮮総督」と「朝鮮の王さま」を混同すること自体、当時の日本の植民地統治下においても問題だなどと、野暮なことを差し挟む余地はない。少なくともこの旅における白秋は「朝鮮の王さま」ならぬ、「裸の王さま」そのものである。

とはいえ、事態はおよそ白秋ひとりを責め立てて済む問題ではないだろう。船が高麗丸だったこと自体は、歴史的な関係の暗喩として興味深いことだとはいえ、白秋のあずかり知らない話だ。白秋にあてがわれたのがその特等室だったのも、白秋自身が選択した結果ではない。むしろ白秋は当初一等を予約して満席で二等にせざるをえなかったのである。ところが観光団に欠員が出たことと同行の吉植が働きかけた結果、特等室を白秋は利用できる身になったのである。白秋は用意された船と船室に文字どおり「乗った」だけである。しかしだからこそ、これはたんに白秋という当時のひとりの文人を越えて、およそ日本の「内地人」の戯画そのものと呼べるのではないだろうか。白秋は西に北に進出・侵略を続けてゆく「内地人」の、自他ともに認める感受性の代表者として、まさしく「朝鮮の王さま」に扮したて「裸の王さま」として、樺太の地を訪れたのだ。このような旅がおよそ他者経験に乏しいものとなったのは当然としか言いようがない。そしてそれはまた、あの時代の（あの時代だけだろうか）「内地人」一般の、他者経験の乏しさを象徴していると言うべきではないか。

そもそも「フレップ・トリップ」というタイトルについて、白秋は単行本の扉にこう記している。

フレップの実は赤く、トリップの実は黒い。いづれも樺太のツンドラ地帯に生ずる小潅木の名である。採りて酒を製する。所謂樺太葡萄酒である。(11)

この意味では、北海道樺太旅行に際して白秋は、最初から他者経験などもとめていなかった、と言ったほうがよいのかもしれない。目的は海豹島などの風景にひたすら酔うこと、陶酔することだったのだ。しかし元来、他者経験とは、もとめてもいないのに生じてしまうものなのである。たとえ風景に酔っている者にもそのような経験は不意打ちで訪れることだろう。ただ自分に酔っている者にだけは、そのような体験はなかなか訪れないのかもしれない。その意味では、白秋がこの旅のあいだ味わっていたのは「フレップ・トリップ」という名の樺太葡萄酒ではなく、あくまで「白秋」という持参の日本酒だったのだ。『フレップ・トリップ』の最後には、海豹島の印象にもとづいた、映画を意図した詩文「ハーレムの王」が収められているが、巨大なアザラシを「ハーレムの王」として描いた最後にやはり「支那服の北原白秋」が画面いっぱいに登場して微笑むことになっているのは、このあたりの事情をあまりに露骨に打ち明けている。

4 金素雲と北原白秋、佐藤春夫

しかし、北原白秋が当時の有力な文学者のなかで、きわめて開かれた心の持ち主であったことも確かなのだ。たとえば、まだ無名の二十歳の若者だった金素雲の『朝鮮民謡集』の原稿を一読して、すぐさま単行本化を薦めたのも白秋だった。白秋はそのために序文を書き、出版の手はずまで整えたのである。金素雲がもとの訳稿を白鳥省吾の『地上楽園』に連載したのが一九二七(昭和二)年一月から六月、白秋宅を訪れたのはおそらくその年のうちのことだっただろう。したがって、ちょうど白秋が『フレップ・トリップ』の連載を終え、単行本化の準備をしていた時期ということになる。

高麗丸で「朝鮮の王さま」を気取ってくつろいでいた白秋の姿と金素雲のこの関係は、何か不思議なねじれを思わせるのだが、同時にこの金素雲と白秋の関係はまた、知里幸恵と金田一京助の関係とも重なってくるのである。

金素雲はいまでは岩波文庫に収められた『朝鮮民謡選』『朝鮮童謡選』『朝鮮詩集』の編訳者として知られているが、それらの仕事の原点となったのが一九二九年(昭和四)に泰文館から刊行された『朝鮮民謡集』だった。一九〇八(明治四一)年に釜山の絶影島に生まれた金素雲は、十二歳で日本に渡った。日本語を身につけながら、彼は東京の労働者街を訪ね歩き、同胞から朝鮮の民謡の聞き取り調査を続け、それをもとに『朝鮮民謡集』の訳稿を作っていったのである。いま読んでも、その訳文は驚くほど簡潔でかつ美しい。そして、いきなり自宅を訪れた朝鮮人の若者のこの仕事に、まさしく打てば響くように反応したのが白秋だったのだ。

金素雲は、岩波文庫版『朝鮮民謡選』の「覚書」のなかで、『地上楽園』に掲載した訳が好評で連載するにいたった経緯を述べながら、白秋との個人的な関係をこう綴っている。

常日ごろ日本内地の人々の朝鮮文化に対する早呑込みと専断癖にいささかの不満があった矢先でもあり、自分のささやかな技能が民族本来の精神を伝え示す一助ともならばと、その後も心がけて翻訳をつづけているうち、いつか一冊の書物とする分量が出来た。それを北原白秋氏に閲《み》ていただいたところ「これは立派だ、素晴らしいものが朝鮮にはあるね」と言われて、部厚な原稿に一々目を通され、句読点の一つ一つにまで心を配られたばかりか、それを本となすときには心からのねぎらいを篭めた序文まで添えて下さった。(12)

さらに金素雲は、白秋が私費を使って、金素雲とその訳業を文壇に紹介する宴席まで設けてくれたと伝えている。確かに白秋の「温情」(これは金素雲自身の言葉)なしには、『朝鮮民謡集』があの時点で日の目を見ることはなかったにちがいない。

一方白秋は、その序文「一握の花束」で、「筑後柳河」に育った者として、「韓《から》」(朝鮮)の親しさに触れながら、何よりも金素雲の翻訳の日本語としての出来映えを誉め称える。少し長くなるが白秋の「序」からも引いておきたい。

たとえ幼より日本語の教育を受け、日本文学に親しく通ずるものがあったとしても、第一に国民性、第二に言語の懸隔が甚だしい。その朝鮮の民謡をこの日本の歌謡調に翻訳することの難事は凡そに推察されよう。それをしも金君は易々と仕上げている。あまりにも日本化されたほど、日本の語韻、野趣というものをその詩技の上に混融せしめている。時には小面憎くさえ感ぜしめる「持ち味」の中にまで浸透して来るものがある。柳河の童子であった私には、この親しい韓の国の青年の業績を見て、さして不思議でないような気もしたり、またよく考えて、これは稀有のことだとも驚かれる。(13)

実際、金素雲の訳文の巧みさのゆえに「あれは白秋が訳したのだ」という風聞が飛び交ったことも、さきの「覚書」のなかで金素雲は振り返って記している。ここで短い一篇、岩波文庫版『朝鮮民謡選』の「意訳篇I」から「白帆」と題されたものだけでも引いておきたい。この文末には「朝鮮民謡集」と付記されているので、おそらく当時の白秋も目をとおした一篇だと思われる。

来るというたを
真《ま》に受けて
峠越したが
愚かしや、

待たれるさまは

影見せで
沖の白帆が
また瞞《だま》す(14)。

駆け落ち同然のつもりで故郷を出たのに、約束していた相手は姿を現わさない。沖の船の白い帆を見ると、その相手がとうとう来てくれたのかと一瞬心を躍らせてしまう、といった歌だろう――歌い手を男と見るか女と見るかで情感は異なってくるかもしれないが。二十歳に満たないような時点で、金素雲は朝鮮語の民謡をこのような日本語に訳していたのである。

ここでやはり知里幸恵のことを私はふたたび思い浮かべないわけにはゆかない。知里幸恵が『アイヌ神謡集』の翻訳に没頭したのも、時期的に数年さかのぼるとはいえ、金素雲と同様に二十歳に満たないときのことだったからだ。つまり、アイヌ語を母語とする二十歳に満たない知里幸恵の日本語訳に金田一京助が胸を打たれ、そのしばらくのちに白秋は近文をふくめて北海道樺太を旅行し、さらに、朝鮮語を母語とする朝鮮半島出身のやはり若干二十歳の金素雲の日本語訳に白秋は心から感動することになるのである。帝国日本が北に西に拡張を遂げてゆくさなかのことだった。そしてもちろん忘れてならないことは、まさしくその帝国日本の拡張によって、アイヌ語も朝鮮語もはっきりと存亡の危機に瀕していた、という事実である。

これと関連して、丸山隆司『〈アイヌ学〉の誕生』に引かれている、一九〇九年（明治四二）一〇月三〇日付の「北海タイムス」に掲載されたという、岩野泡鳴のつぎのような論説も確認しておきたい。

これも若干長く引用(孫引き)しておきたい。

アイノ〔アイヌ〕も生き物であるから、土地を給し、生活の道を立てる様にしてやるのは当り前だが、どうせ滅亡の運命を有する、而も殆んど滅亡に瀕する、劣等人種ではないか？ それを教育したとて、何程の為めになるのだ？ たとえ一人前になる男女が少しばかりあったにしろ、それの混血児がシャモの間に出来るのは余り有り難いことではない。僕の考えでは、生き物として飼い殺しにするだけの保護を与えてやればいい。

その代わりだ。その代わり、昔は一度盛んであったアイノ人種の残すべきものを、なくならないうちに、保存してやることだ。残すべきものとは、決して腐った熊の皮や器物を言うのではない。同人種が持っている言語と文芸とである。希臘羅馬は亡んでも、その文芸は永久に残っている。アイノは、アイノとしてだけの永久に残る文芸がある。それを研究もしくは保存する為め、中央政府もしくは道庁は今日まで恐らく何の費用も出したことがなかろう。(15)

「飼い殺しにするだけの保護を与えてやればいい」というのはほとんど露悪趣味にも近い凄まじい提言だが、「その代わり」に「言語と文芸」は保護しろ、「希臘羅馬は亡んでも、その文芸は永久に残っている」というこの一方的かつ文芸中心主義的なもの言い──。丸山隆司は、金田一京助が知里幸恵に『アイヌ神謡』の翻訳・出版を強く促し、ユーカラの膨大な聞き取りと翻訳にむかった時代背景にあった言説として、この岩野の論説を批判的に掘り起こしているのである。

この岩野の論説は、約三十年後、一九四〇（昭和一五）年に、金素雲が朝鮮の近代詩の訳詩集『乳色の雲』を出版する際に、今度はやはり当時の「内地」文壇を代表していた佐藤春夫が力をこめて書いた文面にうかがえる発想と、そのままに呼応している。「朝鮮の詩人等を内地の詩壇に迎へんとするの辞」と題された佐藤春夫のその文章もまた尊大な独善にまみれたものだが、それを彼はこう結んでいる。

語を最後に敬愛する半島の詩人等に寄せよう。卿等の廃滅に帰せんとする古の言葉を卿等が最も深く愛しようと思うならば、宜しく敢然として日常の生活から放棄し去ってわずかに詩の噴火口からこれを輝かな光とともに吐くに如くはあるまい。若し夫れただ一人のホーマー、一人のゲーテ、一人の杜甫、一人の人麻呂が卿等の間に生れさえすれば、その詩篇のために、卿等の失われるべき言葉も亦、世界に研究されて千古に生きるを妨げないであろう。(16)

実際には「わずかに詩の噴火口」から朝鮮語を「吐く」ことさえも弾圧の対象となってゆくのが現実だった。それに対して佐藤春夫はあくまで朝鮮語での詩作を促しているのだから、これは抵抗への呼びかけとも取れるのだろうか。そういう可能性はほとんど皆無と言うべきだろう。佐藤春夫のこの文芸至上主義は、現実には「宜しく敢然として日常の生活から放棄し去って」ということを了解ないし説諭するための、自他ともに対するアリバイ的な機能しか果たしえていないだろう。そもそも佐藤春夫はひとりの文学者として、日常生活から完全に失われてしまった言葉でホメロスやゲーテのような文学表現が可能だと、本気で考えていたのだろうか。

5　オリエンタリズムとそれを超えるもの

北原白秋は金素雲の『朝鮮民謡集』が世に出ることに力を尽くし、佐藤春夫は『乳色の雲』をつうじて朝鮮の近代詩が「内地」に広まることを心から歓迎していた。そこに主観的には何の偽りもなかっただろう。しかし、帝国日本の拡張という現実において、それは剝き出しの支配と不可分に絡まり合っていた。ここに私たちは、エドワード・サイードが『オリエンタリズム』（平凡社ライブラリー）で提起した問題を重ねないではいられないだろう。それはまた、金田一京助のアイヌ研究全般にも関わる問題でもあるにちがいない。

たとえば、一九四三（昭和一八）年という「大東亜戦争」のただなかで出版されている金田一の『ユーカラ概説』（『ユーカラの研究』第一巻「序説」の普及版）には、本文に先立って「著者を助けたアイヌの人々」と題して数葉の写真が収められている。「金成モナシウク媼」「金成マツ刀自と孫女知里幸恵嬢」「ワカルパ翁」と続く最後には、「コポアヌ媼と娘のハル女及び著者」の写真が掲載されている。その最後の写真ではアイヌの民族衣装で腰掛けたふたりの女性のあいだに、スタンドカラーのワイシャツにネクタイ、背広姿で正装した金田一がすらりと立っている。この三角形の構図はあまりにシンボリカルではないだろうか。(17)

これは、金田一のどのような主観的な誠実さをも超えて貫徹されざるをえない、いわば構造的な支配の構図といったものを、私たちに如実に示しているだろう。「オリエント」に対する漠然とした憧れと学術的な興味・関心が西洋による「オリエント」の剝き出しの植民地支配と複雑に絡み合っていた様相とパラレルな関係が、金田一とアイヌ民族のあいだにも存在したことは、否定しようがないと思われる。

とはいえ、サイードが論じる西洋のオリエンタリズムは学術的な調査・探究にもとづくたんなる異文化支配ではない。サイードの批判する「オリエンタリズム」とは、オリエントに関するそれこそギリシア悲劇以来の膨大な言説の積み重なりがあって、それがあたかも自立的な世界を構成し、その内部でさまざまな言説が分配ないし再分配されてゆく、それ自体「言説の宇宙」である。アイヌ民族に関して言うと、ジョン・バチェラーのように何十年とアイヌ民族と日常的に接してきた伝道者や金田一京助のような「誠実」な研究者が何代にもわたって研究を重ねた末にようやく出来上がる、表象の世界である。その点で、金田一が知里幸恵に最初にアイヌ神謡の日本語への翻訳を促したこともまた象徴的である。まずもって自分が日本語に訳すのではなく、相手に翻訳させるということ、しかもその翻訳のみごとさに感動するということ。その関係をオリエンタリズムと呼ぶならば、それはその始まりが同時に終焉でもあるような、じつに厚みを欠いたオリエンタリズムである。

サイードの『オリエンタリズム』は西洋（とくにイギリスとフランス）のオリエント表象を、膨大な文献に分け入りながら、つぎつぎと鮮やかな手際で批判してゆく。だからこそ、サイードの記述に頷きながらも、読み手としてフラストレーションが募るところもある。サイードの批判にしたがうかぎり、およそオリエンタリズム的な傾向をもたない異文化理解はそもそも不可能になるのではないか、と思えるからだ。

しかし、サイードはいくつかの可能性を示唆している。平たく言うと、たんなる政策的支配という利害関心にもとづくのではない、相手の言語と日常生活の理解、そして、想像力を介した、対等かつ普遍的な人間としての相互理解である。『オリエンタリズム』の終章、露骨に政策主導型の合衆国のオリエンタリズムを批判する際のサイードは、この二つの理解を可能性として保持していたかつてのオリエンタリズムに、ある種郷愁を寄せている趣きさえ見られる。とりわけ、ネルヴァルとフロベールに対しては、サイードは彼らのオリエント表象を一方で批判しつつも、一九世紀のオリエンタリズムの精神のもっとも優れた代表として、明らかに強い共感を寄せている。既存のオリエンタリズムに依拠しながらも、むしろそれを逆手にとって、自分の自律的な作品の構造に、通常のオリエンタリズムの言説から逸脱するオリエント経験を個性的に組み込んだネルヴァル、そしてフロベール……。

サイードの『オリエンタリズム』に引き寄せるなら、まさしく金田一京助のような言語学者が厳密な言語理解にもとづく異文化理解の可能性を体現していたのに対して、佐藤春夫や北原白秋といった文学者は想像力を介した異文化理解の可能性を体現していた、ということになるだろう。それは学問的関心やもっと日常的な好奇心というものが、たんなる支配の道具と化すことなく、あるいはほとんど支配の道具とひとつでありながら、それでも他なるものにどのように打ち開かれるかという、私たちの研究にとって、あるいは表現にとって、とても大事なポイントだろう。とりわけ白秋は、北海道樺太旅行にもとづく詩のなかで、アイヌ語を実際に組み込んだ作品を何篇か試みてもいる。これは、たとえば小熊秀雄のあの名高い長編詩「飛ぶ橇――アイヌ民族の為に」においても、具体的にはなされていないことだ。

彼アイヌ。

蝦夷島《アイヌモシリ》の神、
古伝神《オイナカムイ》、オキクルミの裔《すゑ》。
ほろびゆく生ける屍《ライグル》。
夏の日を、
白き陽射を、
うなぶし、ただに息のみにけり。

彼アイヌ、
家屋《チセ》の空見ず、
さやら葉の青の長葉の、
アイサク・ピヤパ（髯なき稷）
フレ・ピヤパ（赤き稷）
チャク・ピヤパ（はぜ稷）
ヤムライタ・ヨコアマム（薮虱に似し稷）、また
脚高の熊檻《ペウレップチセ》、
仔《こ》の熊の赤き舌見ず、
汗垂らし、拭ひもあえず。[18]

一九二九（昭和四）年に刊行された白秋の詩集『海豹と雲』のなかの七連八十行あまりからなる「老いしアイヌの歌」の三連目と四連目である。やはり北海道樺太旅行を背景として、元来は「長歌」として綴られていた作品。ここに登場するいくつかの語彙からしても、『フレップ・トリップ』で白秋が蘊蓄を傾けていたあの場面と呼応し合っていることは疑いない（作品の後半では「鷲」とアイヌの長老が重ねられる）。白秋の鋭敏な言語感覚がアイヌ語の響きに惹かれるということが確かにあったにちがいない。しかし、これらの語彙は白秋においてどのようなコンテクストに置かれていたのか。白秋は『海豹と雲』の「後記」で、そのそれぞれのパートの作品に触れて、つぎのように記している。

わたくしの最近の詩の傾向に就いては、本集の『古代新頌』の諸篇、或は『白い花鳥図』の「老鶏」、『海豹と雲』の「汐首岬」「樺太の山中にて」「曇り日のオホーツク海」「老いしアイヌの歌」等、『風を祭る』の「真昼」「架橋風景」、更に「鋼鉄風景」に於ける近代神の認識に到る、日本古神道の精神を此の近代に新に再造するにある。わたくしはかの古事記、日本紀、風土記、祝詞等を渺遠にして漠漠たる風雲の上より呼び戻して、切に古代神の復活を言霊の力に祈り、之に近代の照明と整斉とを熱求しつつある。わたくしは日本民族の一人として、容易にかの泰西流行の思想に同じることを潔しとせぬ。

また思うに、古代の胆を捉えることはあながち古語死語を漁ることではない。生生躍動した古代感情のリズムをこそ素手に捉えることである。わたくしは漸くに些か之を会得したかのように思える。(19)

すでにして、のちの保田与重郎らが力を込めて宣布する、言霊にもとづく日本主義的イデオロギーがここには濃厚にうかがえるだろう。白秋にとってアイヌ語を組み込んだ自らの作品もまた、そのようなコンテクストに位置づけられていたのである。しかし、たとえば「老いたアイヌの歌」に「生生躍動した古代感情のリズム」――それがどんなものであれ――が脈打っているとはとうてい思われない。むしろ言葉は採集された標本のように、形骸化して、硬直している。その硬直の度合いは、やがて視力を喪失しながら、白秋が死にいたるまでのめりこんでいった彼の皇国文学の世界とやはりひと続きのものと見える。しかし、白秋の全開の好奇心はここでも、すなわちアイヌ語を果敢に組み込んだ作品においても、それ以上のものを痕跡すら残していないのだろうか。あるいはそうだとすれば、私たちはそれをどのように受けとめればいいのだろうか。

6　白秋という好奇心のゆくえ

最後に、北海道樺太旅行にいたる白秋を考えるうえで、彼のそもそもの表現者としての出発点があの『邪宗門』であったことを、やはり私たちは思い起こしておく必要があるだろう。福岡県柳河（現在は柳川）に生まれ、天草地方のキリシタンの記憶に触発されて出発した彼の文学は、その後日本列島を北上して、『海豹と雲』の時点で北海道樺太のアイヌ民族にまでおよんだ、ということになるからである（さらに彼は一九二九年には「満洲」にまで駆り出される）。ここで白秋の出発点をあらためて確認しておきたい。

われは思ふ、末世《まつせ》の邪宗、切支丹《きりしたん》でうすの魔法。
黒船の加比丹《かひたん》を、紅毛の不可思議国《ふかしぎこく》を、
色赤きびいどろを、匂鋭《におひと》きあんじやべいいる、
南蛮《なんばん》の桟留縞《さんとめじま》を、はた、阿剌吉《あらき》、珍酡《ちんた》の酒を。

目見《まみ》青きドミニカびとは陀羅尼《だらに》誦《ず》し夢にも語る、
禁制の宗門神《しゆうもんしん》を、あるはまた、血に染む聖磔《くるす》、
芥子粒《けしつぶ》を林檎《りんご》のごとく見すといふ欺罔《けれん》の器《うつは》、
波羅葦僧《はらいそ》の空をも覗《のぞ》く伸び縮む奇なる眼鏡《めがね》を。(20)

『邪宗門』の代表作「邪宗門秘曲」の冒頭の二連である。作品の主題そのものはむしろこれ以降の後半に登場するのだが、ここに『邪宗門』という詩集の放っていたエキゾチズムが凝縮されていることは確かだろう。「切支丹《きりしたん》」「びいどろ」「聖磔《くるす》（十字架）」「波羅葦僧《はらいそ》（天国）」あたりはともかく、「加比丹《かひたん》」「阿剌吉《あらき》、珍酡《ちんた》の酒」などは、現在の読者には不明の語彙かもしれない。「加比丹《かひたん》」はポルトガル語の capitão、要するに英語でならキャプテンであり、「阿剌吉《あらき》」はオランダ語で「蒸留酒」（元来アラビア語起源で、ジャワ、マレーで「蒸留酒」を指して用いられ、それがオランダ語に取り入れられた言葉のようである）である。一方「珍酡《ちんた》」はポルトガル語の vinho tinto ないしスペイン語の vino tinto に由来して

「赤ワイン」の意である。さらに「あんじゃべいいる」はオランダ語の anjelier で植物名としては「オランダ石竹」、要するに「カーネーション」のことである。[21]

重要なのは白秋が「邪宗」の異国情緒に溢れた世界を、まさしくこれらの言葉をつうじて、いっそう不可思議な世界へと増幅させていることである。ルビ付きの漢字表記と平仮名表記、カタカナ表記が渾然と入り混じり、その結果、ここではポルトガル語もオランダ語ももはや出所不明の言葉に転じ、日本語の輪郭もまた不確定に揺らいでいるかのようだ。たとえば桟留縞《さんとめじま》はインドのサントメから渡った綿織物のことだが、そのサントメという地名は元来「聖トマス」のポルトガル語での読みに由来している。しかし、それがこの作品で「桟留縞《さんとめじま》」と表記されるとき、ほとんど伝来の日本語のような印象にもなる。一方「欺罔《けれん》の器《うつは》」はここでは要するに「ひとを惑わす顕微鏡ないし拡大鏡」の意味だが、この作品においてはほとんど元来の日本語ではないような印象になる。

このような世界を白秋は、日本語の聴覚的要素のみならず視覚的な要素をも駆使して描き出した。これが、東洋と西洋が表層的に混在した日本の近代の一面を、言葉において圧縮・模倣したものであったことは確かだろう。しかも大事なのは、白秋がキリシタンに関わる作品を書いたのが、一九〇七（明治四〇）年の夏に、与謝野寛（鉄幹）、吉井勇、木下杢太郎、平野万理らと天草を中心にキリシタンの遺跡をやはり旅してまわったあとだった、ということである。この旅で白秋の「好奇心」は大いに開かれ、それが『邪宗門』の中心をなす作品へと結実していったのである。

しかし同時に、ここにすでに白秋の表現者としての、覆いがたい一面もまた如実に現われている。白秋は『邪宗門』の冒頭で「我ら近代邪宗門の徒」と呼び、キリスト教や隠れキリシタンの世界と自らの嘱望する耽美的な芸術の世界を重ねているのだが、それはまったく一方的な表象である。キリスト教徒の内面世界が実際にどのようなものか、まして隠れキリシタンが歴史的にどのような苦哀を舐めさせられてきたか、といったことには、いっこうに関心がないのである。自己のロマン主義的世界を描き出すために、「邪宗」のイメージを徹底して機会主義的に利用する、それが白秋の基本的態度なのだ。

とはいえ、若い白秋にとって「異郷」はもっと身近なところにも存在していた。白秋を一躍時代の寵児とした第二詩集『思ひ出』は、一九一一（明治四四）年、『邪宗門』の二年後に刊行されたが、収録された作品は『邪宗門』と前後して書かれたものである。そのなかで白秋は、よく知られているように、幼少の自分の通称「トンカ・ジョン（大きい坊ちゃん）」を「TONKA JOHN」とアルファベットで表記しつつ、ほかにも多くの柳河方言をアルファベット表記で登場させた。以下は『思ひ出』の「TONKA JOHN の悲哀」という印象的なパートの冒頭に収められている「春のめざめ」の最初の二連である。

JOHN, JOHN, TONKA JOHN,
油屋の JOHN, 酒屋の JOHN, 古問屋《ふつどいや》の JOHN,
我侭で派美《はで》好きな酒屋の YOKARAKA JOHN.
“SORI-BATTEN!”

南風《はえ》が吹けば菜の花畑のあかるい空に、

真赤《まつか》な真赤な朱《しゆ》のやうなMENが
大きな朱の凧《たこ》が自家《うち》から揚る。
“SORI-BATTEN!”[22]

興味深いのは、これらの作品に登場させた柳河言葉を自註で説明する際、しばしばそれを元来はオランダ語であったものが柳河言葉に転じたもの、あるいは日本語がオランダ語と混融したものと白秋が理解したがっている点である。たとえば「Sori-batten. 然しながら。方言。阿蘭陀訛？」あるいは「トンカ・ジョン」についても「大きいほうの坊っちゃん、弟と比較していう、柳河語。殆どわが幼年時代の固有名詞として用いられたるものなり。人々はまた弟の方をTinka Johnと呼びならわしぬ。阿蘭陀訛？」といった具合である。[23]

自分が幼少のころから親しく接していた柳河の言葉、さらには自分の幼少期の呼称そのものを「阿蘭陀訛」と一方的に解しつつ、しかもそれをアルファベット表記することで、いっそう雑種的な言語空間を開くこと――それが白秋の出発点がもっていた表現の可能性だったし、さらに言うと、それはまた日本の近代のありえたもうひとつの自己像でもあっただろう。それがどれほど無責任な一方的な思い込みに満ちた表象であったとしても、それを自分のものとして想像力で生きていた、あるいは生かしていたという側面が、『思ひ出』の白秋には、さらには『邪宗門』の白秋にすら、存在していたと言えるのではないか（白秋の真髄は結局短歌にあったとはよく言われることだが、しかし、歌集『桐の花』のいわゆる「清新体」でも、柳河言葉をアルファベット表記で作品に組み込むような試みはなされていない）。

それに対して、『海豹と雲』に登場するアイヌ語は、前節で引用した作品に見られるように、白秋の想像力のなかで生きる、あるいは生かされるよりも、すでに死んだ標本としてピンセットで採集されたものであるかのようだ。とりわけ童謡をつうじた大衆的な人気を背景に、詩、短歌、俳句といったあらゆる詩歌につうじた「国民詩人」という看板を自他ともに背負っていったのが白秋だ。私たちが白秋という「言葉の魔術師」をつうじて『海豹と雲』のアイヌ語を組み込んだ作品で出会っているのは、日本の近代が抱えていた「好奇心」それ自体が、自らの国民表象によって自縄自縛に陥って、もはや身動きのとれない状態にピン止めされた姿にほかならない、と言えるだろう。

とはいえ、オリエンタリズム批判という視点をつうじて私たちのうちの「好奇心」を何らかの形で馴致することが肝要なのではない。およそ生き生きとした好奇心なくしては、いかなる文化も、いかなる文化と文化の出会いも存在しないにちがいない。そして好奇心こそは元来もっとも馴致されえないもののひとつなのだ。あくまで求められているのは、白秋の好奇心を、日本近代の好奇心を、さらには私たち自身の好奇心を、自らを監禁し続けている呪縛的な表象から解き放つことである。

注

(1) 『白秋全集』二六巻、岩波書店、一九八七年、三四六―三四七頁。強調、ルビは原文のまま。以下同様。

(2) 『白秋全集』一九巻、岩波書店、一九八五年、三三九頁。なお、引用にあたって、旧仮名遣いは新仮名遣いに改めている。以下、これ以外の散文についても同様。

（3）『白秋全集』二二巻、岩波書店、二二―二三頁。
（4）この時期の白秋については、薮田義雄『評伝　北原白秋』（増補改定版、玉川大学出版部、一九七八年）、二三六頁、四七三頁（年譜）などを参照。
（5）『白秋全集』二二巻、二六頁。
（6）『白秋全集』一九巻、一一頁。
（7）中条百合子がバチェラー宅に滞在したのは、金田一と幸恵が出会ったのと同じ夏のことだった。このことや、また中条百合子のあの作品の成立事情については、以下を参照。藤本英夫『銀のしずく降る降るまわりに』草風館、一九九一年、一三五―一三七頁。
（8）『白秋全集』一九巻、一四〇―一四一頁。
（9）同書、一四一―一四二頁。
（10）同書、一八頁。
（11）同書、一〇頁。
（12）金素雲編訳『朝鮮民謡選』岩波文庫、一九三三年、五―六頁。
（13）『白秋全集』三八巻、一一七頁。
（14）金素雲訳編『朝鮮民謡選』前掲、四一頁。
（15）丸山隆司『〈アイヌ学〉の誕生――金田一と知里と』彩流社、二〇〇二年、四一頁。
（16）金素雲編訳『乳色の雲』河出書房、一九四〇年、八―九頁。
（17）金田一京助『ユーカラ概説』青磁社、一九四三年、巻頭（頁数なし）を参照。
（18）『白秋全集』五巻、岩波書店、一九八六年、一六四―一六五頁。
（19）同書、二四一頁。

(20)『白秋全集』一巻、岩波書店、一九八四年、一三頁。

(21)これらの語義については主として、以下を参照した。あらかわそおべえ『外来語辞典』第二版、角川書店、一九七七年。

(22)『白秋全集』二巻、一九八五年、一九四頁。なお、「YOKARAKA JOHN」には「善良なる児、柳河語」という自註が付されている。また「古問屋《ふっどいや》」というのは、柳河の北原家の屋号。「油屋」も同様に北原家の屋号。北原家は元来大きな海産物問屋だったが、酒造業も大きく営んでいた。したがって、ここにはさまざまな良家のJOHNが登場しているのではなく、すべて白秋のことを指している。

(23)前者については『白秋全集』二巻、九八頁、後者については同、一〇一頁、参照。

編集後記

本論集の基本コンセプトは、国際言語文化研究所が二〇〇六年六月に開催した連続講座「帝国の孤児たち／二〇世紀の日本語作家」の「〈第一回〉拉致されたトライリンガル――知里幸恵」を企画した段階でおおよそ固まった。アイヌモシリに生まれ、登別（ヌプル・ペツ）、そして旭川近郊の近文（チカプニ）で、ひとりのクリスチャン、ひとりの多重言語使用者として成長した知里幸恵を百年後の眼でとらえなおそうというときに、そんな彼女が帝都東京で亡くならねばならなかった事実を、偶然だの悲運だのといった言葉でかたづけるわけにはいかない。そこには偶然や悲運を越えた、象徴的な意味が含まれているはずである。知里幸恵を東京へと呼び寄せ、そのたぐいまれな才能をすりへらさなければならない窮地へと追いこんだ何かがあって、まさにそれが死の呼び水となった可能性は誰にも否定できない。二〇〇六年六月一日のシンポジウムで敢えて知里幸恵に「拉致されたトライリンガル」のラベルづけを施したのは私（＝西）だが、それは知里幸恵が追いこまれた窮地の何であったかに思いを馳せるための糸口であった。本書のタイトル「異郷の死」もまた同じ発想を、言葉を和らげながらも引き継いだものである。同シンポジウムにパネラーとして登場くださった丸山隆司、坪井秀人、安田敏朗、佐藤＝ロスベアグ・ナナの四氏からは、その日の発表をもとに渾身の論考をお寄せいただいた。

しかし、本書の由来を語るには、この催しひとつではすまされない事情がある。ときは二〇〇四年の春。前年、知里幸恵の生誕百年を祝って北海道で企画された『アイヌ神謡集』の作者を偲ぶ巡回展が京都にやってきた。徳島・金沢・東京を巡回した「知里幸恵展」を関西でも引き受けようと、立命館大学国際平和ミュージアムは大阪人権博物館とともに名のりをあげ、二〇〇四年五月一五日から六月一三日まで「知里幸恵『アイヌ神謡集』の世界――銀のしずく降る降る（shirokani pe ran ran）」の開催へとこぎつけたのだった。おかげさまで、館長の安斎育郎さん以下、立命館大学国際平和ミュージアムの皆さん、実行委員会の事務局長を引き受けてくださった京都たかつかさ幼稚園の藤井修さんらの草の根に広がるネットワークを利した広報活動がみのり、展覧会の入場者は延べ六千もの数に及んだ。その準備段階ではまだ国際言語文化研究所所長の職にあった私は、知里幸恵の弟にあたる知里真志保を研究する院生の佐藤奈奈（ロスベアグ・ナナ）さんとともに知里幸恵展実行委員会に参加しつつ、展覧会の会期中にいくつかのシンポジウムを研究所企画として実施できるよう知恵を傾けあった。一般市民に向けた展覧会に対して、大学ならではのアカデミックな立場からの応答を形にしようという思いからである。同僚の渡辺公三・崎山政毅氏の力も借りた。

次に同年五月・六月に開かれた連続企画の骨格を示しておく（所属はいずれも当時）。

【国際言語文化研究所企画】

《春季企画／連続シンポジウム　先住民という言葉に内実を与えるために》

シンポジウムI　五月二二日（土）

◆伝統は近代を変えることができるか――「野生の思考」の挑戦

パネラー　池谷和信（国立民族学博物館）、岩崎・グッドマン　まさみ（北海学園大学）、小長谷有紀（国立民族学博物館）

コメンテータ　大村敬一（大阪大学）、遠藤彰（立命館大学）、スチュアート・ヘンリ（放送大学）、
春山貴子（政策科学科院生）
司会　渡辺公三（立命館大学）
シンポジウムII　五月二三日（日）　【国際言語文化研究所企画】
◆先住民の権利と法――近代の力を逆手にとる
パネラー　太田昌国（メキシコ先住民基金）、手島武雅（九州女子大学）、大村敬一（大阪大学）
司会　崎山政毅（立命館大学）
シンポジウムIII　五月三〇日（日）　【国際言語文化研究所企画】
◆国語学とアイヌ語学の分岐点――金田一京助と知里幸恵
パネラー　丸山隆司（藤女子大学）、安田敏朗（一橋大学）、佐藤奈奈（先端総合学術研究科院生）
司会　西成彦（立命館大学）
シンポジウムIV　六月一一日（金）　【立命館大学人文学会／国際言語文化研究所合同企画】
◆同時代人としての知里幸恵と宮沢賢治
第一部　宇宙の中心に立つ知里幸恵と宮沢賢治の姿勢
291　編集後記

講師　池澤夏樹（作家）
司会　中川成美（立命館大学）
第二部　パネル・ディスカッション
パネラー　池澤夏樹（作家）、秋枝美保（比治山大学）、坪井秀人（名古屋大学）
司会　西成彦（立命館大学）

ちなみに、これらの催しの全容は研究所の『立命館言語文化研究』一六巻三号（二〇〇五年二月）に、フロアとの質疑応答まで含めて掲載されている。

またこれらとはべつに、知里幸恵をこよなく愛される津島佑子氏を衣笠キャンパスにお招きする企画も、同年、運よく実現した。

立命館大学衣笠総合研究機構・春季講演会　五月二九日（土）

◆知里幸恵と女性文学
講師　津島佑子（作家）
司会　西成彦（立命館大学）

ここまで読まれれば、本書の萌芽がこれら一連の催しにあったことはお見通しだろう。京都で「知里幸恵論集」を編みたいという夢は、二〇〇四年春に芽生え、二〇〇六年六月一日の企画によって確信をもった若木へと変わり、こうして一冊の本として実を結んだのだった。

本書の出版にあたっては、立命館大学から国際言語文化研究所選定の出版助成をいただいた。またシンポジウム企画の段階から何度も相談に乗っていただいた『〈アイヌ学〉の誕生』（彩流社）の丸山隆司さん、ご多忙ななか、エッセイをお寄せくださった太田昌国、津島佑子のお二方にも感謝の意を表したい。

知里幸恵に関心を持つすべてのひとびと、そして帝国的な野心を秘めた国民国家が先住民族の誇りを踏みにじり、その命を玩具のように弄び、それでいながらそれを「同化」の名で呼び習わして恥じることもない神経に違和感をいだかれる皆さんにとって、本書がすこしでも勇気を与える本であってほしい。

最後になったが、本書の装丁にあたり意匠の使用許可をとる便宜をおはかり下さったアイヌ民族博物館（白老町）の野本正博さんにも、この場を借りてお礼を申し述べたい。また、今回も人文書院、伊藤桃子さんに何から何までお世話になった。

二〇〇七年六月一日

編者を代表して　西　成彦

西　成彦（にし・まさひこ）★
1955年生。東京大学大学院博士課程中途退学。立命館大学大学院先端総合学術研究科教授。比較文学。『新編 森のゲリラ 宮澤賢治』（平凡社ライブラリー）、『耳の悦楽――ラフカディオ・ハーンと女たち』（紀伊國屋書店）、『複数の沖縄』、『異郷の身体――テレサ・ハッキョン・チャをめぐって』（ともに共編著、人文書院）など。

細見和之（ほそみ・かずゆき）
1962年生。大阪大学大学院修了。大阪府立大学人間社会学部准教授。現代思想、比較文学。『アドルノ』（講談社）、『アイデンティティ／他者性』、『言葉と記憶』（以上、岩波書店）、『アドルノの場所』、『ポップミュージックで社会科』（以上、みすず書房）など。

丸山隆司（まるやま・たかし）
1948年生。東京都立大学大学院修了。藤女子大学文学部日本語・日本文学科教授。古代日本文学、アイヌ語・アイヌ文学。『〈アイヌ〉学の誕生――金田一と知里と』（彩流社）、『古代日本文学と文字』（おうふう）、『神の言葉／人の言葉』（共編著、武蔵野書院）など。

安田敏朗（やすだ・としあき）
1968年生。東京大学大学院修了。一橋大学大学院言語社会研究科教員。近代日本言語史。『「国語」の近代史　帝国日本と国語学者たち』（中公新書）、『辞書の政治学――ことばの規範とはなにか』（平凡社）、『〈国語〉と〈方言〉のあいだ――言語構築の政治学』（人文書院）、『植民地のなかの「国語学」――時枝誠記と京城帝国大学をめぐって』（三元社）など。

執筆者紹介（50音順。★印は編者）

秋枝美保（あきえだ・みほ）
1955年生まれ。広島大学文学研究科博士課程後期満期退学。福山大学人間文化学部教授。日本近代文学。特に宮沢賢治の作品における同時代思潮の影響を研究。『宮沢賢治　北方への志向』、『宮沢賢治の文学と思想』（以上、朝文社）、『宮沢賢治を読む』（共著、笠間書院）、『作品論　宮沢賢治』（共著、双文社）など。

太田昌国（おおた・まさくに）
1943年生まれ。東京外国語大学ロシア科卒業。現代企画室編集長。民族問題・南北問題。『千の日と夜の記憶』、『〈異世界・同時代〉乱反射』、『ゲバラを脱神話化する』、『日本ナショナリズム解体新書』、『「国家と戦争」異説』（以上、現代企画室）、『「拉致」異論』、『暴力批判論』（以上、太田出版）など。

崎山政毅（さきやま・まさき）★
1961年生。京都大学大学院後期博士課程中退。立命館大学文学部准教授。ラテンアメリカ近現代史・第三世界思想史。『思考のフロンティア　資本』（岩波書店）、『サバルタンと歴史』（青土社）、『1968』（共著、作品社）、『複数の沖縄――ディアスポラから希望へ』（共著、人文書院）など。

佐藤＝ロスベアグ・ナナ（さとう＝ろすべあぐ・なな）
1968年生。立命館大学大学院先端総合学術研究科研究生。トランスレーション・スタディーズ、マイノリティの権利に関する問題など。「知里真志保と詩人たち――(1)『ユーカラ鑑賞』の共著者小田邦雄」（『コアエシックス』３号、立命館大学先端総合学術研究科）、「知里真志保の日本語訳におけるオノマトペに関する試論」（『国際言語文化研究』16巻３号、立命館大学国際言語文化研究所）ほか。

津島佑子（つしま・ゆうこ）
1947年生。白百合女子大学卒。小説家。最新刊は、韓国の女性作家である申京淑さんと一年間交わした往復書簡『山のある家　井戸のある家』（集英社）。『ナラ・レポート』（文藝春秋）、『火の山――山猿記』（講談社文庫）、『山を走る女』（講談社文芸文庫）、エッセー『問いの再生シリーズ四　女という経験』（平凡社）など。

坪井 秀人（つぼい・ひでと）
1959年生。名古屋大学大学院修了。名古屋大学大学院文学研究科教授。日本近代文学・文化史。『萩原朔太郎論』（和泉書院）、『声の祝祭』（名古屋大学出版会）、『戦争の記憶をさかのぼる』（ちくま新書）、『感覚の近代』（名古屋大学出版会）など。

Printed in Japan.
ISBN978-4-409-16090-9 C3095

異郷《いきょう》の死《し》
知里幸恵、そのまわり

二〇〇七年七月二〇日 初版第一刷印刷
二〇〇七年八月一日 初版第一刷発行

編者 西成彦
崎山政毅

発行者 渡辺博史
発行所 人文書院
〒六一二-八四四七
京都市伏見区竹田西内畑町九
電話〇七五・六〇三・一三四四
振替〇一〇〇〇-八-一一〇三
印刷 創栄図書印刷株式会社
製本 坂井製本所

http://www.jimbunshoin.co.jp/